edition**blaes**

Über den Autor
Claudius Morgen wurde 1967 in Wiesbaden geboren. Er hat als Journalist für viele große Zeitungen und Medienhäuser gearbeitet. »Solo für Sophie« ist nach »Coverboy« sein zweiter Roman.

Impressum
Copyright © 2017 by Claudius Morgen, Berlin
Satz und Umschlaggestaltung: Renate Blaes
Umschlagbild: Lynette Wrigley, »Girl at piano«
(Öl auf Leinwand)
Mit freundlicher Genehmigung der Künstlerin
Verlag: Edition Blaes
Am Steig 11
86938 Schondorf
www.editionblaes.de
Druck: CreateSpace
ISBN 978-3-942641-12-8

Claudius Morgen

Solo für Sophie

Roman

edition**blaes**

1

Sie hatte ihn angesehen! Mitten im musikalischen Orgasmus des zweiten Satzes, erkennbar nur an einer Unwucht in den kreisenden Bewegungen ihres Oberkörpers, hatte ihr Blick auf ihm geruht.

Sebastian sah sich um, ob ein anderer gemeint gewesen sein könnte. Rechts von ihm saß eine Dame mit bläulichen Haaren. Vielleicht die Großmutter der Solistin? Kaum. Sophie stammte aus Frankreich und war auf allen Bühnen der Welt zu Hause. Warum sollte die Oma ausgerechnet die weite Anreise nach Hamburg auf sich nehmen?

Der Nachbar zur Linken war schon zu Beginn des Konzerts verschieden. Sein Kopf war zur Seite gekippt, und er hatte die Augen geschlossen. Nur das Hörgerät fiepte vor sich hin. Auf den vordersten Plätzen des ersten Ranges war Sebastian der Einzige unter siebzig, und so bestand kein Zweifel, dass der Blick ihm gegolten haben musste.

Auf offener Bühne, umringt von Zuschauern und Orchestermusikern, waren Sophie und er in Beziehung zueinander getreten. Sebastian war davon so erschüttert, dass er am liebsten aufgesprungen und davongelaufen wäre. Stattdessen musste er etwas wie »Oh, mein Gott!« ausgestoßen haben. Jedenfalls winkte ihn seine blauhaarige Nachbarin zu sich heran. »Ein Teufelskerl, dieser Rachmaninow«, hörte er. »Da spürt man die russische Seele.«

Sebastian wollte etwas erwidern, aber nun setzte das Orchester unten zu einem Crescendo an. Was hätte er auch sagen sollen? Er hasste alle, die Sophies Herz näher standen als er, also unter anderem Rachmaninow, Brahms, Chopin, Ravel, Schumann und Schubert – so sehr er ihre Musik liebte. Er hasste die Zuschauer, mit denen er Sophie teilen musste. Am meisten hasste er sich selbst.

Dass er als Vierundzwanzigjähriger einer absterbenden Kunstform anhing, das war ehrenvoll, dazu stand er. Aber gab es etwas Peinlicheres als jemanden, der einem Mädchen nachjagt ohne Aussicht, ihr näher zu kommen als bis auf diese fünfzehn Meter zwischen Podium und erstem Rang?

Leiden aus Liebe war keine Schande, sondern das mächtigste Motiv der Menschheitsgeschichte. Was er hier betrieb, war aber kein Leiden aus Liebe, sondern Schmachten aus der Ferne. Damit hätte er sich im 19. Jahrhundert rechtschaffen seine Zeit totschlagen können. Die Gegenwart hielt wenig romantische Begriffe für Typen wie ihn bereit: Fan, schlimmer: Groupie, am schlimmsten: Freak, am allerschlimmsten: Stalker.

Auch unter seinen Kommilitoninnen an der Universität gab es hübsche Mädchen. Sophie aber konnten sie nicht das Wasser reichen, verhielten sich zu ihr wie Gänseblümchen zur Rose, wie Sternschnuppen zur Sonne, wie Angela Merkel zu Kleopatra. Er kam nicht los von diesem Wesen, in dem sich alles Erstrebenswerte der Erde miteinander verband: Schönheit, Leidenschaft, Kunst. Sophie war ... ach, Sophie!

Was das *Zeichen* anging, so wollte er sich keinem Selbstbetrug hingeben. Vielleicht hatte Sophie ihn angesehen, aber sie konnte nicht anders. Schließlich hatte er sich dahin gesetzt, wo ihr Blick irgendwann enden musste.

Nachdem er sichergestellt hatte, dass es noch Karten in allen Preisklassen gab, war er zwei Tage früher nach Hamburg gereist. Ein Konzert mit Werken der Zwölftonmusik bot beste Voraussetzungen, um die Sichtverhältnisse in der Musikhalle zu erkunden. Es waren so wenige Zuhörer im Saal, dass er nach jedem Stück den Platz wechseln konnte. Schließlich hatte er den ersten Rang rechts, Reihe eins, Sitz zwei als optimalen Fluchtpunkt für Sophies Blick ermittelt.

Da saß er nun und wartete auf die nächste Kontaktaufnahme. Aber Sophie blickte nicht mehr, nicht zu ihm, nirgendwohin. Sofern virtuose Passagen nicht ihre volle Gegenwart erforderten, starrte sie mit blinden Augen ins Nirwana. Wie gern hätte Sebastian sie dorthin begleitet, zur Not auch in ein Café oder ins Kino, aber das kam, was die Realisierbarkeit anging, auf das Gleiche hinaus.

Und dennoch liebte er genau diesen entrückten Blick an ihr. Er hatte viele Pianisten gesehen: beherrschte, grimassierende, sich verzehrende. Keiner hatte diese Aura, die Sophie in Momenten tiefster Versenkung umgab. Ihre blauen Augen bekamen dann einen milchigen Schimmer, als wären sie tatsächlich blind. Nichts schien sie mit der realen Welt zu verbinden. Sophie war eins mit der Musik und Sebastian unendlich fern, doch gerade jetzt auch unendlich lieb.

Wie oft mochte er sie bisher gesehen haben? Vielleicht zwei Dutzend Mal insgesamt: am häufigsten mit Brahms, auch schon diverse Male vor diesem Abend mit dem Rachmaninow-Klavierkonzert, so bei ihrem Debüt mit den Berliner Philharmonikern, als sie am Rande der Bühne einem anderen Mann in die Arme gefallen war – hoffentlich nur der Manager.

Gern erinnerte er sich an einen Mozart-Abend in Thüringen. Die Sonaten, die einen leichten, trockenen Anschlag erfordert hätten, waren von Sophie geradezu niedergemetzelt worden. Sie hatte sich mit der ihr eigenen Energie und Leidenschaft auf sie gestürzt, und das war der Interpretation schlecht bekommen. Hatte das Publikum es auch bemerkt? Der Beifall fiel freundlich, aber verhalten aus.

Sebastian suchte nach dem Konzert vor den Gasthöfen nach einem Wagen mit französischem Kennzeichen, in der Hoffnung, Sophie in Tränen aufgelöst anzutreffen. Er fand keines, war aber von einer merkwürdigen Hochstimmung erfasst. Sophie hatte sich eine Schwäche geleistet und in ihrer Spielweise die Leidenschaft vor die Vernunft gestellt. Kein Zweifel: Sie waren Seelenverwandte.

Sophie spielte seit diesem Abend öffentlich keinen Mozart mehr. Dafür spielte sie immer häufiger Brahms. Sie spielte die Walzer, die Sonaten, Intermezzi und Capriccios. Und wie immer spielte sie, als gelte es ihr Leben. Dennoch machte Sophies Liebe zu diesem Komponisten einen Unterschied. Die Musik von Brahms war ein Produkt der Sehnsucht, nicht der Erfüllung. Was sich in ihr ausdrückte, war die Leidenschaft eines Einsamen.

Sophie hätte Sebastian keinen tieferen Einblick in ihre Seele gewähren können als mit dem Bekenntnis zu diesem Komponisten. Wenn er nach Zeichen suchte, dann hielt er sich an Brahms und jenes Konzert in Amsterdam, als Sophie ihm, Sebastian, eine Zugabe geschenkt hatte. Denn es war doch wohl ein Zeichen, wenn sie jenes Intermezzo Opus 118 Nr. 2 spielte, das ihm seit jeher als die musikalische Verkörperung ihrer Anmut erschien.

Sebastian wurde durch lautes Piepsen aus seinen Gedanken gerissen. Der Mann neben ihm war von den Toten erwacht und machte sich an seinem Hörgerät zu schaffen. Von der anderen Seite wehte eine Wolke Kölnischwasser zu ihm herüber. Die Blauhaarige hatte ein Erfrischungstuch ausgepackt.

Tatsächlich war es stickig im Saal. Frauen im Parkett fächelten sich mit dem Programmheft Kühlung zu. Sebastian lüftete seinen Anzug, überlegte, ob er den obersten Hemdknopf öffnen und den Krawattenknoten lockern sollte. Dann versuchte er, sich wieder auf die Musik zu konzentrieren.

Das große Finale musste unmittelbar bevorstehen. Mit einem Dutzend Schlussakkorde hatte Rachmaninow dafür gesorgt, dass Zuhörer nicht anders konnten, als danach in Jubel auszubrechen. Aber was nun aufbrauste, war mehr: ein Orkan.

Noch in den verklingenden Hall des letzten Schlages hinein hatte ein einzelner Bravorufer das Kommando gegeben. Mit kurzem Abstand fiel ein Chor von Männerstimmen ein. Auch Frauen zeigten sich hingerissen. In der ersten Reihe war eine besonders beflissene Musikfreundin aufgesprungen und versuchte, die anderen durch raumgreifendes, elastisches Klatschen zum Mitmachen anzustacheln. Aber sie gab ein lächerliches Bild ab, und keiner wollte ihr folgen.

Dafür brach Trampeln im Sitzen los. Sophie verließ die Bühne und kehrte wieder: einmal, zweimal, dreimal, viermal. Ihre Verbeugungen wollten kein Ende nehmen. Der Dirigent, ein Russe mit weißer Mähne, hatte bald eingesehen, dass er und sein Ensemble nur noch als Dekoration gefragt waren, und so hatte er Sophie das Feld überlassen. Er stellte sich hinter die letzten Geiger und markierte ein Spalier für die Umjubelte.

Bildete es sich Sebastian nur ein, oder war Sophie durch das Treiben genauso peinlich berührt wie er? Sie vollführte ihre Verbeugungen nicht an der Rampe, sondern an ihren Flügel gestützt, und wo selbstverliebte Tastenlöwen Blicke in alle Preisgruppen des Saales blitzen ließen, blinzelte Sophie nur scheu.

Und dünn war sie geworden. Knabenhaft war ihre Figur immer gewesen. Sebastian stellte sich des Nachts gerne vor, wie er sie entkleidete und sie ihm hinhaltenden Widerstand leistete, weil sie fürchtete, er könne ihre Brüste zu klein finden. Er wischte die Bedenken dann souverän beiseite und versicherte ihr, dass er ihre Brüste genauso liebte, wie sie waren, was zweifellos der Wahrheit entsprechen würde.

Dann würde er diese Brüste, mitsamt des vermuteten Leberflecks neben der linken Brustwarze, mit einer Inbrunst liebkosen, dass Brahms, Rachmaninow und alle anderen schlagartig abgemeldet wären.

Aber jetzt schien sie ja nur noch aus Haut und Knochen zu bestehen. Selbst von seinem Standort aus konnte er ihre Schlüsselbeine hervortreten sehen. Auch die Haare hatte sie abgeschnitten und zur Pagenfrisur gestutzt. Es stand ihr gut, wie alles. Dennoch vermittelten die Zeichen in ihrer Summe eine eindeutige Botschaft: Sophie hatte den Konzertbetrieb satt und suchte nach einem jungen Mann, gern noch Student, der sie da rausholte.

Irgendwann verbeugte sich Sophie nicht mehr, sondern nahm auf dem Schemel Platz, um dem Publikum die erkämpfte Zugabe darzubieten. Es war etwas Unbekanntes, gemäßigt Modernes. Sebastian tippte auf Bartok. Dennoch genügte schon diese kleine Extravaganz, um den Enthusiasmus des Publikums zu dämpfen. Sophie schien es recht zu sein. Sie verbeugte sich einmal tief und trat ab, endgültig. Selbst die unverdrossene Musikfreundin in der ersten Reihe konnte sie nicht mehr auf die Bühne locken. Sie klatschte weiter, als sich alle anderen längst in die Pause abgesetzt hatten.

Auch Sebastian erhob sich. Nach der Pause würde das Konzert ohne Sophie weitergehen. Sie war in den Katakomben der Musikhalle verschwunden und dort dem Einfluss von Leuten ausgesetzt, die er fürchtete: Konzertveranstalter, Manager, Speichellecker.

Sicher würden diese geilen Böcke versuchen, ihr unter dem Vorwand der Gratulation nahe zu kommen. Sie würden sie auf die Wangen küssen, sie umarmen, dabei wie zufällig mit den Händen auf ihren Po abirren – auf ihren mutmaßlich kleinen, festen, unglaublich süßen Po. Sie würden sie riechen, die Hitze ihres Körpers spüren, ihren Schweiß schmecken, Sophies Brüste an sich pressen. Sebastian wurde ganz schlecht bei dem Gedanken.

Er selbst steckte im Pausenverkehr zwischen Konzertsaal und Foyer fest und konnte nichts ausrichten. Stattdessen musste er erste Kurzkritiken mitanhören.

»Ich bin ja hin und weg, hin und weg«, hörte er eine weibliche Stimme.

»Ja, man ist völlig perplex, wieviel Power in so einem zarten Persönchen steckt«, antwortete eine andere.

»Und alles auswendig! Ich kann mir nicht einmal die Geheimzahl meiner Scheckkarte merken.«

»Aber zu der Zugabe fehlte mir der Zugang. Da wollte sie wohl zum Schluss partout noch etwas Modernes bieten.«

»Und auch die Hose fand ich schade. Es ist einfach schöner, wenn Mädchen zu feierlichen Anlässen ein Kleid anziehen.«

»Shut up!«, wollte Sebastian rufen, aber es reichte nur zu einem unterdrückten Gebrummel.

Er war unschlüssig, ob er dem zweiten Teil des Konzerts beiwohnen sollte. Nach der Pause standen Mussorgskis Bilder einer Ausstellung in der Orchesterfassung auf dem Programm, ein derbes Werk, dass jede Stimmung in ihm erschlagen hätte. Auch war es unwahrscheinlich, dass sich Sophie ins Publikum mischen würde, wie sie es in den Anfangsjahren ihrer Karriere gemacht hatte. Andererseits erwartete Sebastian draußen nur eine fremde Stadt und ein Hotelzimmer ohne Kabelanschluss.

Das Foyer lag am anderen Ende des Gebäudes und wurde von einer Brahms-Skulptur beherrscht. Sebastian schlängelte sich an Gruppen von Sekttrinkern vorbei und bezog in einer Ecke Stellung, um dort das Sinnvollste zu tun, das ihm in seiner Lage übrigblieb: Leute studieren. Zu zweit hätte es bestimmt sogar Spaß gemacht.

Da waren graumelierte hanseatische Herrenmenschen im Dreiteiler, wallende Frauen mit Schlag ins Esoterische, Studenten, die Partituren mitgebracht hatten und durch ihr Äußeres zu erkennen gaben, dass sie an der Musik interessiert waren und an sonst nichts. Bevor der Altersschnitt nach unten zu kippen drohte, erschienen ein paar Senioren aus der Nachbarschaft seines Sitzplatzes. Wahrscheinlich hatten sie Brahms, den großen Sohn der Stadt, noch persönlich wirken gesehen.

Ein paar Meter weiter entdeckte er einen mannshohen Prunkspiegel. Der Knoten seiner Krawatte war ein wenig verrutscht. Das korrigierte er. Der Scheitel, den er in sein Haar gezwungen hatte, saß noch wie eine Eins.

Plötzlich nahm er eine Bewegung im Saal wahr: Leute strebten der Treppe ins Erdgeschoss zu. Es gelang ihm,

Wortfetzen aufzuschnappen. Sophie signiert! Er eilte zur Treppe, diese herunter und erblickte auf halber Höhe Sophie, die hinter einem Tisch inmitten einer Menschentraube saß. Er fand mit Mühe einen Platz in zweiter Reihe, von dem aus er die Szene beobachten konnte, ohne zu den Autogrammjägern gezählt zu werden.

Neben Sophie hatte man einen Stand aufgebaut, auf dem ihre CDs zum Verkauf auslagen. Sebastian konnte es sich sparen, die Kollektion zu begutachten. Er besaß längst alle sieben Einspielungen, manche doppelt und dreifach, falls das Beiheft mit den Jahren schadhaft geworden war oder die Plattenfirma sie in einer neuen Edition herausgebracht hatte. Die Leute wogen die CDs in der Hand, überflogen das Repertoire und entschieden sich meist, dem Programm des Abends entsprechend, für Rachmaninow, seltener für Chopin, Liszt oder Brahms.

Konnten diese Banausen ihren Kauftrieb nicht im Internet oder am Wochenende in der Stadt befriedigen? Sie hatten kein Recht, sich als Kenner aufzuspielen und Sophies Aufnahmen nach ihren Vorlieben zu klassifizieren, kein Recht, etwas von Sophie mit nach Hause zu nehmen und es ihrer Privatsphäre einzuverleiben.

Die CDs gehörten ihm. Sie waren sein Pfand, das einzig Körperliche, das ihn und sie verband. Wenn er Sophies Musik auflegte, verbrachten sie Zeit miteinander. Indem er die Macht hatte, diese Stunde aus ihrem digitalen Schlaf wachzuküssen, war es, als spielte Sophie nur für ihn. Wenn er sich Mühe gab, konnte er sie atmen und summen, keuchen und stöhnen hören.

Alles an diesen CDs war von Belang: Ausdruck und Aufmachung Sophies auf den Fotos, Wahl der Werke und der

Mitspieler. Sein Favorit war über die Jahre Sophies allererste Veröffentlichung mit Schumanns Kinderszenen geblieben. Das Beiheft zeigte sie als pferdeschwänzigen Teenager, an einen Baum gelehnt und die Augen schwärmerisch zum Himmel gerichtet. Der karierte Blazer, den Sophie dazu trug, war geschmacklich eine Katastrophe, nicht nur aus heutiger Sicht. Sebastian liebte ihn umso mehr. Er signalisierte ihm, dass Sophie in behüteten Verhältnissen lebte, sich ihrem Klavierspiel widmete und von den pubertären Abenteuern ihrer Altersgenossen fernhielt, insbesondere: von Jungs.

Der Blazer fiel schon auf dem nächsten Cover weg, dann auch die Unschuld: Sophie hatte sich in eine Art Vamp verwandelt, stellte eine Haarmähne zur Schau und Schminke, billige Schminke, wie Sebastian fand. Er machte sich Sorgen und konnte sich an den eingespielten Brahmsstücken nicht erfreuen. Die CD mit dem Liszt-Programm brachte nur halbe Entwarnung. Zwar waren die gröbsten Entgleisungen wieder beseitigt, dafür hing Sophie plötzlich ein Medaillon um den Hals, vielleicht keltischen Ursprungs. Was hatte das zu bedeuten? Und vor allem: Wer hatte es ihr geschenkt?

So ging es weiter. Während Sebastian beständig in seinem Selbst ausharrte und auf Sophie wartete, ließ sie die Welt an ihren Wandlungen teilhaben. Das war ihr gutes Recht. Sie war eine junge Frau, kaum ein Jahr jünger als Sebastian. Sie schuldete niemandem eine Erklärung, am wenigsten ihm, von dessen Existenz sie nicht wusste. Dennoch konnte Sebastian nicht anders, als in ihren Launen eine Rücksichtslosigkeit zu erblicken.

Magersucht war neu und erschien ihm unter den gegebenen Möglichkeiten geradezu vorteilhaft.

Sophie schrieb und lächelte, schrieb und lächelte. Es gab auch Konzertbesucher, die nur ihre Eintrittskarte oder das Programm zur Unterschrift vorlegten. Sophie erfüllte alle Wünsche, und es schien Sebastian, dass ihr Lächeln herzlicher ausfiel, wenn dafür kein Geld entrichtet worden war.

Konzentriert beugte sie sich über ihr Pult und warf ihren Schriftzug aufs Papier: *Sophie Bonnard*, manchmal ergänzt um Widmungen wie *für Onkel Kurt* oder *für Oma Else*. Dann blickte sie zu dem Bewunderer auf, den die Menge vorgespült hatte.

Sebastian hatte Gelegenheit, ihr Gesicht zu studieren. Es war schön. Für dieses Urteil bedurfte es keiner geschmacklichen Verfeinerung. Jeder, der Sophie sah, selbst der gröbste Klotz, musste es erkennen, und sicher wusste Sophie, dass es alle wussten, und litt unter der Sorge, auf ihre Schönheit reduziert zu werden. Was war es, was ihren Reiz ausmachte? Bestimmt ließ sich mit Hilfe eines Computerprogramms nachweisen, dass die Linien von Stirn, Nase, Wangen und Lippen in besonders harmonischem Verhältnis zueinander standen. Das aber war nur das Vordergründige. Sebastian betörte Sophies milder Blick.

Die kräftigen Augenbrauen, etwas dunkler als das mittelblonde Haupthaar, trugen dazu bei. Aber wichtiger war ein Detail, das Sebastian irgendwann identifiziert hatte: die Unterlider, die sich bei Sophie weiter und stärker als üblich über den Augapfel wölbten. Diese Hautfalte gab ihrem Blick etwas Warmes und Wissendes und ließ Sebastian glauben, er sei nicht in Sophies Schönheit, sondern in ihre Seele verliebt.

Unterdessen war längst das Ende der Pause eingeläutet worden. Sebastian sah sich um. Niemand machte Anstalten, in den Saal zurückzukehren. Alle standen unter dem Bann von Sophies Charme. Wer mit seinem Autogramm davonzog, hatte einen verklärten Glanz in den Augen, als sei ihm ein höheres Wesen erschienen.

»Ein so bezauberndes Geschöpf. Ich bin hin und weg«, hörte Sebastian jemanden sagen.

»Ja, und so natürlich, ganz ohne Star-Allüren«, kam als Antwort.

Nun fehlt nur noch, dass sie ihr ein Kind zum Segnen reichen, dachte Sebastian grimmig. Er hatte genug. Er wandte sich um und drängte sich rüde durch die Reihen der Wartenden. Den Mussorgski würde er ausfallen lassen. Er musste hier raus, frische Luft schnappen, besser noch: sich betrinken. Es musste etwas passieren. Sophie hatte ihm nie gehört, aber nun drohte er sie zu verlieren – an die Allgemeinheit.

2

»Er … er … sieht mich gar nicht. Ich werfe ihm im Hörsaal Blicke zu und versuche, ihm ein Zeichen zu entlocken. Aber er ist mir gegenüber wie blind.« Laura weinte ungern, aber hier und jetzt ließ es sich nicht vermeiden, auch wenn andere Kneipengäste neugierig zu ihr herüberschielten.

Katharina, die von anderen verlangte, dass man sie Kate nenne, legte ihre Hand auf Lauras Arm. »Ach, Honey, komm! Du wirst doch wegen eines Freaks keine Tränen vergießen. Er hat ja einen ganz süßen Dackelblick, aber sonst …«

»Freak?« Laura riss ihre verheulten Augen auf. »Weil er auf seinem iPod klassische Musik hört? Dann bin ich auch ein Freak … oder eine Freakin? Ach egal, Scheiße.«

Kate überlegte kurz, dann antwortete sie: »Na gut, aber du spielst immerhin selbst Klarinette. Sebastian bläst höchstens mal auf den Flöten anderer Männer.«

»Ich mag es nicht, wenn du so redest. Außerdem hatten wir das Thema schon. Sebastian *ist* nicht schwul, das spüre ich.«

Laura ließ den Blick wieder in ihr Weinglas fallen, schon das dritte des Abends, was sonst ihrem Alkoholpensum eines Jahres entsprach. Sie war zu keinem Gedanken fähig. Welches Bild sie wohl gerade abgab? Sie hatte sich für den Frauenabend, den Kate ihr vorgeschlagen hatte, geschminkt, und sicher lief ihr die Wimperntusche zombieartig über das ganze Gesicht. Aber es war egal. Sie *war* ein Zombie, und das dürfte jeder wissen.

Unterdessen unternahm Kate einen neuen Anlauf, ihre Freundin zu trösten. »Hast du eigentlich mal in den Spiegel geschaut? Ich meine, bevor du dein Gesicht geflutet hast. Du bist *so* hübsch. Du musst nur mit deinen Mandelaugen klimpern, und die ganze Männerwelt liegt dir zu Füßen. Siehst du den Typ zwei Tische weiter? Dem trieft schon der Sabber von den Lefzen. Der Freund ist auch nicht so übel. Wir könnten die beiden an unseren Tisch winken und einen netten Abend miteinander verbringen, damit du mal auf andere Gedanken kommst. Ich würde mich opfern.«

Laura hob den Kopf und versuchte unauffällig in die von Kate gewiesene Richtung zu schauen. Es gelang ihr nicht, denn so vorsichtig sie ihren Blick auch anpirschte, er traf sofort in ein aufnahmebereites Augenpaar. Laura war so erschrocken, dass sie gebannt und viel zu lange hineinstarrte.

Attraktiv war der Typ, keine Frage. Er mochte Ende zwanzig sein, hatte dunkle Haare und einen Vollbart, wie es der aktuellen männlichen Gesichtsmode entsprach. Laura hatte eine Schwäche für Bärte. Sie verliehen ihren Trägern einen intellektuellen Touch fast nach Art griechischer Philosophen. Leider hatte sich gezeigt, dass der Inhalt selten hielt, was das Etikett versprach – eine klassische Mogelpackung eben. Der letzte Bärtige, bei dem sie an der Oberfläche gekratzt hatte, kannte Platon, Brahms und Rilke kaum dem Namen nach und war auch sonst eine Flachpfeife.

Sebastian dagegen war intelligent, gebildet und sensibel. Während die anderen an ihrem lässigen Auftritt feilten, war er auf rührende Weise uncool. Mochten ihn einige für einen Sonderling halten, das bestärkte Laura nur in ihrer Überzeugung, dass allein sie seine Qualitäten erkannte, dass sie für einander geboren waren.

Sie liebte die Leidenschaft, mit der er sich für seine Überzeugungen einsetzte, den Eifer, der ihn erfassen konnte. Er dachte dann schneller, als er reden konnte, verhaspelte sich, verrutschte mit seiner Stimmlage eine halbe Oktave nach oben.

Sie fühlte sich ihm in solchen Momenten so nah, dass sie ihn am liebsten in den Arm genommen hätte – ein körperliches Verlangen, dass ihr bei Männern eher fremd war. Manchmal des Nachts stellte sie sich vor, wie sie sich liebten, wie er ihren Körper mit Küssen bedeckte, abtauchen und schließlich mit rotem Kopf und seligem Lächeln aus ihrem Schoß wieder auftauchen würde.

Einstweilen hätte es ihr genügt, ihn in ein Gespräch über klassische Musik, ihre gemeinsame Liebe, zu verwickeln. Sicher würde ihm dann aufgehen, wie gut sie zueinander passten. Aber dazu war es nie gekommen. Sebastian machte dann immer den Eindruck, als fühle er sich ertappt, und versuchte, das Thema abzuwenden. Sicher war er durch die Häme, die er erfahren hatte, misstrauisch geworden. Armer Sebastian!

Die Vorstellung, dass sich bei dem Typen zwei Tische weiter der Sabber in den Barthaaren verfangen könnte, verursachte Laura jähen Brechreiz. Statt einer Antwort brachte sie nur Würgen zustande.

»Alles in Ordnung?«, fragte Kate.

»Ja, geht schon. Vielleicht sollte ich einen Espresso bestellen.«

»Tu das. Aber du hast noch nicht auf meine Frage geantwortet.«

»Der Typ?« Laura hatte ihn tatsächlich fast schon wieder vergessen. »Danke, kein Interesse.«

Kate war es nicht gewöhnt, klein beizugeben, schon gar nicht gegenüber ihrer schüchternen Freundin Laura. Also hob sie wieder an: »Hattest du eigentlich Sex, seit du mit Justus auseinander bist?« Laura sah sie erschrocken an, um sich sofort wieder Richtung Weinglas zu orientieren.

»Also, nein? Ich fasse es nicht. Das ist zwei Jahre her. Soll ich dir mal in Erinnerung rufen, wie sich das anfühlt?«

Laura schwieg.

»Also.« Kate rückte an Laura heran und begann, ihr ins Ohr zu flüstern. »Zuerst küsst ihr euch noch angezogen im Stehen. Eure Lippen und Zungen vereinigen sich, und dabei merkst du, wie ihm ein solcher Ständer wächst, dass er ihn am liebsten direkt durch die Hose in deine Pussy rammen möchte. Es macht dich geil, dass er geil ist, und du reibst noch ein bisschen mit der Hand nach. Dann erlaubst du ihm, dich auszuziehen. Er liebkost deinen Hals, deine Brüste, einschließlich des ...«

»Halt den Mund!« Lauras Schrei hätte beinahe das leere Weinglas zerspringen lassen. Kate prallte zurück, die ganze Kneipe schien für einen Moment verstummt zu sein und die Quelle des Lärms ins Visier zu nehmen. Laura lief rot an, griff hektisch nach ihrem Handtäschchen, zog einen Zwanzig-Euro-Schein aus dem Portemonnaie, pfefferte ihn auf den Tisch und stürmte aus dem Lokal.

Hatte Kate erwartet, ihre Freundin draußen entweder gar nicht oder im unverminderten Zustand der Empörung anzutreffen, so sah sie sich getäuscht. Hatten sie die frische Luft und die Bedenkzeit besänftigt, oder war es bloß Trotz, zu dem sie bei aller Rehäugigkeit fähig war? Jedenfalls quittierte sie Kates schuldbewusst vorgebrachte Frage mit einem überdrehten Lachen. »Nach Hause? Quatsch! Wir wollten doch tanzen gehen. Ich will jetzt, verdammt nochmal, tanzen!«

Kate sah Laura misstrauisch an. Bisher hatte Laura solchen Unternehmungen stets eine Absage erteilt. Es war schon zum Running Gag zwischen ihnen geworden. Auf Kates Frage, ob man noch auf die Piste gehen wolle, pflegte Laura zu antworten, dass ihr die Musik in den Clubs nicht gefalle, das Publikum ebensowenig. Daraufhin Kate: Deine Freunde Brahms oder Sebastian findest du dort natürlich nicht. Schließlich erläuterte Laura, dass sie auch moderne Musik möge, und zählte eine Reihe Indie-Rock-Bands auf, von denen Kate noch nie gehört hatte. Am Ende landeten sie meist in einem Spätfilm.

Nun wollte Laura also tanzen gehen. Worin auch immer dieser Stimmungsumschwung begründet lag – es war absehbar, dass dies kein gutes Ende nehmen würde. Aber Kate wäre die Letzte gewesen, ihre Freundin von einer gefälligen Entscheidung abzubringen. »Das trifft sich. Im *Big Daddy* legt heute ein angesagter DJ aus Berlin auf.«

»Prima, ich liebe Berlin.« Lauras Behauptung stimmte insoweit, als sie die Berliner Philharmoniker schätzte. Sonst konnte sie die Begeisterung ihrer Altersgenossen für die Hauptstadt nicht nachvollziehen. Alles dort erschien ihr unwirklich, pseudo, zu groß sowieso.

Das Big Daddy war eine Institution im Nachtleben der Stadt. Im Zeichen des Jugendstils erbaut, hatte es lange als Cabaret und Varieté gedient, bevor es in den 1960er Jahren zur ersten Diskothek der Gegend umgerüstet worden war. Seitdem hatte es einige Namens- und Betreiberwechsel hinter sich gebracht, an Popularität aber nicht eingebüßt.

An das Vorleben erinnerten Marmorsäulen rund um die Tanzfläche und eine kleine Bühne, die Raum für die Auftritte von Stargästen bot, sich aber auch im Tanzbetrieb bewährte. Das Big Daddy war bekannt für seine Go-go-Girls, die dem Publikum von der Bühne aus einheizten. Insbesondere Studenten der Rechts- und Wirtschaftswissenschaften wussten diese Attraktion zu würdigen und genehmigten sich im Big Daddy bei Champagner und Cocktails einen Vorschuss auf ihre Karriere.

Da sich Laura – warum eigentlich? – ebenfalls in Jura eingeschrieben hatte, kannte sie den Ruf des Big Daddy von ausgelassenen Schilderungen ihrer Kommilitonen. *Wenn schon, denn schon*, sagte sie sich, während sie versuchte, mit Kate Schritt zu halten. Ihre Freundin hatte die Angewohnheit, unabhängig vom Tempo einen halben Meter vor ihr zu gehen. Ein merkwürdiges Gehabe war das. Manchmal dachte Laura, Kate wäre lieber ein Junge geworden. Den passenden Bubikopf hatte sie schon.

Durch den überstürzten Aufbruch aus dem Lokal waren sie viel zu früh dran. Die Tanzfläche war noch verwaist, am Mischpult werkelte eine Ortskraft auf Sparflamme. Laura und Kate wandten sich der Bar zu, um das vom Eintrittspreis umfasste Freigetränk zu bestellen. Kate wählte einen Hugo, Laura blieb, um des nächsten Morgens willen, beim Weißwein. Nach wenigen Schlucken war ihr klar, dass der Kater jedes bekannte Maß sprengen würde, dass der Alkohol aber ihr einziger Verbündeter gegen die aufziehenden Schrecknisse dieser Nacht sein würde.

Nach einer Stunde begann sich der Saal zu füllen, nach einer weiteren hielt *DJ Markgraf* auf der Bühne Einzug. Ob er wirklich zu den Topacts der Berliner Clubszene gehörte, wie ein Ansager in Lederjacke verkündete, konnte im Big Daddy wahrscheinlich niemand beurteilen. Aber er trug Pudelmütze, Bart und ein weißes T-Shirt und entsprach dem Bild, das man sich in der Provinz von urbaner Hipness machte.

Laura rätselte, welcher Musikrichtung dieser DJ folgen würde, als eine Kanonade kräftiger Beats schon die Antwort gab: Techno. Das Publikum jubelte, als würde dieser Lärm die Erinnerung an legendäre Gemeinschaftserlebnisse wachrufen.

Plötzlich ertönte etwas wie ein Klang: die schmierige Fanfare eines Saxophons. Sie diente dazu, die Girls auf die Bühne zu holen. Sie trugen weiße Hotpants unter weißen Bustiers und wirkten sehr explizit. Zwei von ihnen nahmen an der Rampe Aufstellung, zwei an Marmorsäulen, die sie im Stil von Tabledancern zu bearbeiten begannen. Laura bestellte sich ein weiteres Glas Wein, von dem sie nicht wusste, ob es das fünfte oder siebente war.

Kate rief ihr etwas zu, Laura verstand nicht. Das ging ihr in Diskotheken immer so, während alle anderen keine Probleme zu haben schienen. Sie würde diesen Abend nicht nur mit Kopfschmerzen, sondern auch mit einem Tinnitus bezahlen. Wahrscheinlich war ihr Gehör mehr auf Kammermusik geeicht. Aber sie konnte sich vorstellen, was Kate vorhatte, nickte und lag richtig: Ihre Freundin wollte zur Tanzfläche. Laura trank ihren Wein aus und dackelte hinterher.

Kate brachte es fertig, aus dem Gehen bruchlos in den Tanzmodus überzuwechseln, so als hätte sie seit Stunden nichts anderes gemacht. Ihre Bewegungen verrieten Techno-Erfahrung. Zu bestimmten Passagen, die sich für Laura durch nichts von anderen unterschieden, begann sie zu hüpfen, warf die Arme in die Höhe und stieß anfeuernde Rufe aus, so wie es alle taten. Laura hatte den Eindruck, dass Kate nicht nur mit dem *Song*, sondern auch mit den anderen Tänzern auf das Innigste vertraut war.

Sie selbst fühlte sich fremd, fand keinen Zugang zu dieser *Musik*, bei der das Beiwerk, der Rhythmus, zur Hauptsache erklärt war. Zwischendurch blitzten melodischere Stellen auf, die sie aus dem Radio zu kennen meinte. Aber schon Takte später waren sie wieder vom monotonen Beat absorbiert.

Zaghaft begann sie, die Augen zu Boden gerichtet, mit den Füßen vor- und zurück zu tippen. Sie *konnte* tanzen. Oh, sie konnte sich gehen lassen, wenn die Musik passte. Aber in diesem Augenblick hatte ihr Körper jede Erinnerung daran verloren, und sie fühlte sich stocksteif wie ein Pubertist in der ersten Tanzstunde.

Wie sie so an sich herabsah, stieß ihr auch ihre Garderobe auf: die Karobluse mit dem diagonal fixierten Handtäschchen, die langweiligen Bluejeans, die Collegeschuhe. Um sie herum wurden Haarmähnen geworfen, wippten Brüste in tiefen Dekolletés. Sie dagegen war ein Mauerblümchen und hier ähnlich deplatziert wie ein Vater, der seine minderjährige Tochter sucht.

Sie glaubte sich zu erinnern, noch einen Rest Wein in ihrem Glas zurückgelassen zu haben, lief zur Bar, fand das Glas nicht, orderte ein neues und trank es auf ex aus. Dann kehrte sie zur Tanzfläche zurück, die ihr, bei aller Bedrängnis, noch den größten Schutz zu bieten schien.

Sie wollte nicht weiter den Blick senken. Gleichzeitig war die Horizontale durch die verzückten Gesichter der Tänzer versperrt. Also starrte sie an die Decke zur großen Diskokugel. Irgendwann ging auch das nicht mehr, und so wandte sie sich dem Go-go-Girl vor ihr auf der Bühne zu. Sie war nicht perfekt gebaut, eher etwas stämmig, mit Babyspeck an Bauch und Hüften. Aber ihr Fleisch war appetitlich wie Marzipan, und Laura konnte nachfühlen, dass die Männer da gerne anbissen. Ihr ging es doch fast ebenso. Ja, für einen Moment stellte sie sich vor, sie würde diese Frau anfassen.

Der Gedanke beschwipste sie, was noch etwas anderes war als die Volltrunkenheit, der sie entgegentaumelte. Sie stahl sich näher an die Bühne heran, um diesen Körper in allen Einzelheiten studieren zu können.

Unter den weißen Hotpants aus seidig glänzender Kunstfaser zeichnete sich etwas schief die Vagina ab. Wie viele Männerblicke mochten auf dieser Stelle geruht haben? Wie viele mochten sich vorgenommen haben, diesen Schlitz freizulegen und seiner Bestimmung zuzuführen? Laura malte sich aus, sie wäre dabei, wenn es passierte, und die Vorstellung erregte sie mehr, als ihr geheuer war.

Unterdessen hatte sich das Mädchen umgedreht und stellte seine Rückseite zur Schau. Laura sah den drallen Po und das vielfarbig tätowierte Arschgeweih, das aus der Hose wuchs. Das war so billig, dass es Laura schüttelte, schaurig und wohlig zugleich. Es fiel ihr nicht schwer, die Sache aus Sicht der Adressaten zu sehen. So ein Arschgeweih signalisierte: Hey, ich bin so billig wie mein Tattoo, ich reiß dir nicht gleich den Kopf ab, wenn du fragst, ob ich mit dir schlafen will.

Auf einmal erfasste Laura so etwas wie Empathie für dieses Mädchen. Sie war doch auf ihre Weise freundlich, entgegenkommend. Sie folgte einem anderen Lebenskonzept, und wahrscheinlich dem besseren: Sie wollte ficken.

Das war ihr Daseinszweck, alles andere war Vorspiel oder Ersatzbefriedigung. Und hatte sie nicht Recht? Zum Ficken drängt, am Ficken hängt doch alles. Das wussten schon die Dichter (Goethe?), und nirgends galt es mehr als hier und jetzt.

Es war der heimliche Zweck dieses Rumgehopses, sich anschließend zu begatten, am besten gleich draußen im Park oder auf den Toiletten. Ob es da in diesem Augenblick abging, oder vielleicht schon hier auf der Tanzfläche? Laura schaute sich um. Es war so eng geworden, dass sich die Leiber aneinanderrieben. Nicht ausgeschlossen, dass sich unter dem Schutz der Masse gerade ein Penis in eine Vagina schob.

Indem sie sich die Wörter auf der Zunge zergehen ließ, ging ihr auf, welch ehernes Begriffspaar sie bildeten, Penis und Vagina, teils griechischen, teils lateinischen Ursprungs, schon klanglich nach Vereinigung verlangend. Bilder eines prächtigen Phallus (auch so ein Wort) stiegen in ihr auf und lösten kein Erschrecken, sondern ein Gefühl der Wärme in ihr aus.

Kate hatte recht: Sie musste wieder ficken. Wieder? Hatte sie mit Justus je gefickt? Nein, das war wohl eher Kuschelsex zu nennen gewesen. Und Sebastian? Sie musste diesem Schmachten ein Ende setzen, das hatte sie nicht nötig.

Wie beflügelt von ihren Erkenntnissen begann Laura ihre Bewegungen, flüssiger und geschmeidiger, in Richtung der Tanzflächenmitte zu dirigieren. Sie wollte Teil der Masse sein, sich an anderen reiben, erregen und erregt werden. Als die anderen wieder hüpften und die Arme in die Höhe streckten, machte sie mit, währenddessen sie fünfmal mit aller Kraft »Ficken« brüllte. Es war das erste Mal, dass dieses

Wort ihren Mund verließ, blieb aber im allgemeinen Tohuwabohu unbemerkt.

Meine Güte, was war sie blau!

Wo war Kate? Laura hatte sie aus den Augen verloren, konnte sie nirgends unter den Tänzern finden. Sie musste ihr doch ihre Entscheidung mitteilen. Laura machte sich auf die Suche, schlängelte sich tänzelnd zwischen den anderen hindurch, blieb an einem Typen mit umgedrehter Basecap hängen, der sie jäh an den Hüften packte, um sie in eine Art Lambada zu verwickeln. Sollte sie gleich mit dem ersten Besten? Nein, der war eine Nummer zu tumb.

Aber sie nahm es ihm nicht übel, streifte lächelnd seine Hände ab und wogte weiter. Dann hatte sie das Ende der Tanzfläche erreicht. Drüben an der Bar erspähte sie ihre Freundin, aber was sie sonst sah, ließ ihr das Blut in den Adern gefrieren: die beiden Typen aus der Kneipe, mit Kate in trautem Gespräch vereint. Für einen Moment war Laura nüchtern. Ihre Gedankenspiele waren berauschte Theorie gewesen. Was da stand, war die Aussicht auf Praxis. Sie machte Anstalten, zurück in die Menge zu flüchten, als sie auch von Kate erblickt und zu sich gewunken wurde.

Laura musste nachfassen, ehe sie die Namen verstand: David hieß der Bärtige, Simon der andere, für den sich Kate *opfern* würde. Dann wurde wieder etwas gesprochen, und wieder verstand Laura nichts und nickte bloß.

Als sich die anderen daraufhin Richtung Ausgang in Bewegung setzten, wurde ihr klar, wozu sie ihr Einverständnis gegeben hatte (*bestimmt nur, um sich draußen abzukühlen*). Rechtzeitig fiel ihr etwas ein: Sie brauche noch ein Glas Wein. David erbot sich, es für sie zu holen. Bald standen sie auf dem kleinen Vorhof, der das Big Daddy von der Straße abtrennte.

»Puh, ganz schön schwül da drin«, meinte Simon, während er sich eine Zigarette ansteckte. Die anderen stimmten zu, aber David war keiner, der sich lange mit Geplänkel aufhielt. »Vorhin in der Kneipe wusste ich nur, wie hübsch du bist«, richtete er das Wort an Laura. »Jetzt weiß ich deinen Namen und manches mehr. Deine Freundin hat viel von dir erzählt, Laura.«

»Oh Gott, Kate, was hast du ihm gesagt?« Laura wunderte sich, woher sie diesen tussihaften Ton nahm.

»Gar nichts«, antwortete Kate. »Unser neuer Freund blufft gern, stimmt's, David?« Dazu zupfte sie ihn am Bart.

Hallo?!, sagte Laura zu sich. *Hier wird ja ein ordentliches Tempo vorgelegt.* Ohnehin schienen Kate und David viel besser füreinander geeignet, während Simon offenbar eine Memme war wie sie selbst (außer, dass er rauchte). »Hast du für mich auch eine Fluppe?«, fragte Laura ihn unverwandt. Noch so ein Wort, das sie heute zum ersten Mal aussprach, auch wenn es ihr danach gar nicht mehr cool vorkam, eher altbacken.

Er reichte ihr die Packung, sie ließ sich mit abgeklärter Miene Feuer geben. Den ersten Zug bewältigte sie ohne Husten. Nach dem dritten wurde ihr schwindelig, und sie musste an David Halt suchen. Er roch nicht schlecht. Es stellte sich heraus, dass die beiden an derselben Universität studiert hatten wie Laura und Kate, David Wirtschaft, Simon Politologie. Sie kannten sich noch von der Schule her. Anders als durch Anhänglichkeit war diese Freundschaft auch kaum zu erklären, dachte Laura, genau wie bei Kate und mir.

»Bei uns war es das Erstsemesterwochenende«, warf sie ein, und das lange Wort bereitete ihr hörbar Schwierigkeiten.

David lächelte nachsichtig. »Seid ihr oft hier?«, fragte er. Als Kate und Laura verneinten, begann er über das Big Daddy herzuziehen. Das Publikum sei heruntergekommen in den letzten Jahren: zu viele Prolls aus der Vorstadt. Auch ziehe er persönlich Hip-Hop oder *R'n'B* diesem Techno-Gestampfe vor. Und was die Go-go-Girls angehe, so beleidigten diese nicht nur die Ehre der Frauen, sondern auch sein Selbstverständnis als moderner Mann.

»Och, ich fand sie ganz lecker«, widersprach Laura. Kate schaute sie verwundert an.

In ihrem durch die Trunkenheit merkwürdig geschärften Instinkt war Laura klar, was David mit seinen Bemerkungen bezweckte und was als nächstes kommen würde. Und tatsächlich: »Ihr Mädels habt euch ja ganz schön ausgetobt«, stellte David mit Blick auf Lauras schweißnasse Stirn fest, auf der ein paar Haarsträhnen klebten. »Ich muss da jetzt nicht mehr rein. Wir könnten nebenan im *Déja Vu* noch einen Absacker nehmen und ein bisschen quatschen. Ich für meinen Teil könnte aber einen Espresso gebrauchen. Was meint ihr?«

Ohne eine Antwort abzuwarten, fuhr er fort: »In diesem Fall hätte ich eine andere Idee: Den besten Kaffee der Stadt gibt es neuerdings, nun ja, bei mir. Ich habe mir eine *Bezzera Mitica Manuale* gekauft, direkt in Italien, deshalb dreihundert Euro billiger als normal.« Er legte eine Kunstpause ein. »Aber ich will euch nicht nötigen«. Dazu hob er abwehrend die Hände.

»Ich müsste aber mein Weinglas noch irgendwie loswerden«, sagte Laura, was auch eine Antwort war. Wieder sah Kate sie verwundert an.

Davids Stadtwohnung war fußläufig zu erreichen und

passte zu der Espressomaschine. Das mit dunklem Parkett ausgelegte Wohnzimmer bestand im Wesentlichen aus einem schwarzen Ledersofa, über dem eine New-York-Ansicht hing (schon mit dem One World Center), und einem riesigen Flachbildschirm mit futuristisch gewölbtem Display. Die Küche war durch eine Theke vom Wohnraum getrennt.

Kate nickte anerkennend. »Teuer?«

»Sagen wir so«, sagte David. »Ich verdiene anständig.« Er erklärte, dass er vor einem halben Jahr als Junior Consultant in einer Unternehmensberatung angefangen habe. Dann legte er eine CD ein und begann, sich unter fachmännischen Ausführungen an der Espressomaschine zu schaffen zu machen.

Lauras Latte Macchiato schmeckte gut, aber das war ihr gerade egal. Sie fragte sich nur, welche Auswirkungen er auf ihren Bewusstseinszustand hätte und was in dieser Hinsicht anzustreben wäre. Das Gespräch plätscherte dahin, und sie war gespannt, wie die Dinge nun vorankommen würden. Es war mehr Neugier: In einem nüchternen Kämmerchen ihres Bewusstsein betrachtete sie die Sache als Experiment und ihr betrunkenes Alter Ego als Teil einer Versuchsanordnung.

Sie ging zum Regal, um Davids Bibliothek zu begutachten: Fachbücher und Thriller, weiter schien sein Horizont nicht zu reichen. Schnell kam David hinterher, anscheinend bestrebt, ihr eine Erklärung für die Dürre zu liefern. Thriller brauche er unbedingt auf Papier, gab er an. Die lese er gern in der Badewanne. Auf seinem E-Book habe er noch richtige Literatur.

»Verstehe«, sagte Laura. David stand jetzt ganz dicht neben ihr, und sie erkannte seinen Geruch wieder. Sie tippte auf Davidoff. Das hatte sie Justus einmal schenken wollen, dann als zu maskulin verworfen. Sie schaute zur Sitzgruppe herüber. Kate und Simon küssten sich.

»Sieh dir die an«, sagte David amüsiert. »Kaum fünf Minuten allein, schon fallen sie übereinander her.«

»Wie die Tiere«, bestätigte Laura.

»Ich will mich nicht aufdrängen, aber wenn du Lust hast … Ich meine, was die können, können wir doch schon lange.« Dazu fuhr er ihr mit dem Handrücken über die Wange.

Laura wollte etwas sagen, von dem sie nicht wusste, ob es eher auf ein Ja oder Nein hinauslaufen würde, doch David legte ihr den Zeigefinger auf den Mund. »Pssst!« Dann begann er, mit ihm über ihre Lippen zu fahren, die Lippen zu öffnen. Es entsprach einem Reflex (aus frühkindlicher Zeit?), dass Laura den Finger aufnahm, ihn mit Zunge und Lippen umschloss und daran lutschte. David lächelte. Dann zog er seinen Finger zurück und kam mit dem Mund an sie heran.

Laura konnte sich kaum erinnern, wie Küssen funktionierte. Insgeheim befürchtete sie, sich mit Justus nie so geküsst zu haben, wie es andere taten. Es hatte lange gedauert, bis sie sich getraut hatte, die Zunge ins Spiel zu bringen, und auch dann war es mehr bei einem gegenseitigen Punktieren geblieben. Davids Zunge war hart und fordernd und drang fast bis zu ihrem Gaumen vor. Laura konnte ihr kaum etwas entgegensetzen, und es forderte die ganze Konzentration, zu der sie noch fähig war, nicht als Grünschnabel zu erscheinen.

David ließ kurz von ihr ab, lächelte sie wieder an und begann, Hals und Nacken zu bearbeiten. Laura spürte seinen Bart und kicherte auf. Es war kein angenehmes Kitzeln, eher ein Kratzen, aber sie hielt das für eine angemessene Reaktion.

Er war gerade im Begriff, den ersten Knopf ihrer Bluse zu öffnen, als ihr plötzlich eine Idee kam. »Warte mal«, verlangte sie, indem sie ihn sanft von sich drückte. »Ich habe noch eine Frage: Wer war Brahms?«

David stutzte, aber dann kam es wie aus der Pistole geschossen: »Brahms? Spätromantischer Komponist des 19. Jahrhunderts. Das weiß ich zufällig, musste ich neulich wegen Quizduell nachschlagen. Zufrieden?«

»Na ja …«

»Du bist wirklich lustig«, befand David. Dann griff er mit dem rechten Arm um Lauras Schulter, mit dem linken in ihre Kniekehlen, hob sie an und trug sie über die Schwelle ins Schlafzimmer. *Jetzt wird's ernst*, dachte Laura noch, während sie auflachte. Kurze Zeit später umnebelten sich ihre Sinne.

3

Sebastians Abend war nach dem angebrochenen Konzert nicht zu Ende gewesen. Er hatte nahe der Musikhalle ein Bistro gefunden, sich an die Theke gesetzt und einen Rotwein bestellt. Er wollte eine Entscheidung begießen, aber schon nach den ersten Schlucken war ihm klar geworden, dass ihr jede Grundlage fehlte. Sophie war seine Sucht, so wie Junkies am Heroin hingen. Es hätte schon einer Gehirnwäsche bedurft oder einer Herztransplantation, um ihn davon zu kurieren.

Wie sollte er das Jurastudium, das ihm seine Eltern aufgeschwatzt hatten, überstehen ohne die Möglichkeit, sich hinwegzuträumen in jene Sphäre, wo es nur sie und ihn gab? Er brauchte die wärmende Decke seiner Einbildungskraft gegen die Kälte, die ihn draußen umgab. Dass etwas passieren musste, sah er ja ein. Aber es musste doch nicht gleich endgültig sein. Vielleicht würde es schon genügen, einfach Sophies nächstes Konzert zu überspringen.

Plötzlich hörte er zu seiner Linken jemanden sprechen. Es war die brüchige Stimme eines alten Mannes: »Verzeihung, ist dieser Stuhl noch frei?« Sebastian drehte sich ihm zu. Der Mann mochte an die achtzig Jahre alt sein, hatte eine Glatze, eine altmodische Brille und war vornehm gekleidet. Unter dem Mantel stachen oben eine Fliege und unten schwarze Lackschuhe hervor. Es musste sich ebenfalls um einen Konzertflüchtling handeln.

»Selbstverständlich«, antworte er. Als der Mann zögerte, bemerkte Sebastian, dass er den Nachbarstuhl mit seinem

Mantel blockierte, und nahm ihn weg. Der Mann bedankte sich. Dann wandte er sich an den Barkeeper. »Ich hätte gern einen Rotwein. Haben Sie einen Bordeaux, sagen wir: Château Margaux? Aber bitte keinen Jahrgang nach 2010.«

»Nein, aber ich kann Ihnen unseren Hauswein empfehlen, ein Chianti, recht schmackhaft.«

Der Mann runzelte die Stirn und sah fragend zu Sebastian herüber. Der brauchte einen Moment, bis er verstand. Dann hob er sein Weinglas und sagte: »Ich bin kein Kenner, aber den kann man durchaus trinken.« Der Mann folgte der Empfehlung und setzte sich.

»Sie kommen auch aus dem Konzert, nicht wahr?«, richtete er nach einer Weile wieder das Wort an Sebastian. »Junge Leute sah man wenige, und wenn, dann trugen sie Freizeitkleidung.«

»Ja, ich bin sicher untypisch«, bestätigte Sebastian mit einem entschuldigenden Lächeln. »Nicht nur in dieser Beziehung.« Seltsamerweise erregte der Mann auf Anhieb sein Zutrauen. Vielleicht lag es daran, dass er mit seiner Glatze und seinem Auftreten wie ein weiser Arzt oder Professor wirkte. Der Mann ging nicht auf die Bemerkung ein und sagte: »Sie sind auch vor dem Mussorgski desertiert.«

»Mich hat das Klavierkonzert gereizt, vor allem wegen der Solistin.«

»Jaaa, Sophie Bonnard«, sagte der Mann langgezogen. »Ein Zauberwesen. Wissen Sie was? Wenn ich noch einmal jung wäre, würde ich mich in sie verlieben. Aber ich will Ihnen nicht zu nahe treten, vielleicht sind Sie das ja längst.« Er sah Sebastian mit einem feinen Lächeln an. Dann fuhr er, ohne eine Antwort abzuwarten, fort: »Ich will Ihnen ein Geheimnis verraten: Als ich so alt war wie Sie, war ich mit einem Mädchen befreundet, das Mademoiselle Bonnard ähnlich sah. Als ich ihr Foto in einer Zeitschrift gesehen habe, hat mich beinahe der Schlag getroffen.«

»Dann ist es Nostalgie, die Sie hierhergeführt hat.«

»Eher Todessehnsucht«, berichtigte der Mann. Sebastian erschrak, traute sich aber nicht nachzufragen.

Inzwischen hatte der Barkeeper den Wein serviert. Der Mann nippte daran, verzog sein Gesicht zu einer säuerlichen Miene und erzählte weiter. »Ihr Name war Monika. Sie war auch Künstlerin, keine Pianistin, sondern Ballerina im Ensemble des Staatstheaters. Ich war bei jeder Aufführung anwesend, habe ihr anonym Blumen in die Garderobe geschickt, garniert mit selbstverfassten Liebesgedichten. Irgendwann habe ich Mut gefasst und bin mit roten Backen und schlotternden Knien zum Künstlereingang, um sie anzusprechen.«

»Und?« Sebastian war auf die Kante seines Barstuhls gerutscht, so dass dieser schon umzukippen drohte.

»Nun, sie hat mich erhört. Wir sind ausgegangen, dann folgte eins dem anderen. Es war die glücklichste Zeit meines Lebens.«

»Aber woher dann die Verzweiflung, wenn Sie mir die Frage erlauben?«, bohrte Sebastian nach. »Ist Ihre Freundin etwa gestorben?«

»Nein, ich bin gestorben, als ich sie verlassen habe«, antwortete der Mann. Er nahm einen großen Schluck Wein und schien seinen Gedanken nachzuhängen. Schließlich fuhr er fort: »Meine Familie besaß ein pharmazeutisches Unternehmen. Ein Skandal brachte uns in Schwierigkeiten. Es hatte sich gezeigt, dass ein Schlafmittel aus unserer Produktion, unser wichtigster Umsatzträger, die Wirkung von

K.o.-Tropfen entfaltet, wenn man drei Tabletten in Champagner auflöst. Schurken hatten sich das zu Nutze gemacht.«
Sebastian verstand nicht, was das mit der Liebesgeschichte zu tun haben sollte. »Haben Sie Ihrer Freundin K.o.-Tropfen eingeflößt?«

»Unsinn. Aber wir mussten fusionieren, um überleben zu können. Es gab ein Chemieunternehmen im Nachbarort, denen fehlte ein männlicher Erbe. Ich habe mich der Familienräson unterworfen und die Tochter des Hauses geheiratet. Es kam gewissermaßen zu einer doppelten Fusion.«

»Ich dachte, so etwas hätte es nur in Königshäusern gegeben.«

»Damals waren Väter wie Könige, speziell in unseren Kreisen, und wir waren die Königskinder – nur anders als im Gedicht.«

Wieder entstand eine Pause. Sebastian hatte sich vorstellen können, seinem neuen Bekannten eine Lebensbeichte abzulegen. Nun war es umgekehrt gekommen, und das berührte ihn unangenehm. »Aber Vernunftehen sollen ja die haltbarsten sein«, sagte er, um das Gespräch wieder in glücklicheres Fahrwasser zu bugsieren.

»Gehalten hat sie. Wir hatten ein großes Haus und konnten uns aus dem Wege gehen.«

»Und jetzt sind Sie geschieden?«

»Ich bin seit zwei Jahren Witwer, aber ein bisschen zu alt, um das noch als Befreiung zu empfinden.« Wieder zeigte der Mann sein feines Lächeln, in das sich ein melancholischer Zug mischte.

»Mein Beileid.«

Sebastians Gesprächspartner war verstummt. Also widmete er sich seinem Wein, der inzwischen zweimal nachgefüllt worden war. Was er, Sebastian, im Leben machte, schien den Mann nicht zu kümmern, und fast bereute er es, ihm einen solchen Vertrauensvorschuss geschenkt zu haben.

Er überlegte, aufzubrechen und ins Hotel zu gehen. Wie um seinen Abschied einzuleiten, richtete er seinen Oberkörper auf und drehte sich prüfend zum Gastraum um. Er war nur dünn besetzt. Der alte Mann hätte sich genausogut an einen der freien Tische setzen können. Vielleicht war er einsam und suchte nach einem Gesprächspartner. Diese Überlegung stimmte Sebastian wieder milder.

»Ich studiere übrigens Jura«, sagte er unverwandt.

Die Reaktion ließ ein paar Sekunden auf sich warten: »Hm, tatsächlich? Ich habe Sie auf Germanistik oder Philosophie taxiert.«

»Das sind doch brotlose Künste. Als Jurist hat man viel mehr Möglichkeiten. Man kann Richter, Staatsanwalt oder Rechtsanwalt werden, klar. Aber man kann auch als Syndikus oder Justitiar in die Kulturindustrie gehen. Meine Eltern kennen jemanden, der jemanden kennt, der es als Jurist sogar zum Intendanten eines Theaters gebracht hat.«

»Ja, Jura bietet viele Möglichkeiten«, sagte der Mann mechanisch.

»Und wo wir gerade dabei sind«, legte Sebastian nach. »Sie haben mich vorhin auf Sophie Bonnard angesprochen. Ich bin tatsächlich in sie verliebt, unsterblich.«

Nun war die Aufmerksamkeit des Mannes geweckt. »Wirklich? Dann habe ich ins Schwarze getroffen.« Der Tonfall ließ offen, ob er das für eine erfreuliche Entdeckung hielt. »Kennen Sie sie denn?«

»Ja, seit fünf Jahren. Leider kennt sie mich nicht.«

»Hm, seit fünf Jahren.« Der Mann dachte nach. »Aber es ist hoffentlich nur eine Schwärmerei neben anderen. Ich meine, Sie haben zwischendurch Freundinnen.«

»Wenn Sie unter Freundinnen *Freundinnen* verstehen, nicht wirklich.«

»Aber Sie sind nicht mehr ... ich meine, Sie haben schon einmal ...«

Sebastian verstand nur zu gut, was der Mann wissen wollte. Die Frage lag auf der Hand. Er zögerte mit der Antwort, aber er hatte nichts zu verbergen, schon gar nicht nach drei Gläsern Chianti. »Ich bin zusammen mit einem Freund an meinem achtzehnten Geburtstag ins Eroscenter«, gab er preis. »Sie hieß Jurate und hat mir einen doppelten Freundschaftspreis gemacht – wegen Geburtstag und erstes Mal.«

»Nobel von ihr. Aber sagen Sie mal: Es gibt doch diese neuen Plattformen, wie man liest, Facebook und Hashtag, oder wie die alle heißen. Da findet doch jedes Töpfchen sein Deckelchen.«

»Das Internet liegt mir nicht.«

Der Mann lächelte. »Sie sind Romantiker, was?«

Sebastian schwieg. Die Erinnerung an seine einstige Geliebte (das Wort schien ihm nicht zu hoch gegriffen) hatte ihn getroffen und Bilder in ihm aufsteigen lassen: Jurate, wie sie im Hausmantel an der Zimmertür lehnt, Jurate, wie sie ohne Hausmantel auf ihm sitzt. Während sein Freund damals rasch in einem Kabuff verschwunden war, hatte er lange unsicher das Eroscenter durchstreift. Jurate war die einzige gewesen, die nicht versucht hatte, ihn durch schmutzige Sprüche anzulocken.

Er hatte gleich erkannt, dass sie keine gewöhnliche Prostituierte war. Mit ihrem blonden geflochtenen Zopf sah sie wie eine Studentin aus, und tatsächlich: Sie stammte aus Litauen und war nach Deutschland gekommen, um an der Universität Kunstgeschichte zu belegen. Er hatte es ihr geglaubt.

Sie hatten lange miteinander geredet, und er hatte schon erwartet – halb befürchtet, halb gehofft –, seine Zeit damit abgesessen zu haben, da war sie aufgestanden, hatte ihr Mäntelchen abgestreift und nackt vor ihm gestanden. »Zieh dich aus«, hatte sie verlangt und ihn zu sich hoch gezogen. Es war ihm peinlich gewesen, vor allem die Socken, weil er das Gleichgewicht verlor und auf einem Bein hüpfen musste, während sein halbsteifes Glied gegen den Bauch klatschte. Doch sie hatte ihm stützend die Hand gereicht und es ihm auch sonst leicht gemacht.

Er hatte danach noch öfters vor dem Eroscenter gestanden. Vielleicht gab es eine Zukunft für Jurate und ihn, fern der Anfechtungen der Welt. Aber es war sinnlos: Selbst wenn sie auf einen Retter gewartet haben sollte, so wäre er als schmächtiger Achtzehnjähriger ohne Einkommen kaum der Richtige dafür gewesen.

Er hatte noch nicht einmal ein Auto und musste mit dem Bus in die Ausfallstraße am Stadtrand fahren. So hatte er die Belagerung des Etablissements eingestellt und nachträglich angefangen, sich für seinen Puffbesuch zu schämen. Aus heutiger Sicht stellte sich die Sache ohnehin umgekehrt dar: Jurate hätte *ihn* retten müssen. Aber das wäre wirklich zu viel verlangt gewesen.

»Ja, ich bin ein gottverdammter Romantiker«, antworte Sebastian verspätet.

Der Mann nickte kurz mit dem Kopf. Es verging einige Zeit, bis er sich wieder zu Sebastian umdrehte und zu einem

Vortrag ansetzte: »Mein junger Freund – ich darf Sie doch so nennen?«

»Sebastian.«

»Also gut, Sebastian. Ich heiße übrigens Otto Falter – pleased to meet you.« Er prostete Sebastian zu. »Sebastian, hören Sie mir einmal zu. Ich bin der Allerletzte, der kein Verständnis dafür hätte, wenn sich jemand in eine Künstlerin verliebt. Das werden Sie mir bei meiner Vorgeschichte abnehmen. Aber Sie müssen aufpassen: Sie verplempern Ihre Jugend, die kostbarste Zeit des Lebens.«

»So sagt man«, sagte Sebastian.

»Dass Ihre Aussichten bei einer Zelebrität wie der Bonnard nicht zum Besten stehen, muss ich Ihnen nicht sagen. Mit einem Blumengruß werden Sie da nichts ausrichten können. Außerdem« – der Mann lächelte wieder sein feines Lächeln – »muss ich das Copyright darauf erheben.«

Sebastian machte eine abwehrende Geste.

»Aber der Mensch muss sich auch Ziele setzen. Sie sollten Ihre Träume nicht voreilig begraben und sich mit zweiter Wahl zufriedengeben. Sie sehen ja, was daraus wird: ein Greis, der vor den Scherben seines Lebens steht.« Der Mann zeigte mit den Händen an sich herunter, an seinem Smoking und dem gestärkten Hemd, das unten in einem seidenen Kummerbund verschwand.

»Sie übertreiben«, sagte Sebastian.

»Ich finde, Sie sollten etwas versuchen. *Hop oder top*, wie man wohl in Ihrer Generation sagt. Danach wissen Sie Bescheid und können nach vorne schauen. Sie sind doch ein schmuckes Kerlchen, wenn Sie mir die Feststellung erlauben, und haben auch anderweitig Chancen. Aber jetzt heißt es erst einmal: Feuer frei auf Fräulein Sophie. Deshalb mache ich Ihnen einen Vorschlag: Ich unterstütze Sie dabei, als Mentor.«

»Mentor?«

»Das ist lateinisch, heute würde man vielleicht Coach sagen. Wir arbeiten einen Schlachtplan aus und ich überwache, dass Sie ihn einhalten. Ich mache das nicht ohne Eigennutz: Meine Tage sind leer, und als Senior-Entwicklungshelfer in der Dritten Welt komme ich auch nicht mehr in Frage. Also lassen Sie mich *Ihr* Entwicklungshelfer sein.«

»Schlachtplan? Überwachen?« Der Wein hatte Sebastians Auffassungsgabe verlangsamt.

»Ich hatte vorhin eine Idee. Nach dem Abitur habe ich für die örtliche Zeitung geschrieben, Bücher rezensiert, kleine Theateraufführungen besprochen. Ich wollte Dramaturg oder Lektor werden oder am besten Schriftsteller. Na, den Rest kennen Sie.«

»Und?«

»Sie haben doch offensichtlich nicht nur ein Faible für hübsche Pianistinnen, sondern auch Ahnung von klassischer Musik. Sie könnten es so machen wie ich und beim Feuilleton einer Zeitung als freier Mitarbeiter anfangen.«

»Was wäre dadurch gewonnen?«

»Nachdem Sie sich die ersten Sporen verdient haben, machen Sie den Vorschlag, im Auftrag der Zeitung ein Interview mit Sophie Bonnard zu führen.«

»Und was soll ich ihr dann sagen?«

»Das sei Ihrem Charme überlassen. Ich kann Ihnen nur bei der Annäherung helfen, den Rest müssen Sie selbst übernehmen. Ich kann schlecht als Anstandswauwau mitkommen, oder?« Er sah Sebastian beschwörend an. »Menschenskind, Sie müssen Ihre Passivität überwinden.«

Sebastian schwieg. Er hatte sich von dem Mann väterlichen Trost erwartet. Jetzt wollte der sein Leben umkrempeln. Anderseits wirkte die Idee mit dem Interview realistischer als alles, was er sich bisher ausgemalt hatte (zufällige Begegnungen in fremden Städten, wortloses Erkennen auf offener Bühne).

Er hatte selbst schon daran gedacht, bei einer Zeitung vorzusprechen, um nach einem Ausweg aus seinem Jurastudium zu suchen. Auf den Gedanken, auf diesem Wege Sophie zu erobern, war er nicht gekommen.

»Es könnte einen Versuch wert sein«, sagte er schließlich. »Aber was verstehen Sie unter *überwachen*?«

»Machen Sie sich keine Gedanken. Ich rufe einmal in der Woche an, um mich nach Ihren Fortschritten zu erkundigen.«

»Einmal im Monat.«

»Einigen wir uns auf einmal alle zwei Wochen. Aber Sie müssen mir versprechen, dass Sie sich bemühen werden.«

Sebastian ging den weiten Weg zu seiner Unterkunft zu Fuß. Seine Beine fühlten sich an wie aus Gummi, und insgesamt erinnerte ihn seine Lage an die vor dem letzten Zahnarztbesuch: Man braucht schon den ganzen Mut, um den Termin auszumachen, dabei steht das Schlimmste erst noch bevor. Falter hatte leicht reden. *Den Rest müssen Sie übernehmen.* Was sollte er Sophie denn am Ende des Interviews vorschlagen? Zusammen ein Eis essen zu gehen? Dass er ihre Biographie schreiben wolle? Oder sollte er sie gleich fragen, ob sie seine *Freundin* werden möchte?

Sebastian murmelte das Wort vor sich hin: *Freundin, Freundin, Freundin*. Wie warm und beglückend es sich anfühlte. In seiner Schlichtheit ließ es nicht erkennen, dass sich dahinter die komplizierteste Sache der Welt verbarg. Einstweilen hatte er keine Freundin, sondern nur einen Komplizen und mächtig Druck.

Im Hotel warf er sich aufs Bett und schaltete den Fernseher ein. Es waren nur wenige Sender störungsfrei zu empfangen. Er landete bei *Markus Lanz*.

Für einen Moment blitzte die verrückte Erwartung in ihm auf, Sophie müsse unter den Gästen sitzen. Eine hübsche französische Pianistin böte öffentlich-rechtlichen Sendern das perfekte Alibi, ihrem Bildungsauftrag Genüge getan zu haben. Aber die Sendung hatte heute nur deutsche B-Prominenz im Angebot, und, was das Schlimmste war: Sebastian kannte die meisten davon. Er ging kaum aus und hatte oft genug die Zeit mit sinnlosem Herumgezappe totgeschlagen.

Lanz saß auf der äußersten Stuhlkante, legte den Zeigefinger an den Mund, ließ keine Gelegenheit aus, sein Wissen anzubringen, und kam trotzdem charmant rüber. *So ähnlich müsste ich es beim Interview mit Sophie auch anstellen*, dachte Sebastian.

Nachdem er Fernseher und Licht ausgeschaltet hatte, spielte er das Treffen in allen Einzelheiten durch und war überrascht, wie souverän und geschmeidig ihm alles gelang. Aber es war Nacht, er war alkoholisiert, allein und hatte ausreichend Bedenkzeit. Es käme darauf an, die Souveränität zu bestätigen, wenn all diese Voraussetzungen wegfielen.

4

Sophie schloss die Tür hinter sich. Nachdem sie die Chipkarte in den Schlitz geschoben hatte, wurde die Celebrity Suite von Festtagsbeleuchtung illuminiert. Sophie kniff die Augen zusammen. Im Gehen knöpfte sie ihre Bluse auf, warf sie auf einen Sessel, zog auch Schuhe und Hose aus und schlurfte zum Bett im abgetrennten Schlafbereich.

Es mochte eine Distanz von zehn Metern sein, aber schon diese erschien ihr unüberwindlich. Sie war erschöpft, nicht bloß müde, tief im Inneren und mit jeder Faser ihres Körpers erschöpft. Sie wollte sich auf das Bett fallen lassen, aber das ging nicht ohne weiteres. Dort lagen eine gobelinartige Tagesdecke und eine ganze Batterie von Dekokissen. Sie fegte und riss alles beiseite, und, plumps, da lag sie endlich.

Der Abend war grauenhaft gewesen. Erst das Konzert mit diesem zweitklassigen Orchester, und sie nur halb bei der Sache. Dann das Essen mit den Sponsoren: Geldsäcke, die sich im Glanz der Kultur sonnen wollten und denen sie auch noch schöne Augen hatte machen müssen.

Der Bankvorstand mit dem Haifischgrinsen hatte ihr penetrant in den Ausschnitt gestiert, und sie hatte sich noch dafür geschämt, ihm nur eine knochige Hühnerbrust anbieten zu können. Wie eine Edelnutte war sie sich vorgekommen.

Bildeten sich diese Leute ein, Aktien an ihr zu halten, nur weil sie mit Geld um sich warfen, das nicht einmal ihnen gehörte? Wahrscheinlich brüsteten sie sich jetzt damit, eine talentierte Nachwuchskünstlerin entdeckt zu haben. Eine, die das Zeug hätte, zum weiblichen David Garrett zu werden (den sie für einen Klassikstar hielten).

Alles lief in eine ungute Richtung, seit sie vor einem halben Jahr Management und Plattenfirma gewechselt hatte. Nun musste sie nicht nur die restlichen Konzerttermine wahrnehmen, die ihre alte Agentur für sie vereinbart hatte, sondern auch noch als Aushängeschild für ihre neuen Partner herhalten.

»Sie haben riesiges Potential. Wir sehen Sie in einer Liga mit Lang Lang oder der Netrebko. Mit Ihnen haben wir die Chance, ein Publikum zu erreichen, das mit klassischer Musik bisher nichts anfangen konnte.« Mit diesen Worten hatte sie ihr neuer Impresario, ein Guru der Szene, gelockt, und, ja, sie war geschmeichelt gewesen. Lang Lang hatte gerade seinen Durchbruch gefeiert, als sie, ein pferdeschwänziger Teenager noch, ans Pariser Konservatorium gewechselt war. Was hatte ihr Lehrer damals auf ihn geschimpft. Asiaten könnten sich nicht in westliche Musik einfühlen. Sie hatte ihn knuddelig gefunden, diesen pausbäckigen Chinesen.

Aber Lang Lang war wenigstens ein halbwegs ernsthafter Künstler geblieben. Sie, Sophie, sollte jetzt offenbar zum musizierenden Männertraum hochgejubelt werden. Das Cover der CD, die in wenigen Tagen erscheinen sollte, würde sie als Pin-up der Klassikszene vorführen. Sie hatte beim Shooting gerade noch abwenden können, sich mit hochgerutschtem Kleid auf dem Flügel räkeln zu müssen.

Und auch ins Programm hatten sie ihr hereingeredet. Sie hatte die Brahms-Sonaten, die in ihrer Diskographie fehlten, einspielen wollen, aber das war vom Management für zu schwerblütig befunden worden und international nicht vermittelbar. Stattdessen nun dieses Chopin-Potpourri, gezielt auf die Klassikcharts hin produziert. Sie hatte es geschehen lassen. Ihr einziger Protest bestand darin, sich vor zwei Wochen die Haare abgeschnitten zu haben. Sie hatte gleich ein Selfie geschossen und es der Agentur geschickt, damit sie es auf ihre Facebook-Seite setzten. *Me and my haircut* hatte sie dazu geschrieben. Das Foto war bis heute nicht erschienen.

Nun war auch noch ein Kosmetikkonzern auf die Idee gekommen, ein Parfüm mit ihrem Namen auf den Markt zu bringen. Absurd war das. Sollte sie sich jetzt in Gesellschaft von Lady Gaga und Paris Hilton tummeln? Sie benutzte kein Parfüm, lediglich ein geruchsfreies Deodorant, und überhaupt lehnte sie den Konsumterror und die ganze Verflachung der Welt ab.

Aber wieder war ihr Lang Lang vorgehalten worden. Auch der habe seinen eigenen Duft: *Amazing Lang Lang*. Sie, Sophie Bonnard, könnte die erste Pianistin sein, der diese Ehre zuteil werde. *Appassionata by Sophie Bonnard* – Beethoven würde sich im Grabe umdrehen. Ein Manager des Kosmetikkonzerns hatte angedroht, ihr die Pläne demnächst bei einem Sponsorenabend auseinanderzusetzen. Sie war eigentlich nicht schlecht im Neinsagen. Aber es zehrte an ihren Kräften, ständig Entscheidungen treffen zu müssen. Sie wollte Klavier spielen.

Sophie rappelte sich auf und schleppte sich in den Wohnbereich. Sie hatte Durst. Neben dem Blumenbouquet und dem Kühler mit Champagner stand eine Flasche Mineralwasser. Sie trank ein Glas davon, und nun verspürte sie auch Hunger. Den Fisch vorhin im Restaurant hatte sie kaum angerührt, aber nun überfiel sie eine Gier nach Schokoriegeln. Sie öffnete die Minibar und verschlang nacheinander ein Bounty, ein Twix, ein Lions und eine ganze Tafel Zartbitterschokolade.

Danach fühlte sie sich schlechter als zuvor und hatte mehr Durst. Also öffnete sie auch die Flasche Veuve Clicqout und nahm einen Schluck daraus. Dann ging sie ins Bad und putzte sich die Zähne. Sie war nicht nur erschöpft, sie sah auch so aus, konstatierte sie beim Blick in den Spiegel.

Schlafen konnte sie trotzdem nicht. Das Bett war hart und weich zugleich und riesengroß, und sie kam sich verloren darin vor. Als es ihr nach einer halben Stunde noch nicht gelungen war, setzte sie sich auf und schaltete den Fernseher an. Sie blieb bei einer Sendung hängen, deren Name ihr bekannt vorkam. *Markus Lanz*. Hatte es da nicht kürzlich eine Voranfrage an ihr Management gegeben?

Sie schaute eine Weile zu und versuchte zu verstehen, um was es ging. Offenbar sollten die Gäste, von denen sie keinen kannte, veranlasst werden, intime Geständnisse abzulegen. Alle lachten sich schlapp, angefeuert vom Moderator, der unausgesetzt Wörter wie »herrlich«, »großartig« oder »sensationell« dazwischenwarf. Sophie zappte weiter und beschloss, ihrem Management morgen kundzutun, an dieser Sendung auf gar keinen Fall teilnehmen zu wollen.

Sie zappte durch deutsche, englische, holländische, polnische, italienische Sender. Wo waren die französischen? Unterwegs musste sie eine falsche Taste erwischt haben, jedenfalls war sie plötzlich beim Pornokanal gelandet. Für einige Sekunden waren Filmszenen zu sehen, dann erschien eine Tafel mit einem Zahlungshinweis. Sophie fand heraus, dass sich das kostenfreie Kontingent steigern ließ, wenn man den Kanal immer wieder von Neuem anwählte. Und das tat sie, erst aus Spieltrieb, dann, weil sie das Dargestellte zu interessieren begann. Zu sehen war ein Businessman, der ein Zimmermädchen, erkennbar an den Resten ihrer Arbeitskleidung, durchwalkte. Gab es das eigentlich im wirklichen Leben? Geile Männer, willige Frauen, harter Sex unter Fremden? Bei ihr, Sophie, war bisher immer das Herz im Spiel gewesen, aber jetzt konnte sie dieses Herz nicht mehr spüren.

Ihr fiel auf, dass sie den ganzen Tag noch nicht an ihren Freund gedacht hatte. Gesehen hatte sie ihn seit drei Wochen nicht. Auch er war auf Tournee, mit seinem Streichquartett durch die französische Provinz.

Sie kannte die Bürgerhäuser, Kursäle, Turnhallen, in denen er auftrat, aus den Anfängen ihrer Karriere. Aber es fiel ihr schwer, Mitleid mit Alexandre zu empfinden. In letzter Zeit hatte er Zeichen von Neid und Eifersucht an den Tag gelegt, und sie hatte angefangen, ihm innerlich Recht zu geben. Ja, sie lebten zunehmend in getrennten Welten: sie im Licht, er mit Schatten des Musikbetriebes.

Er war Bratschist und hatte keine Chance auf ähnliche Breitenwirkung wie sie. Aber es konnte nicht gutgehen, wenn die Partner so unterschiedlich erfolgreich waren, besonders wenn der erfolgreichere Part die Frau war. Sophie nahm sich vor, diesen Punkt in Zukunft zu berücksichtigen, denn dass diese Beziehung den Bach runterging, daran bestand kein Zweifel.

Und dann dachte sie an den Stalker. Wahrscheinlich war es das, was wie ein Alpdruck auf ihrer Seele lastete. Wieder hatte ein Strauß aus Gladiolen, monsterhaft wie fleischfressende Pflanzen, in ihrer Garderobe gestanden. Wieder hatte ein Zettel darin gesteckt mit einem selbstverfassten, auf sie gemünzten Gedicht. Sie musste ihn noch haben. Sie stand auf, um ihn zu suchen, und tatsächlich, er steckte in der Hosentasche. Sie las:

Sophie, du Schöne, erinnerst du dich?
Wir kennen uns aus einem frühern Leben.
Ich trank den Wein von deinen Reben,
so mild und süß und unvergesslich.

Ich musste fort, du bliebst zurück,
spielst nun Klavier auf großer Bühne.
Im Rang, da darbe ich zu meiner Sühne
und träume von erneutem Glück.

Sophie konnte gut Deutsch – es war die Sprache ihrer musikalischen Götter. Gut genug, um zu erkennen, dass sich in diesen Zeilen zweierlei ausdrückte: mäßiges Talent und desto größerer Wahnsinn. Seit einem halben Jahr ging das so. Immer die gleichen Blumen, immer ein Gedicht. Die Worte wechselten, aber der Inhalt blieb der gleiche. Da bildete sich jemand ein, mit ihr eine Liebesbeziehung unterhalten zu haben.

Unter den Männern, mit denen sie körperlich in Kontakt getreten war, kam dafür niemand in Betracht. Höchstens Éric, aber der sprach kein Deutsch. Es musste ein Irrer sein, so viel war klar. Unklar war, ob ein harmloser oder ein gefährlicher.

Sie hatte sich deswegen sogar einmal an einen Polizisten gewandt, dem sie auf der Straße begegnet war. Da sei nichts zu machen, hatte er sie abgespeist. Blumengrüße fielen nicht unter strafrechtlich relevantes Verhalten. Der Beamte hatte sich nicht einmal entblödet, mit ihr zu flirten. Sie solle sich doch freuen, dass ihr solche Verehrung entgegenbracht werde. Er könne den Spender gut verstehen.

Damit sich jemand ihres Falls annahm, musste sie wohl erst mit durchtrennter Kehle in ihrer Garderobe liegen. Oder auf der Bühne. Das wäre wenigstens eine Art zu sterben.

Heute aber hatte sie ihn gesehen. Nun, da sie das Gedicht kannte, war sie sich sicher. Der Stalker hatte ja darin beschrieben, wo er zu finden war: im Rang. Und genau dort hatte ihr Blick ganz kurz auf ihm geruht.

Sie war im zweiten Satz des Rachmaninow mit ihren Gedanken abgeschweift wie noch nie zuvor während eines Konzerts. Ihr war eingefallen, dass sie noch ein Geburtstagsgeschenk für ihre Mutter brauchte. Was sollte sie kaufen? Wieder ein Tuch oder ein Parfüm? Für ein exotisches Mitbringsel war es jetzt zu spät. Eine Uhr? Ihre Gedanken kreisten, so wie ihr Oberkörper kreiste und nach außen tiefe Versenkung darstellte.

Aber dann hatte sie bemerkt, was sie da trieb, und erschrocken innegehalten, und da war er ihr in die Augen gestochen, dieser junge Mann, eingerahmt von Greisen. Er war ihr gleich bekannt vorgekommen, nicht von anderswoher, sondern aus dem Umfeld ihrer Konzerte. Bisher war ihr seine Existenz nicht ins Bewusstsein gedrungen. Jetzt ging ihr auf, dass er immer schon da gewesen war als heimlicher Begleiter, als ihr unheimlicher Schatten. Auch er schien ihren Blick bemerkt zu haben. Er hatte sich umgesehen, wie ertappt.

Das war er also, der Stalker! Aber was nützte diese Erkenntnis? Sollte sie beim nächsten Mal vom Flügel aufspringen, mit ausgestrecktem Arm auf ihn zeigen und *haltet den Dieb* schreien? Es blieb dabei: Er hatte sich nichts zuschulden kommen lassen. Und er war geschützt in der Anonymität der Masse, dieser Masse, die sie immer mehr zu hassen begann.

Diese Menschen, die sie nicht kannten, aber mit Blicken verschlangen, die sie taxierten, bewerteten, auf ihre Fehler warteten, die den Daumen hoben oder senkten. Noch schienen sie sie zu lieben, wie einen Messias zu verehren. Oh, wenn sie sehen könnten, wie sie hier in ihrem Elend lag, den Magen voller Schokolade, die wieder nach oben drängte!

Und was wäre in ein paar Jahren, wenn der Plan des Managements aufgegangen und sie zum Megastar aufgestiegen war? Dann würde sich die Masse potenzieren und mit ihr die Liebe und der Hass. Sie war nicht geschaffen, eine öffentliche Figur zu sein. Wahrscheinlich war es das Beste, sie zog sich vom Konzertbetrieb zurück, vorübergehend wie Vladimir Horowitz oder endgültig wie Glenn Gould.

Noch war sie jung genug dafür, damit es relativ unbemerkt vonstattengehen könnte und sie nicht zum umlagerten Phantom des Musikbetriebs werden würde. Sie würde hie und da mal eine Aufnahme einspielen, könnte Bücher schreiben. Vielleicht ließe sich das Verhältnis mit Alexandre einrenken, und sie würden zusammen Kammermusikkonzerte geben in der Provinz.

Ach, nein. Sie war zwar eigensinnig, hatte wegen Meinungsverschiedenheiten mit einem Dirigenten sogar einmal ein Konzert platzen lassen. Aber so verwegen, die Maschine anzuhalten, die da gerade hochfuhr, das war sie nicht. Sie würde funktionieren, bis der Stalker kam und ihr das Lichtlein auslöschte.

Ihre Überlegungen hatten sie auf eine Idee gebracht. Sie stand auf und ging zum Sekretär im Wohnbereich. Dort lagen Block und Stift. Sie wollte ein Phantombild anfertigen, solange ihr das Gesicht noch lebendig vor Augen stand. Die leichten Locken über der hohen Stirn, die vollen Lippen – eigentlich hatte er nicht unsympathisch ausgesehen. Aber der Blick war unheimlich gewesen, so intensiv, als bündele er das unerwiderte Verlangen von Jahren.

Sie tat sich schwer, diesen Blick einzufangen, schärfte die Pupillen mit dem Kugelschreiber nach, bis ihr auf dem Blatt ein Werwolf entgegenglotzte. Die Zeichnung war nicht besonders gut getroffen, der Typ war schwer zu fassen. Sie nahm das Blatt, faltete es zusammen und steckte es in ihre Brieftasche. Vorher schrieb sie über das Bild: *In case someone kills me, it was this guy.*

Sie legte sich wieder ins Bett. Auf dem Bildschirm war der Zahlungshinweis des Pornokanals eingefroren. Sie nahm mit der linken Hand wieder die Prozedur mit der Fernbedienung auf, mit der rechten glitt sie unter ihren Schlüpfer. Sie dachte an den Bankvorstand dabei, und, als das nicht funktionierte, an Lang Lang. Doch immer wieder schoben sich die Züge des Stalkers vor das Bild.

Es hatte keinen Sinn. Nicht einmal dazu war sie noch in der Lage. Sie ging ins Bad und erbrach einen Schwall schmutzigbrauner Brühe.

5

Es war Sonntag, Glocken läuteten, die Sonne schien. Ein Strahl arbeitete sich an der Gardine vorbei zu Laura vor, streifte ihre Augen. Sie blinzelte, brummte, wälzte sich auf die andere Seite, drehte sich zurück, wurde wieder vom Licht getroffen, kam zu sich.

Mühsam richtete sie sich auf. Wo sonst ihr Kopf war, saß ein großer Kürbis, in den jemand unablässig ein Messer rammte. Sie versuchte, sich zu orientieren. Sie lag in einem Bett, das nicht das ihre war. Weiter hinten im Raum erkannte sie durch das Gegenlicht einen Tisch, ein Laptop und dahinter die Silhouette einer Person. Laura schärfte ihren Blick, was die Schmerzen, die bereits vorher am Anschlag schienen, verdoppelte. *Gott sei Dank: Kate!*

Diese hatte das Erwachen ihrer Freundin bemerkt, sah vom Bildschirm auf und sagte laut und überdeutlich: »Einen schönen guten Morgen. *Mittag* müsste es treffender heißen.«

»Hallo«, stöhnte Laura. »Leiser, bitte.«

»Und?«

»Was *und*?«

»Möchtest du wissen, was gestern passiert ist, oder kannst du dich erinnern?«

»Nicht präzise«, gab Laura zu.

Kate wandte sich wieder ihrem Computer zu und sagte beiläufig: »Zuerst waren wir in der Kneipe.«

»Ja.«

»Dann sind wir weiter ins Big Daddy.« Kate war niemand,

der auf die strategischen Vorteile von Herrschaftswissen leichtfertig verzichtete.

»Ja, ja!«, erwiderte Laura mit wachsender Ungeduld.

»Dort haben wir zwei Typen kennengelernt und sind dann zu einem von ihnen in die Wohnung.«

»Das weiß ich alles noch, aber in der Wohnung reißt irgendwann mein Film.«

»Kein Wunder, du musst kurz vor einer Alkoholvergiftung gewesen sein.« Kate tippte etwas in ihren Computer. »Um es abzukürzen: Es endete damit, dass du auf Davids Satin-Bettwäsche gekotzt hast.«

»Oh Gott.«

»Auf dem Weg zum Klo wurden noch das Parkett, ein Teppich und die Badezimmergarnitur in Mitleidenschaft gezogen.«

»Und vorher? Was ist noch passiert, außer dem Kotzen?«

»Du meinst, ob du David den goldenen Schuss gestattet hast? Was wäre dir denn lieber?«

»Verdammt noch mal Kate, du nervst.« Laura griff ein Kopfkissen und warf es in Richtung der Freundin. »Jetzt sag schon.«

»Genau weiß ich es nicht, aber David wirkte frustriert nachher und das bestimmt nicht wegen der Bettwäsche. Du hattest jedenfalls deine Jeans an, als du aus dem Bad gekommen bist.«

Nur die Jeans?

»Sie hat ein paar Flecken abbekommen«, fügte Kate hinzu und deutete auf die Hose, die über einem Stuhl hing. »Sperma ist es aber nicht, schätze ich.«

Sie schwiegen eine Weile, während Kate sich dem Computer zuwandte. Als sie wieder das Wort ergriff – lange schweigen konnte sie nie –, hatte sie die Taktik gewechselt und auf mütterliche Fürsorge umgeschaltet. Sie forderte Laura auf, erst einmal eine Dusche zu nehmen. Sie werde ihr in der Zeit ein Katerfrühstück bereiten.

Laura ging ins Bad und betrachtete ihr Gesicht im Spiegel. Ringe umschatteten ihre Augen. Aber sonst? War sie hübsch, wie David behauptet hatte (daran erinnerte sie sich)? Ihre Stirn war hoch und gewölbt, die Nase für ihren Geschmack zu groß und von einem kleinen Höcker bekrönt. Die Lippen konnte man sinnlich nennen. Ihr waren sie immer wulstig erschienen, fleischig, genau wie die Wangen, die nach ihrer Meinung eher Pausbacken ausformten.

Das hervorstechende Merkmal ihres Gesichts bildeten die Augen. Sie waren groß, blaugrau und an der Innenseite auf seltsam exotische Weise angeschrägt.

Eine Erklärung gab es dafür nicht. Durch ihre Familie, westfälisch ganz und gar, war mit Sicherheit nie ein Exot gehüpft. Sie waren alle mittelblond und hellhäutig. Nur die Mandelaugen hatte Laura exklusiv, und damit konnte sie zur Abwechslung zufrieden sein. Aber standen sie nicht für ihre Größe ein wenig eng zusammen, und war da nicht der Anflug eines Silberblicks?

Die statischen Einzelteile ihres Gesichts konnte Laura mehr schlecht als recht beurteilen. Aber sie hatte keine Ahnung, wie sie im Zusammenspiel, als lebendiges Ensemble wirkten, auf Dritte, auf Männer. Wenn David ihr den Vorzug vor Kate gegeben hatte, mochte das nicht viel bedeuten. Kate war keine Schönheit. Was an ihr bestach, war der burschikose Drive, mit dem sie sich nahm, was sie haben wollte.

David hatte nach einem Häschen fürs Bett gesucht. Dafür war sie geeignet erschienen: putzig, schüchtern, ein dankbares Opfer. Er wollte nur eins: f... Plötzlich durchfuhr sie ein Flashback: Täuschte sie sich, oder hatte sie auf der Tanzfläche des Big Daddy dieses ordinäre Wort gebrüllt? Mein Gott, was musste sie blau gewesen sein!

In der Dusche drehte sie das Wasser voll auf, heiß und kalt im Wechsel. Das betäubte die Kopfschmerzen und gab ihr Gelegenheit für ein Resümee des Abends. Was sich gestern ereignet hatte, war zweifellos das Peinlichste, das ihr je unterlaufen war.

Doch zu ihrem Erstaunen empfand sie keine Reue. Im Grunde musste sie dem Alkohol dankbar sein. Er hatte sie an ihre Grenzen geführt und im rechten Moment davon abgehalten, diese Grenzen zu überschreiten.

Vor David schämte sie sich nicht. Der war hartgesotten, hatte in seiner Karriere als Ladykiller gewiss andere Szenen erlebt. Wahrscheinlich würde sie ihn nie wiedersehen.

Wollte sie denn? Der Umstand, dass ihr diese Frage erst jetzt einfiel, enthielt schon die Antwort. Sie seifte ihren Körper ein und schloss die Augen. Sie versuchte, sich Sebastians Gesicht vorzustellen, aber es gelang ihr nicht. Hatte sie ihn betrogen? Irgendwie schon, und diese absurde Einschätzung bewies ihr, an wem sie weiterhin und offenbar leider ausschließlich interessiert war.

Kate hatte Tee gemacht, Brötchen aufgebacken und noch einen vergammelten Hering aufgetrieben. »Kannst du wieder essen?«, fragte sie ihre Freundin. »Nicht dass meine Inneneinrichtung auch noch etwas abbekommt.«

»Keine Sorge, mir geht's gut.« Laura war sich nicht sicher, ob das stimmte, aber zur Beglaubigung bestrich sie ihr Brötchen fingerdick mit Butter und Nutella und biss herzhaft hinein.

»Während du isst, kann ich dir ja meine Sicht des gestrigen Abends auseinandersetzen«, sagte Kate. »Was mein Geplänkel mit Simon angeht, brauchst du dir übrigens keine Sorgen zu machen. Ich muss dir für das abrupte Ende sogar dankbar sein. Aber nett, dass du gefragt hast.«

»Entschuldigung«, murmelte Laura kauend.

»Aber jetzt soll es um dich gehen«, bestimmte Kate. »Ich habe gestern eine Laura erlebt, wie ich sie nicht kannte: lebenslustig, charmant, geradezu draufgängerisch. Das kann am Alkohol gelegen haben. Aber der Alkohol fügt dem Charakter nichts hinzu, was dort nicht angelegt wäre. Er baut Hemmungen ab und legt Eigenschaften frei, die durch Konventionen oder Erziehung an der Entfaltung gehindert waren.«

Meine Güte, dachte Laura. *Da hat sie sich ja etwas Druckreifes zurechtgelegt.* Aber es entsprach ungefähr den Überlegungen, die sie selbst angestellt hatte.

»Du hast David ganz schön eingeheizt«, prustete Kate. »Der muss nach unserem Auszug implodiert sein. Geschieht ihm recht. Aber die Frage ist, welche Konsequenzen wir aus diesem Abend ziehen. Welche Laura habe ich heute vor mir: den männermordenden Vamp oder das verklemmte, verpuppte Wesen, das du vorher gewesen bist?«

»Ich schätze, etwas dazwischen.«

»Immerhin ein Fortschritt. Um Nägel mit Köpfen zu machen: Was bedeutet das für deine Strategie in Bezug auf Männer?«

Bevor Laura antworten konnte, schickte Kate hinterher: »David war gar nicht böse, im Gegenteil, rührend um dich besorgt. Er hat darauf bestanden, dass ich eine SMS schicke, wenn ich dich ins Bett gesteckt habe. Wenn du mich fragst, ist er brennend daran interessiert, sein Werk zu vollenden. Gibst du ihm die Chance?«

Laura schluckte den letzten Bissen herunter und sagte sehr entschieden: »Tut mir Leid, dich enttäuschen zu müssen, Kate. David ist ganz süß. Aber er ist und bleibt eine Pfeife, meinetwegen eine Pfeife mit Bart, Charme und ein bisschen Taschengeld.«

»Dann vielleicht Simon. Er küsst zwar nicht besonders gut, aber eigentlich passt ihr ohnehin viel besser zueinander.«

Laura schwieg.

»Sag nicht, dass du immer noch diesem Sebastian nachhängst. Diese Memme, dieser Rohrkrepierer, dieser Vollpfosten. Der ist am Ende noch Jungfrau.«

»Das ließe sich ja ändern.« Laura versuchte, ihrem Blick einen verruchten Ausdruck zu verleihen.

»Die Einäugige und der Blinde. Ich fasse es nicht. Und was willst du konkret tun? Mit Schwärmerei kommst du nicht mehr durch.«

Ja, was will ich eigentlich tun? Laura gestand sich ein, in dieser Frage mit dem gestrigen Abend nicht weitergekommen zu sein. »Im Hörsaal hat es keinen Sinn«, brachte sie vor. »Da ist er ganz verkrampft.«

»Er ist immer verkrampft, das ist seine Natur«, höhnte Kate. Aber dann besann sie sich und fügte nach einer Weile an: »Du bist meine Freundin, und deshalb werde ich dir helfen. Weißt du, wo Sebastian wohnt?«

»Im Studentenwohnheim, nur drei Häuser von meinem entfernt.«

»Das ist gut.« Kate strich mit der flachen Hand über den Tisch. »Weiß er, dass du weißt, wo er wohnt?«

»Wir sind uns dort ein paarmal begegnet.«

»Was hältst du davon: Du hast gestern über die Stränge geschlagen und brauchst sicher noch einen Tag, um wieder zu Kräften zu kommen. Du schläfst dich morgen aus, lässt die Vorlesung von Professor Klümper sausen und stehst abends bei Sebastian auf der Matte, um dir seine Mitschrift auszuleihen.«

»Schon morgen?«, fragte Laura.

»Morgen! Von jetzt an werde ich dich jeden Tag fragen, welche Fortschritte du erzielt hast. Wenn du in drei Monaten nicht mit deinem Sebastian geschlafen hast, hetze ich alle ledigen Männer der Stadt auf dich. Oder noch besser: Ich stelle das Foto ins Internet, dass ich von dir geschossen habe, als du gestern aus dem Bad getorkelt bist.«

»Hast du nicht!«

»Hab ich wohl!«

»Hast du nicht!«

»Hab ich wohl!«

»Zeig!«

Laura versuchte, Kates Handy zu schnappen, doch die war schneller. Es entstand ein Gerangel. Am Ende fielen die beiden lachend aufs Bett. »Du Miststück«, rief Laura. Dann legte sie ihren Kopf an Kates Schulter.

6

»Voraussetzung der Haftungsverschärfung nach Paragraph eins ist ein Bereicherungsanspruch und die positive Kenntnis des Rechtsgrundmangels beim Empfang. Bei späterer Kenntniserlangung tritt Haftungsverschärfung mit diesem Zeitpunkt ein. Kenntnis ist Tatsachenkenntnis und ihre richtige rechtliche Würdigung durch den Schuldner.«

Man konnte Professor Klümper manches nachsagen, aber nicht, dass er ein Clown sei. Er brachte seine Vorlesung ohne Mätzchen in angemessen sachlicher Weise über die Bühne. Man konnte auch sagen: so langweilig wie nur eben möglich. Für Sebastian war Klümper mehr als ein Dozent. Er war das personifizierte Mahnmal, die Symbolfigur für den Irrtum, dem er aufgesessen war, als er das Studium der Rechtswissenschaften aufgenommen hatte.

Sebastian konnte Klümpers Vorlesung im Bürgerlichen Recht nur überstehen, indem er ungezählte Male seine Sitzposition, die Stellung von Armen und Beinen wechselte, sich mit den Händen durchs Gesicht fuhr, an Fingernägeln und Stiften kaute – und vor allem an etwas Schönes dachte. Nach Lage der Dinge konnte das nur Sophie sein.

Er sah sich um, wie es den anderen erging. Der Hörsaal war in Form eines Amphitheaters mit nach oben ansteigenden Sitzreihen gebaut. Am Anfang des Semesters war er so überfüllt gewesen, dass einige Studenten nur auf den Treppenstufen Platz gefunden hatten. Nun hatten sich die Reihen gelichtet, und auch die Anwesenden schienen nur körperlich bei der Sache zu sein.

Sebastian war sich sicher, dass etliche trotz Verbotes an ihren Smartphones und Tablets hantierten. Andere rutschten auf den Sitzen herum wie er. Wieder andere schrieben etwas, aber es war kaum anzunehmen, dass es sich um Notizen zur Vorlesung handelte. Wahrscheinlich malten sie Strichmännchen oder wuchernd-amorphe Gebilde aufs Papier, lösten Kreuzworträtsel oder Sudokus – tauschten also eine Form gestohlener Lebenszeit gegen eine beliebige andere aus.

Was trieb er hier? Warum war er nicht an einem anderen Ort? Sebastian dachte wehmütig an seine letzten Schuljahre zurück, die seine glücklichsten gewesen waren. Das Kurssystem hatte ihn mit neuen Mitschülern zusammengebracht. Er war zuvor nie Teil einer Clique gewesen, aber nun hatte sich eine aus den Mitgliedern der Theater-AG gebildet, er mittendrin.

Sie hatten Wasserpfeife und Hasch geraucht, Bier und Absinth getrunken, nächtelang philosophiert und diskutiert. Mit Hannah, erklärter Anhängerin des französischen Existentialismus, war es sogar zum Austausch von Zärtlichkeiten gekommen. Aber sie waren, dem Charakter ihrer Freundschaft entsprechend, platonischer Natur gewesen.

Dann war das Abitur gekommen. Von den meisten als Befreiung empfunden, hatte es sein Elend eingeläutet. Er hatte die Chance bekommen, ein Praktikum an einem Theater zu absolvieren, und war aus diesem Grund mit zweiwöchiger Verspätung an seinem neuen Studienort eingetroffen.

Das würde er locker aufholen, hatte er sich gesagt. Aber als er zu seinen Kommilitonen stieß, schienen die sich alle schon zu kennen, vom Erstsemesterwochenende, von der Schule, aus dem Sandkasten, wer weiß? Alle hatten in den

Seminaren schon etwas gesagt, waren *in Erscheinung getreten*.

Er war der Neue, um den sich keiner kümmerte, und er blieb stumm, eine Woche, zwei Wochen, für die Ewigkeit. Am Anfang fuhr er jedes Wochenende nach Hause, um die Freunde zu treffen. Aber bald zerstreuten sie sich in alle Winde, die alte Magie war verflogen, und Sebastian verbarrikadierte sich in seinem Exilanten- und Eremitendasein.

»Achtung, jetzt kommt's.« Professor Klümper hatte überraschend die Stimme erhoben und Sebastian aus seinen Gedanken gerissen. Auch die anderen merkten auf. Atemlose Spannung legte sich über den Saal. Nach einer Kunstpause ließ der Professor die Katze aus dem Sack: »Bei Zahlung unter Vorbehalt oder aufgrund auflösend bedingter Verpflichtung ist Paragraph eins nicht anwendbar.«

Stöhnen machte sich breit. Das waren so die Sensationen à la Klümper. Alles wandte sich wieder den Nebenbeschäftigungen zu.

Wo war Laura? Sebastian durchsuchte die Reihen, konnte sie aber nicht finden. Wenn es in Vorlesungen hart auf hart kam, warf sie ihm aufmunternde Blicke zu. Er versuchte dann immer zurückzulächeln, war sich aber nicht sicher, ob es bei ihr auch so ankam. Laura war nett. Aber es gab sie nur im Doppelpack mit Kate, dem Biest. Und wo Kate war, waren Falk, Marc und Niels nicht weit, *coole* Typen, aus denen sicher einmal glänzende Rechtsverdreher würden.

Im Augenblick hielt sich in diesem Saal niemand auf, mit dem er hätte reden wollen. Sicher würde ihn nachher der dicke Björn fragen, ob er mit ihm in die Mensa gehen wolle. Björn schrieb immer mit, selbst in Klümper-Veranstaltungen, und hatte einen Aktenkoffer. Nur weil auch ihn alle mieden, hielt er Sebastian wohl für einen Geistesverwandten.

Noch immer eine halbe Stunde. Sebastian begann zu zeichnen. Er beherrschte nur ein Motiv, dieses aber zur Perfektion. Er fing mit den Umrissen des Gesichts an, dann die schulterlangen Haare, die sanft gebogene Nase, die sinnlichen Lippen, zum Schluss das Wichtigste und Schwierigste: die Augen mit den kräftigen Brauen und dem kleinen Polster am Unterlid als anatomische Besonderheit. Er besah sich das Ergebnis. Ein so lebensnahes Porträt war ihm kaum je gelungen. Er malte spielerisch einen barocken Rahmen darum und setzte ein kaligrafisches *Sophie* darunter.

Aber halt! Er hatte sich vertan. Die Zeichnung repräsentierte Sophie in der bis letzten Samstag gültigen Form. Nun aber hatte sie sich die Haare abgeschnitten. Sebastian riss das Blatt heraus, legte es zur Seite und begann von Neuem.

Er hatte die Pagenfrisur nicht mehr vor Augen, und so geriet sie falsch und mit ihr alles andere. Er versuchte es ein zweites, ein drittes Mal, aber die Person auf dem Papier blieb eine Fremde. Er wollte erneut ansetzen, als der Professor die Vorlesung für beendet erklärte.

»Meine Damen und Herren, bis hierher. Den Aufmerksamen wünsche ich einen schönen Tag, allen anderen einen guten Repetitor.«

Sebastian packte seine Sachen zusammen, als von hinten ein Arm auf sein Klapptischchen zuschnellte. Er gehörte Falk, der sich das Blatt mit der Zeichnung schnappte.

»Hörsaalpolizei«, rief er dröhnend. »Im Auftrag von Professor Klümper ist dieses Blatt wegen erwiesener Unaufmerksamkeit beschlagnahmt.«

Sebastian unternahm einen hilflosen Versuch, das Entwendete wiederzuerlangen, dann ließ er sich zurück auf seinen Sitz fallen. Falk führte sich das Blatt vor die Augen. »Woll'n doch mal sehen, womit sich unser allseits geschätzter Kommilitone so seine Zeit vertreibt. Aha! Oho! Das Antlitz eines anmutigen Mädchens, von Meisterhand einfühlsam aufs Pergament geworfen. Und Sophie heißt das Geschöpf, auch ein wunderhübscher Name. Ich hoffe, sie weiß, dass du sie malst?«

Inzwischen hatten sich Marc und Niels und noch ein paar weitere Spießgesellen um ihn geschart und gaben Kommentare zum Besten.

»Mir fehlt da der Busen.«

»Das ist ein Brustbild, Banause. Wie der Name schon sagt, endet es *vor* der Brust.«

»Dann möchte ich bei unserem Kunstzeichner gern ein Ganzkörperporträt in Auftrag geben. Um dir die Sache zu erleichtern, kannst du die Kleider weglassen.«

»Aber bitte mit allen anatomischen Details, also inklusive knospenden Brüstchen. Das süße Ding ist doch minderjährig, was meint ihr?«

»Oh je, da droht Paragraph 176, Absatz 1, StGB, und eine Freiheitsstrafe von mindestens sechs Monaten. Armer Sebastian.«

Sebastian spürte das Blut in sich hochkochen. Er hatte sich nie geschlagen. Doch hier ging es um Sophie, deren Ehre in den Schmutz gezogen wurde. Aber was konnte er gegen diese Übermacht schon ausrichten? Er versuchte sich zusammenzureißen und sagte mit erzwungener Ruhe: »Gebt mir das Blatt zurück. Das abgebildete Mädchen ist Sophie, meine Freundin. Sie ist dreiundzwanzig, und ihr habt kein

Recht, auch nur ihren Namen in eure dreckigen Mäuler zu nehmen.«

»Sebastian, lieber, guter Sebastian.« Falk beugte sich über den Sitz zu ihm herüber. »Ich hatte ja keine Ahnung. Du hast eine Freundin, wandelst auf Freiersfüßen gar. Und ich habe dich immer für eine Schwuchtel gehalten. Wie unrecht von mir.«

Er begann Sebastian über den Kopf zu streichen. »Das ist also der Grund, warum du uns immer die kalte Schulter zeigst und auf keiner Studentenfete auftauchst. Dann liegt die Sache anders.« Er richtete sich auf, straffte seinen Oberkörper und schaltete auf einen feierlichen Tonfall um. »Dann restituiere ich hiermit die entwendete Zeichnung und bitte in aller Form um Vergebung. Liebe ist heilig.«

Er hielt Sebastian das Blatt mit ausgestrecktem Arm hin. Der wollte danach greifen, doch Falk riss es in letzter Sekunde weg. »April, April, du wirst doch nicht auf die Gültigkeit mündlicher Zusagen vertraut haben. Narr!« Nun setzte Sebastian nach, lief an Falk heran, versuchte, das Blatt zu erhaschen. Doch der reckte den Arm höher, als Sebastian springen konnte. »Schnapp dir den Knochen«, feuerte Falk ihn an. »Braves Hündchen.«

Das amüsante Treiben hatte inzwischen weitere Zuschauer angezogen. Sebastians untaugliche Annäherungen lösten Heiterkeit aus. Nach einer Weile führte Falk den freien Arm zum Mund und gähnte. »Mir wird langweilig. Ich glaube, ich will die Zeichnung gar nicht mehr.«

Statt sie Sebastian auszuhändigen, reichte er sie Niels, dieser gab sie Marc weiter, dieser wieder seinem Nebenmann. Die Stafette pflanzte sich schneller fort, als Sebastian folgen konnte. Irgendwann war das Blatt in den Tiefen des Hörsaals verschwunden. »Wer hat das Blatt? Gebt mir sofort das Blatt zurück!«, schrie Sebastian außer sich. Er erntete nur Schulterzucken.

Mechanisch ließ er den Verschluss seiner Tasche einschnappen. Er war zu betäubt, um etwas fühlen oder denken zu können. Draußen auf dem Gang stand der dicke Björn. »Wollen wir zusammen in der Mensa etwas …«

»Lass mich in Ruhe«, brüllte Sebastian, und er konnte gerade noch vermeiden, *du fettes Schwein* anzufügen.

7

Laura wartete bis sechs Uhr, bis halb sieben, bis sieben. Sie gab sich einen Ruck, ließ sich wieder aufs Bett fallen und wartete noch eine halbe Stunde.

Im Grunde hatte sie den ganzen Tag nichts anderes gemacht als zu warten. Zwar war die Müdigkeit, Souvenir ihrer nächtlichen Ausschweifung, erst jetzt so richtig über sie gekommen. Aber Schlaf hatte sie nicht finden können. Immer wieder war ihr die Eingangsszene ihres Besuchs bei Sebastian im Kopf herumgegangen: Zielobjekt öffnet Tür, guckt a) erfreut, b) neutral überrascht, c) verstört oder d) angewidert.

Für jede dieser Eventualitäten musste sie eine Antwort parat haben. Und was würde sie tun, wenn er nicht zu Hause war? Oder zwar zu Hause war, sich aber nach dem Blick durch den Spion entscheiden würde, die Tür geschlossen zu halten?

Das würde Sebastian nicht tun. Er war ein Gentleman. Sie war ihm wahrscheinlich nicht einmal unsympathisch, sondern gleichgültig, was noch schlimmer war. Und das wollte sie mal eben zwischen Tür und Angel ändern? Sie, die kleine Laura, die einen Liter Alkohol brauchte, um ihre Hemmungen über Bord zu werfen? Schon bereute sie, Kate das Versprechen gegeben zu haben.

Was sollte sie anziehen? Laura ging ihren Kleiderschrank durch. Das Schärfste, was sie besaß, war das schwarze Tangokleid, das sie für den Tanzkurs mit Justus angeschafft hatte. Aber das war kaum das Richtige für einen Arbeitsbesuch unter Kommilitonen. Die Beziehung hatte es damals auch nicht gerettet. Sollte sie eine ihrer üblichen Blusen anziehen und ein, zwei Knöpfe öffnen?

Da hatte sie eine Idee. Sie musste irgendwo noch diesen Rollkragenpulli haben, kein schlabbriger, sondern aus Baumwolle und von eng anliegender Art. Sie hatte einmal bei einer Studentin beobachtet, wie dieses Kleidungsstück wirkte, wenn man ihm ein kleines Tuning verpasste. Konkret: auf alles darunter verzichtete.

Zwar blieb der Gesamteindruck ein hochgeschlossener. Wenn man aber einen Blick riskierte und den richtigen Lichteinfall erwischte, konnte man den Busen sich abzeichnen sehen, der wie von Bildhauerhand modelliert in sanfter, doch detailreicher Kontur unter dem Stoff hervortrat.

Der Trägerin war kein Vorwurf zu machen. Vielleicht hatte sie nach Übergangskleidung gesucht und war sich des Effekts nicht bewusst. Eines Effekts, den Laura so sexy fand, dass ihr Blick ungebührlich lang auf diesem fremden Busen geruht hatte.

Sie fand den Pulli, zog ihr Unterhemd aus und streifte ihn über. Dann besah sie sich aus wechselnden Blickwinkeln im Spiegel. Der Effekt war auch bei ihr reproduzierbar, wenngleich dezent, denn die dunkelblaue Farbe verschluckte das Meiste. Trotzdem fühlte sie sich sinnlich darin und ein bisschen verrucht, als missbrauche sie den Pulli, indem sie ihn ihrer nackten Haut aussetzte.

Sie erreichte Sebastians Zimmer am Ende eines langen Ganges. Neben der Tür stand in Siebziger-Jahre-Typographie eine Ziffer, auf dem Klingelschild darunter Sebastians Name. Laura atmete dreimal tief durch, spannte ihren Oberkörper, fror ein unbefangenes Lächeln auf ihrem Gesicht ein und klingelte. Nach einer Weile wurde ein Schatten hinter dem Spion erkennbar, dann vergingen noch ein paar Sekunden, und Sebastian stand in der Tür.

»Hallo Laura, nanu?!«

Laura versuchte, die Reaktion anhand der entwickelten Skala zu bewerten. Es war b) mit allenfalls zarter Tendenz zu a), aber immerhin nicht c) oder d).

»Hallo Sebastian. Du wirst dich wundern, dass ich hier aufkreuze. Aber mir war heute nicht gut, deshalb bin ich im Bett geblieben und habe die Klümper-Vorlesung sausen lassen. Wir schreiben doch nächste Woche die Klausur. Hat er Hinweise gegeben, kannst du mir vielleicht deine Mitschrift ausleihen?«

Sebastian schaute ratlos. »Nein, gesagt hat er nichts, also nichts Wichtiges, und mitgeschrieben habe ich nur sporadisch. Es ging um die ungerechtfertigte Bereicherung nach Paragraph 812, wenn ich mich recht entsinne. Mit Skript und Lehrbüchern bist du besser bedient.«

Laura war auf diese Antwort vorbereitet. Nur Hartgesottene schrieben in Klümper-Vorlesungen mit. Für diesen Fall hatte sie sich die Frage zurechtgelegt, ob Sebastian sie nicht trotzdem hereinbitten wolle. Vorhin in der Phantasie war ihr dieser Satz ganz leicht über die Lippen gekommen. Jetzt schien er irgendwo zwischen Herz und Hirn unverrückbar festzustecken.

»Du hast Recht, sagte sie. »Klümper kann man sich schenken.« Sie machte eine Pause, um Zeit zu gewinnen. »Dann entschuldige die Störung. Ich mach mich wieder auf den Heimweg. Ich hab's ja nicht weit, ich muss nur den Gang zurück, diesen langen, düsteren Gang, in dem man Angst hat, dass eine Tür aufspringt und man nach innen gezerrt wird. Wenn ich das geschafft habe, biege ich links ins Treppenhaus ab, laufe zwei Stockwerke nach unten, also ungefähr sechzig Stufen, Stufe für Stufe, sechzigmal. Ich könnte natürlich auch den Fahrstuhl nehmen und ...«

»Ähm, möchtest du vielleicht hereinkommen. Ich meine, wir könnten einen Tee trinken.«

Laura war Sebastian so dankbar für diese erlösende Frage, dass sie ihm schon dafür am liebsten um den Hals gefallen wäre.

Sein Zimmer war in Kerzenschein getaucht. Laura erkannte schemenhaft die Einrichtung wieder, die im Wesentlichen ihrer eigenen entsprach. Unter bestmöglicher Raumausnutzung drängten sich Bett, Schreibtisch, Kleiderschrank und Regale aneinander. Immerhin hatte man eine kleine Küchenzeile in die Diele ausgelagert, so dass sich im Wohnbereich Platz für eine Sitzgruppe bot, bestehend aus Sofa, Sessel und Couchtisch. Auf diesem brannte ein Bienenwachsstumpen, was der Stimmung zusammen mit der Musik, die im Hintergrund lief, etwas Festliches verlieh.

Laura wollte ihre Jacke ablegen. Sebastian sprang hinter sie, um ihr zu helfen, aber Jacke, Futter und Pulli wollten sich nicht voneinander lösen. Er zerrte am Ärmel, bis die Jacke, auf links gewendet, an Laura herabhing.

»Das machst du wohl nicht oft«, lachte Laura, indem sie sich umdrehte und von dem Kleidungsstück befreite.

»Nein, zugegeben.« Sebastian stand jetzt dicht vor ihr, so dicht, dass er Lauras fehlenden BH zwar kaum hätte sehen, aber wittern können, sofern seine männlichen Instinkte halbwegs intakt waren. Sie sahen sich in die Augen, bis die Spannung unerträglich wurde. Schließlich drückte Laura

Sebastian ihre Jacke in die Arme und sagte: »Wolltest du nicht Tee machen?«

»Welche Sorte?«, fragte er schlafwandlerisch.

»Himbeere, Banane?«

Sebastian ging in den Flur zur Küchenzeile, von wo aus bald das gurgelnde Geräusch eines Wasserkochers ertönte.

»Ist gemütlich bei dir«, rief Laura aus dem Wohnraum zu ihm herüber. »Was ist das für Musik? Lass mich raten: ein Brandenburgisches Konzert von Bach? Das dritte?«

»Das fünfte«, rief Sebastian zurück. »Ich brauchte etwas Balsam für meine Nerven. Aber hey, du kennst dich ja aus.«

Natürlich, du Dummkopf, dachte Laura. »Wieso Nerven? Was kann denn an einem Uni-Tag Aufregendes gewesen sein?«

»Nichts weiter, war nur so dahin gesagt.«

Kurze Zeit später kam Sebastian mit einem Tablett zurück. Laura hatte die Zeit genutzt, um die Bibliothek zu inspizieren. Sie war zweireihig bestückt. Zum Teil stapelten sich auf den stehenden Büchern liegend weitere. Laura musste daran denken, dass sie sich vorgestern vor einem anderen Bücherregal hatte küssen lassen.

»Du hast viele Bücher«, stellte sie fest, während Sebastian den Couchtisch deckte. »Thomas Mann, Rilke, Kafka, sogar die antiken Philosophen. Hast du das alles gelesen?«

»Nein, das ist mehr ein Spleen von mir«, sagte Sebastian fast entschuldigend. »Ich umgebe mich gern mit Büchern, schlage sie auf, rieche daran. Deshalb mag ich auch keine E-Books.«

»Bei E-Books geht die ganze Romantik des Lesens flöten«, bestätigte Laura und setzte sich in den Sessel.

»Früher habe ich mehr gelesen«, sagte Sebastian. »Jetzt

räubern die Paragrafen des BGB und StGB in meinem Kopf herum und haben alle zarteren Gedanken vertrieben.«

»Du studierst nicht besonders gerne, oder?«

»Ich studiere Jura, weil mir dieses Fach eine glanzvolle Zukunft verspricht. Beziehungsweise, weil sich meine Eltern das davon versprechen. Bisher kann ich nicht viel Glanz erkennen.«

»Solltest du dann nicht besser das Studienfach wechseln?« So naheliegend die Frage war, bereute sie Laura doch sofort wieder. Sie bezeugte Distanz und Verständnislosigkeit.

»Das ist eine Charakterschwäche von mir«, antwortete Sebastian. »Ich hasse es, andere Menschen zu enttäuschen. Und ich hasse es, Dinge abzubrechen. Das hat so etwas Gewaltsames. Aber wahrscheinlich bin ich einfach nur feige.« Er machte eine Pause. »Und du? Wie gefällt dir unser gemeinsames Studienfach?«

Laura dachte eine Weile nach. »Ich finde, man kann sich irgendwie reinfuchsen. Aber wahrscheinlich habe ich mich nur deshalb dafür entschieden, weil mir nichts Besseres eingefallen ist. Für ein Musikstudium fehlt mir das Talent.«

»Aber du spielst ein Instrument?« Sebastian riss die Augen auf.

»Klarinette, aber nur für den Hausgebrauch.«

»Von Brahms gibt es sehr schöne Klarinettensonaten.«

»Ich weiß.«

Nun hatten sie ihr Thema gefunden. Sebastian begann ihr von Brahms vorzuschwärmen, von seinen Klangfarben, der Innigkeit seiner Melodien, seiner Melancholie und der Menschlichkeit, die daraus spreche. Wenn er Brahms höre, wisse er, dass er nicht allein sei im irdischen Jammertal. Anders verhalte es sich mit Bach. Der reinige und erleuchte die Seele, sei eigentlich gar kein Komponist, sondern das Medium einer höheren Kraft, mithin der einzige Gottesbeweis, den man gelten lassen könne.

Und dann hielt Sebastian ein Plädoyer für die klassische Musik an sich, welche verborgenen Welten sie erschließe und wie ignorant es sei, wenn Gleichaltrige sie als uncool abtaten. Genau darum gehe es ja: nicht cool zu sein, sondern zu brennen, zu lieben und zu leiden, kurz: ein fühlender Mensch zu sein.

Sebastian gestikulierte, echauffierte sich, so wie Laura es von ihm kannte. Auch wenn manches pathetisch klang, hing sie doch an seinen Lippen. Sie liebte klassische Musik wie er, hatte aber kaum je versucht, diese Liebe zu ergründen und in Worte zu fassen. Sebastian konnte das, und sie bewunderte ihn dafür.

Unterdessen war die Musik ausgegangen. Laura stand auf, um im CD-Regal neue auszusuchen. Sie fühlte sich in Sebastians Wohnung bereits so heimisch, dass sie nicht um Erlaubnis bat.

War schon Sebastians Büchersammlung eindrucksvoll, so galt das für die musikalische Abteilung erst recht. Laura hatte noch nie so viele CDs auf einmal gesehen. Wie bei der Literatur schien Sebastian auch bei der Musik wenig von neumodischem Kram wie dem Internet und Downloads zu halten.

»Mein Gott, wie viele sind das denn?«, rief Laura aus.
»Ein paar hundert, tausend? Ich habe nicht gezählt.«
»Wahnsinn.«

Die CDs waren alphabetisch nach Komponisten geordnet. Laura wollte von B wie Bach, Beethoven, Brahms, Bruckner über C wie Chopin und H wie Händel zu M wie Mozart vordringen, als sie über eine Reihe stolperte, die nicht in die Ordnung passte. Die CDs trugen das Logo desselben Plattenlabels, manche waren in mehreren Exemplaren vorhanden.

Laura zog eine Hülle heraus und betrachtete das Cover. Es zeigte ein junges Mädchen in einem karierten Blazer. Erst dann las sie die Schrift. Das sollte Sophie Bonnard sein? Es musste sich um eine frühe Einspielung handeln. Sie griff nach einer anderen CD, und nun ging ihr auf, dass alle Einspielungen der Reihe von dieser Pianistin stammten.

»Du scheinst ein großer Fan von So…«

Laura erschreckte sich gewaltig, als sie Sebastians Arm an ihrer Schulter spürte. Sie hatte ihn hinter sich in der Sitzgruppe vermutet, aber er musste aufgestanden und an sie herangetreten sein.

»Sophie Bonnard ist eine der führenden Interpretinnen unserer Zeit, vor allem für Werke der Romantik und Spätromantik«, sagte er etwas förmlich, nahm Laura die CD aus der Hand und stellte sie zurück ins Regal. »Zu Früchtetee passt Barock besser.« Er begann selbst im Regal zu suchen, zog etwas aus der obersten Reihe hervor und hielt es Laura vor die Augen: »Bachs Goldberg-Variationen in einer Bearbeitung für Streichorchester. Wollen wir? Ist großartig.«

»Sehr gerne.« Lauras Irritation war schon wieder verflogen. Er forderte sie auf, seinen früheren Platz auf dem Sofa einzunehmen, weil man nur dort optimal zu den Lautsprechern sitze. Als er Anstalten machte, im Gegenzug zu ihrem Sessel zu gehen, sagte Laura: »Hier ist doch genug Platz für zwei.« Sebastian folgte ihrer Aufforderung mit einem verlegenen Lächeln.

So saßen sie fast eine Stunde und lauschten, unterbrochen nur von kenntnisreichen Kommentaren und Tee. Laura fühlte sich wohl. Ihr war, als kennte sie Sebastian schon eine Ewigkeit und hätte mit ihm nicht nur ein paar unverbindliche Worte im Hörsaal gewechselt.

Irgendwann, es musste in der Variation Nr. 13 gewesen sein, hatten sich die Reinheit der Musik und die Nähe Sebastians zu einem solchen Hochgefühl in ihr verschmolzen, dass sie am liebsten den Kopf an seine Schulter gelegt hätte. Im letzten Moment bezwang sie sich.

Aber unwillkürlich war sie ein Stück näher an ihn herangerückt. Für den Rest des Werkes berührten sich ihre Oberschenkel, und keiner der beiden verstieg sich zu einer Bewegung, die diesen Zustand geändert hätte, auch wenn Laura darüber der Fuß einschlief.

»Wir können ja mal zusammen ins Konzert gehen, oder ins Theater«, sagte Sebastian, als er Laura in die Jacke half, was diesmal reibungslos klappte.

»Liebend gern.«

Er brachte sie noch ans Ende des bösen Ganges. Zu mehr kam es nicht. Aber Laura fühlte sich beseelt wie nie zuvor in ihrem Leben.

Sie schaffte es mit knapper Not rechtzeitig in ihre Wohnung. Sie hatte bestimmt ein Kännchen Tee getrunken und sich bei Sebastian nicht als typisches Mädchen mit schwacher Blase outen wollen. Beim Blick in den Badezimmerspiegel stellte sie fest, dass sie aussah wie immer. Sollte da ein besonderes Leuchten auf ihrem Gesicht liegen, konnte jedenfalls sie es nicht erkennen. Sie zog den Pullover aus, unter dem ihr in Sebastians Wohnung mächtig heiß geworden war, und betrachtete sich. Was sie sah, war ihr selbstverständlich und von daher bedeutungslos, aber nach diesem Abend konnte sie sich vorstellen, dass es Sebastian etwas bedeuten würde. Der Gedanke, ihm womöglich bald diesen Anblick schenken zu können, bereitete ihr Freude, so wie einem eine gelungene Geschenkidee Freude macht. Sebastian würde sich des Geschenks würdig erweisen, dessen war sie sicher. Ob er vorhin auf ihren Pulli geschielt hatte? Es war wohl zu dunkel gewesen.

Laura beschloss, nicht mehr zu lesen oder fernzusehen, sondern ins Bett zu gehen. Sie wollte das Fenster weit öffnen und nackt unter die Decke schlüpfen. Dann wollte sie sich ihren Träumereien hingeben, das Gespräch mit Sebastian fortspinnen, sich ausmalen, wie es gewesen wäre, wenn sie beide über ausgeprägtere sexuelle Energie verfügt hätten. Da klingelte ihr Handy – Kate. Sie platze gleich mit der Frage heraus, ob Laura bei Sebastian gewesen sei.

»Ja, stell dir vor, Kate, ich habe mein Versprechen gehalten«, antwortete Laura nicht ohne Stolz.

»Und?«

»Es war schön, sehr schön sogar.«

»Habt ihr etwa …«

»Nein, dafür hast du mir doch in deiner Großmut drei Monate Zeit gegeben, oder?«

»Gott sei Dank!«

Laura verstand nicht. »Wieso *Gott sei Dank*?«

»Sebastian hat eine Freundin.«

Laura spürte, wie sich ihr Herz zusammenzog. »Woher willst du das wissen?«

»Ich habe ein Beweisdokument. Ich zeig es dir morgen an der Uni. Ich wollte nur checken, wie gravierend der Schaden ist.«

Laura holte tief Luft. Dann schrie sie mit voller Kraft in die Leitung: »Gar nichts zeigst du mir morgen. Wenn du meine Freundin sein willst, erwarte ich, dass du in zwanzig Minuten vor meiner Tür stehst. Ach was, in zehn!«

8

»Hallo? Sebastian am Apparat.«

»Guten Abend, junger Freund. Hier spricht Ihr Mentor, Otto Falter.«

»Guten Abend, Herr Falter. Sie sind früh dran.«

»Mag sein, aber ohne Druck werden Sie Ihr Phlegma kaum überwinden. Also, berichten Sie, was Sie erreicht haben.«

»Nun ... ich ...«

»Sie wollten bei der örtlichen Tageszeitung vorstellig werden.«

»Ja, aber es ist doch erst zwei Tage her, dass wir zuletzt gesprochen haben. Heute hatte ich Vorlesung, und gestern war Sonntag.«

»Wann werden Sie sich also in Bewegung setzen?«

»Diese Woche noch, bestimmt.«

»Gut, dann rufe ich Ende der Woche wieder an, sagen wir: Donnerstag. Und denken Sie immer daran ... es geschieht alles zu Ihrem Besten.«

»Halt, bevor Sie auflegen: Sie werden es nicht glauben, aber ich hatte Besuch von einem Mädchen, gerade eben, kurz bevor Sie angerufen haben.«

»Was ... wer?«

»Sie heißt Laura. Ich glaube, sie mag mich. Vielleicht könnten wir uns das alles ersparen, wenn ...«

»Aha, daher weht der Wind. Ich muss sagen, Sie enttäuschen mich, Sebastian. Sie rennen fünf Jahre der angeblichen Liebe Ihres Lebens hinterher, dann macht Ihnen eine Eva schöne Augen, und alles ist vergessen.«

»Sie heißt Laura.«

»Ich hätte Ihnen mehr Format zugetraut. Richtig ins Herz geschlossen hatte ich Sie. Siehe da, wie anrührend, dachte ich, ein Jüngling, der die blaue Blume der Romantik im Knopfloch trägt und sich dem Ideal der reinen Liebe verschrieben hat. Nun zeigt sich, dass Sie nur unter einem Mangel an Gelegenheit gelitten haben.«

»Es ist vielleicht eine Mischung aus beidem.«

»Hatten Sie nicht eben noch geschwärmt, keine komme Ihrer geliebten Sophie nahe? Ihre sanfte Stirn, die gemütvollen Augen, die sinnlichen Lippen – bedeutet Ihnen das alles nichts mehr? Sagen Sie bloß, Sie haben sich nicht ausgemalt, wie diese Lippen ihren Namen hauchen, wie Sie Mademoiselle Bonnard entkleiden, die Knospen ihrer Brust liebkosen, wie sie nackt auf dem Klavierschemel sitzt und nur für Sie spielt?«

»Doch, doch.«

»Soll es Ihnen ergehen wie mir? Fünfzig Jahre das Gefühl, dem wahren Glück entsagt zu haben. Uaaarghh ...«

»Herr Falter, was ist mit Ihnen?«

»Nichts ... weiter ... nur ... mein ... Herz. Es erträgt solche Erschütterungen nicht mehr.«

»Soll ich den Notarzt rufen?«

»Hören Sie mir zu: Wir bringen das mit Sophie Bonnard, verdammt nochmal, zu Ende. Danach können Sie sich an den Hals werfen, wem immer Sie wollen, süßen Mädels, Knaben, ganz egal. Aber Sie sind es sich und ein bisschen inzwischen auch mir schuldig, ihr Glück auf die Probe gestellt zu haben, bevor Sie sich ins Unglück stürzen. Haben Sie verstanden?«

»Verstanden schon ...«

»Kein Techtelmechtel mit irgendwelchen Lauras.«
»Aber ich könnte doch vielleicht ...«
»Versprechen ... Sie ... mir ... das? Uaaarghh.«
»Ja, ja.«
»Schön. Dann bis Donnerstag. Auf Wiederhören.«

Falter legte den Hörer auf die Gabel seines mit rotem Brokat bezogenen Telefons. Er konnte nur hoffen, dass er diesen Esel zur Räson gebracht hatte. Es war in höchstem Grade unerquicklich, wenn man in seinen Angelegenheiten von anderen abhing. Aber so war die Lage. Er konnte in seinem Alter nicht mehr alles selbst erledigen, zumal das Druckgefühl in seiner Brust tatsächlich schlimmer geworden war in letzter Zeit.

Er erhob sich mühsam von seinem Louis-Seize-Sessel, einer Nachbildung aus den fünfziger Jahren, und schlurfte durch das Wohnzimmer. Seit er allein war, betrat er es kaum noch, höchstens zum Telefonieren. Auch die Heizung hatte er auf ein Minimum heruntergeregelt. Schon die wenigen Minuten des Telefonats genügten, ihm den Frost in seine rheumatischen Glieder zu treiben. Oder war es der kalte Hauch der Erinnerung, der ihn in diesen Wänden anwehte?

Dieser Raum war alles gewesen, nur kein Wohnzimmer. Familiären Zwecken hatte er außerhalb von Weihnachtsfeiern kaum gedient, und er durfte ihn als Kind nur mit Erlaubnis betreten. Er hatte sich hier gefühlt, wie sich Besucher in Hitlers Reichskanzlei gefühlt haben mussten: zwergenhaft, machtlos, ausgeliefert.

Welcher Teufel hatte ihn geritten, nach dem Tod des Seniors die Fabrikantenvilla zu beziehen, sich in den Kulissen der väterlichen Selbstdarstellung einzunisten? Wahrscheinlich wollte er sich und der Welt weismachen, dass er ein vollwertiger Nachfolger sei. Oder wollte er die Gespenster bannen, indem er sie sich untertan machte?

Nicht einmal die Einrichtung hatte er verändert. Jetzt staubte sie im Dämmerschlaf vor sich hin, Museum ihrer selbst, besser gesagt: Horrorkabinett. Alles war noch da, die schweren Polstermöbel, Perserteppiche, Ölgemälde von Schiffen und kapitalen Hirschen, Eichenschränke, Zinnteller, selbst der ausgestopfte Goldfasan und der Fuchs auf ihren Konsolen.

Als Kind hatte er stumme Zwiesprache mit ihnen gehalten, den Leidensgenossen, deren letzter Blick im Lauf der väterlichen Schrotflinte geendet haben musste. Seine Frau hatte die Tiere ausmisten wollen, aber da hatte er ihr Bescheid gegeben und ihren Umgestaltungswillen im Keim erstickt.

Immerhin hatte er es vermeiden können, sein Trauma an die nächste Generation weiterzugeben, denn die Ehe war kinderlos geblieben, wie auch anders.

Falter erreichte den Abgang zum Keller. Vorsichtig stieg er die Treppe hinab, während er mit der linken Hand das Stahlgeländer umklammerte. Auf den Schreck mit Sebastian brauchte er einen guten Tropfen. Wein war eine der wenigen Extravaganzen, die er sich leistete, wahrscheinlich weil sein Vater Biertrinker gewesen war. Exquisiter Wein gab ihm das Gefühl, sich nicht völlig verleugnet und den Alten doch noch überflügelt zu haben. Dass er gut fürs Herz war, umso besser, auch wenn die Zeitungen seit neuestem wieder etwas anderes behaupteten.

Er trat ans Weinregal und suchte nach dem Château Pétrus Pomerol von 1959, dem Jahr, in dem er glücklich gewesen war, fand eine Flasche, blies den Staub vom Etikett und tippelte wieder nach oben.

Beinahe wäre er über den Karton mit dem Dormidol gestolpert, den er nach dem Gespräch mit Sebastian unter alten Kisten hervorgekramt hatte. Dieses verdammte Medikament, das an allem schuld war! Aber irgendwie hatte er das Gefühl, dass es ihm bald noch einmal nützlich werden könnte, sofern es überhaupt noch wirksam war. Er würde es demnächst einmal testen.

Falter betrat die Küche, entkorkte die Flasche, prüfte den Geruch, nahm sich ein Glas aus dem Schrank und ging zum Lesezimmer, das im Haus seinen bevorzugten Aufenthaltsort darstellte. Mehmet, sein Zugehbursche (ihm war noch keine passendere Bezeichnung eingefallen), hatte ihm hier eine kleine Stereoanlage aufgebaut. Sie klang dünn, erfüllte aber ihren Zweck, ihn fürs Dichten in Stimmung zu bringen.

Er besah sich den CD-Stapel auf dem Beistelltischchen. Was wollte er auflegen: Liszt, Rachmaninow, Ravel, Brahms? Er hatte begonnen, einen Überdruss gegen dieses Repertoire zu entwickeln, das er seit Monaten allabendlich in Endlosschleifen abspielte. Es wurde Zeit, dass die Plattenfirma für Nachschub sorgte.

Er besaß noch Einspielungen anderer Künstler, drüben im Wohnzimmer. Sollte er sie herüberholen? Unsinn. Es ging ja nicht um die Musik. Er musste *sie* hören, um in Wallung zu geraten, ihr Atmen, Stöhnen, Keuchen.

Am ausdrucksvollsten ließ sie sich bei Brahms' Intermezzi vernehmen, fast unanständig, als könne die Vereinigung mit der Musik sie zum Höhepunkt führen. Er legte die CD auf die Plastiklade und ließ sie einfahren. Dann wickelte er sich in seine Wolldecke, obwohl die Heizung in diesem Zimmer auf Hochtouren lief, und sank in seinen Ohrensessel. Schon hoben die vertrauten Klänge an. Bis zum ersten Stöhnen würde er 2.34 Minuten warten müssen.

Auf dem Tischchen lag noch das Fragment, das er gestern zurückgelassen hatte. Er zog die Brille ab und führte das Papier dicht vor die Augen. Sein Erguss war so erbärmlich, wie er ihn in Erinnerung gehabt hatte.

Er hatte eine neue Stufe erklimmen, den Ton frecher und fordernder gestalten wollen, aber das war in die Hose gegangen. Es erwies sich als nahezu unmöglich, ein poetisches Synonym für das weibliche Geschlechtsorgan zu finden. Lediglich Lustgrotte war ihm nach langer Suche akzeptabel erschienen. Aber was ließ sich darauf reimen? Karotte, Kokotte, Luftflotte. Das ergab keinen Sinn oder kippte ins Vulgäre.

Er nahm einen Schluck vom Wein, ließ ihn schlurfend zwischen Zunge und Gaumen zergehen, und da hatte er eine Idee. Château Pétrus versagte nie. Er schraubte die Kappe von seinem zeppelinförmigen Kolbenfüller und schrieb:

Brahms, dein Held, nässt deine Lustgrotte,
schöner wär's, mir tät dies gelingen,
du würdest stöhnen, wimmern, singen,
vor Lust, nicht mehr nur aus Marotte.

Falter las die Strophe abwechselnd leise und laut. Etwas stimmte noch nicht, vielleicht mit dem Metrum. Er war da perfektionistisch. Aber auf diesem Entwurf ließ sich aufbauen.

Er hob sein Glas, als würde er jemandem zuprosten, und nahm einen großen Schluck. Das Schmatzen, das er dabei ausstieß, verschmolz mit dem Stöhnen von der CD, und für einen Moment gab sich Falter der Illusion hin, zwischen beiden Geräuschen bestehe ein Zusammenhang.

9

Kate brauchte dreißig Minuten, was angesichts des Weges schnell war, ihr von Laura aber nicht gedankt wurde. »Da bist du ja endlich«, rief sie, nachdem sie Kate die Tür geöffnet hatte. »Wo hast du es jetzt, dein angebliches Dokument?«

»Lässt du mich freundlicherweise erst mal reinkommen und Luft schnappen? Ich habe wie eine Blöde in die Pedale getreten.«

Kate ging in den Flur, legte Jacke und Schal ab. Laura konnte sich das Eindrucks nicht erwehren, dass sie es absichtlich langsam tat. Schließlich zog sie einen gefalteten Zettel aus der hinteren linken Hosentasche. Laura wollte danach greifen, aber Kate brachte rechtzeitig ihren Arm in Sicherheit.

»Moment, vielleicht erlaubst du, dass ich dir erst die Begleitumstände schildere.«

»Nein, erlaube ich nicht«, sagte Laura entschieden, stürzte sich auf Kate, bog ihren Arm nach unten und entwand den Zettel ihren Fingern.

»Hey, hey, meine Güte«, beschwerte sich Kate, musste aber vor der Entschlossenheit ihrer Freundin kapitulieren.

Laura faltete den Zettel auseinander. Er zeigte das Bildnis einer jungen Frau, akkurat und mit feinen Strichen gezeichnet, als habe dem Urheber ein Modell oder eine andere Vorlage vor Augen gestanden. Jedes Haar, jede Wimper schien dokumentiert, noch der Schattenwurf der Nase war durch eine Schraffur angedeutet. Besondere Mühe war in die Ausarbeitung der Augen geflossen. An den unteren Lidern fanden sich Korrekturen und Nachschärfungen, als wäre das Ergebnis beim ersten Versuch unbefriedigend ausgefallen. Diese individuellen Noten in dem sonst musterhaft schönen Gesicht bestärkten Laura in der Befürchtung, dass es sich nicht um ein Produkt der Phantasie handelte.

Zu guter Letzt war das Bild mit einem Titel versehen: *Sophie*. Die Art, wie der Name geschrieben war, verriet das Bemühen, Handschriften vergangener Jahrhunderte nachzuahmen. Die Buchstaben waren nach rechts geneigt und mit Schnörkeln und ausgreifenden Ober- und Unterlängen verziert. Es musste den Schöpfer dieses Schmuckblatts betrübt haben, dass ihm statt Tusche und Gänsekiel nur ein ordinärer Kugelschreiber zur Verfügung gestanden hatte.

Daran, dass Sebastian dieser Schöpfer war, konnte kein Zweifel bestehen.

Noch indem sie das Blatt studierte, ging Laura ins Zimmer und setzte sich aufs Bett. Kate folgte ihr.

»Glaubst du mir jetzt?«, fragte sie.

»Es ist komisch«, sagte Laura versonnen. »Ich habe dieses Mädchen schon gesehen, gerade kürzlich, vielleicht erst heute. Aber ich war doch gar nicht an der Uni.«

»Ich kann nur sagen, dass ich die Zeichnung kitschig finde, typisch Sebastian eben«, konstatierte Kate. »Ich würde mir verbitten, so gemalt zu werden.«

»Keine Sorge, auf die Idee würde auch niemand kommen.«

»Hey, lass deine Wut nicht an mir aus. Ich will nur helfen. Darf ich jetzt endlich berichten, was passiert ist?«

Laura nickte, noch immer in die Zeichnung vertieft, mechanisch, und so fing Kate zu erzählen an. Sie sei zwar nicht von Anfang an dabei gewesen, stelle sich die Situation aber folgendermaßen vor: Marc müsse die Zeichnung erspäht und von Sebastians Schreibblock gerissen haben. Als sie dazugestoßen sei, habe Sebastian gerade versucht, die Zeichnung zurückzubekommen, wobei es zu würdelosen Szenen gekommen sei. Schließlich habe er unter hysterischem Gewinsel behauptet, dass es sich bei dem Mädchen um seine Freundin Sophie handele.

Im Zuge einer Menschenkette sei der Zettel zu ihr, Kate, gelangt. Sie habe überlegt, ihn Sebastian zurückzugeben, sich dann aber entschlossen, ihn zum Zwecke der Beweissicherung bei sich zu behalten.

»Wie schrecklich«, sagte Laura.

»Was?«

»Der Arme, wie er gelitten haben muss. Deshalb hat er vorhin Bach gehört.«

»Das ist alles, was dir dazu einfällt?«

»Nein. Ich kann auch nicht verstehen, wie du mit Marc befreundet sein kannst. Das ist ein asozialer Proll. Was er getan hat, ist übelstes Mobbing, wenn nicht Diebstahl und Nötigung. Du hättest Sebastian helfen müssen.«

»Und dass er eine Freundin hat, stört dich nicht.«

Laura schlug die Augen nieder und brach eine Sekunde später in einen Weinkrampf aus. Kate zog sie an sich und streichelte ihr über den Kopf.

»Das nenn ich Liebe. Zuerst denkst du an ihn und dann erst an dich und daran, was er dir angetan hat. Du bist wirklich süß.«

»Angetan hat er mir doch nichts«, schluchzte Laura. Plötzlich ging ein Ruck durch ihren Körper und sie richtete sich auf. »Jetzt weiß ich, wo ich das Mädchen gesehen habe. Na klar, Sophie! Dass ich darauf nicht gleich gekommen bin.«

Kate schaute sie fragend an.

»Sophie Bonnard, die Pianistin. Sebastian besitzt Dutzende CDs von ihr.« Sie führte sich noch einmal die Zeichnung vor Augen. »Das Bild entspricht exakt der Perspektive eines Covers: Brahms oder Rachmaninow, das weiß ich nicht mehr.«

»Hm«, antworte Kate nach einer Pause. »Das ist aber merkwürdig.«

»Sehr merkwürdig«, pflichtete Laura bei.

»Sebastians Freundin ist also eine berühmte Pianistin?«

»Na ja, sie ist schon gut, auch wenn ich ihren Anschlag ein bisschen hart finde. Aber vor allem ist sie hübsch, verdammt hübsch.« Laura war kurz davor, wieder in Tränen auszubrechen.

»Drum«, erwiderte Kate ungerührt. »Und sonst? Ist sie alkohol-, drogen- oder tablettensüchtig? Hat sie einen Vater-, Mutter- oder Bruderkomplex? Sind vielleicht Äußerungen von ihr bekannt, dass sie der Gesellschaft etwas von ihrem Erfolg zurückgeben möchte und sich deshalb den größtmöglichen Loser zum Freund erkoren hat? Hat Sebastian ihr irgendwann das Leben gerettet?«

»Kate, du bist ...«

»Ich meine, irgendeinen abseitigen Grund für diese Mesalliance muss es geben. Auf normalem Wege kann sie unmöglich zustande gekommen sein.«

»Ich finde, dass er Sophie Bonnard absolut verdient hätte«, protestierte Laura. Sie begann an ihren Fingernägeln zu kauen, wie sie es beim Nachdenken immer tat. »Was mich irritiert, ist etwas anderes: Wenn er mit ihr zusammen ist, warum malt er dann das Foto von einem Cover ab?«

»Genau.« Kate sprang auf. »Dann würde er sie doch anders darstellen, aus intimer Anschauung sozusagen. Mindestens mit einem verliebten Lächeln.« Kate begann in der Mitte des Zimmers auf- und abzugehen. »Wir müssen herausfinden, was wirklich Sache ist. Hat er ein Smartphone? Ich meine, jeder hat ein Smartphone, aber bei diesem Autisten kann man nie wissen.«

Laura dachte nach. »Keine Ahnung.«

»Pass auf: Morgen im Hörsaal gehst du zu ihm und fragst, ob du sein Handy ausleihen kannst. Dein Akku sei leer, und du müsstest ein Telefonat mit deiner schwerkranken Mutter führen oder etwas in der Art. Und dann durchsuchst du seine Fotoalben nach einem Bild dieser Klavierspielerin.«

»Vergiss es.«

»Oder noch besser: Du gibst ihm die Zeichnung zurück und schaust, wie er reagiert.«

»Niemals.«

Kate setzte sich ermattet wieder aufs Bett. »Was schlägst du also vor?«

Eine Weile herrschte Schweigen, währenddessen Laura stumpf auf den Boden starrte. »Na ja«, hob sie schließlich an. »Wir könnten zumindest einmal das Internet durchforsten. Vielleicht ergeben sich da Hinweise.«

Sie ging zum Laptop auf ihrem Arbeitstisch und tippte Sebastians Namen in die Suchmaske – kein Ergebnis. Konnte es sein, dass jemand keinerlei Spuren in der digitalen Welt hinterlassen hatte? Das war ja, wie nicht existent zu sein.

Sie wiederholte die Suchanfrage mit *Sophie Bonnard* und sah sich nun einer Überfülle an Treffern gegenüber, mehr als einer Million. Sie klickte den ersten auf der Liste an, die offizielle Website der Künstlerin. Sie zierte als Startbild ein Schwarz-Weiß-Porträt, das mehr nach Parfümreklame aussah als nach klassischer Musik.

»Mein Gott: Sie ist nicht nur hübsch, sondern makellos schön, dabei sympathisch und erfolgreich«, stöhnte Laura.

»Erfolgreich vielleicht, aber nicht schöner und sympathischer als du«, erwiderte Kate, die hinter Laura Stellung bezogen hatte.

Laura wechselte zum nächsten Treffer, der sich als inoffizielle Fanpage herausstellte. »Auch hier steht nichts von einem Freund«, rapportierte sie, »überhaupt nicht viel über ihr Privatleben, außer, dass sie sich in ihrer Freizeit für Straßenhunde aus ihrer provenzalischen Heimat engagiert.«

»Okay, das könnte dafür sprechen, dass die Geschichte stimmt. Madame steht auf elende Kreaturen mit Dackelblick. Das trifft auf Sebastian hundertprozentig zu.«

Laura gab *Sophie Bonnard* und *boyfriend* ein. Es brachte nichts. »Kannst du Französisch?«, fragte sie Kate über ihre Schulter. »In ihrer Muttersprache haben wir vielleicht bessere Chancen.« Sie versuchten es mit *Sophie Bonnard* und *l'amour* oder *les hommes*, so weit reichten ihre Sprachkenntnisse. Schließlich rief Laura aus: »Hier steht etwas – Moment, ich jage es durch die Übersetzungsfunktion.« Schließlich las sie vor:

Ich ging mit jemandem für zehn Monate. Es klingt traurig, aber es ist die Wahrheit: Ich fühle mich dazu äußern mein Liebesleben hat sich zu einem Volkssport. Vor allem mag ich nicht, wie das alles trägt dazu bei, eine Beziehung zu ersticken, bevor es eine Chance zu beginnen hat. Und so habe ich nicht gehen mit niemandem.

»Wenn ich das Kauderwelsch richtig verstehe, streitet sie ab, einen Freund zu haben«, interpretierte Kate.

»Aber das Interview ist zwei Jahre alt. Vielleicht war sie von den Spekulationen so genervt, dass sie sich extra einen möglichst unbekannten Freund gesucht hat und die Beziehung geheim hält.«

»Kann sein, kann aber auch nicht«, sagte Kate. »Es ist spät, und wir kommen nicht weiter. Aber ich finde das für dich heraus, so wahr ich Kate heiße – und wenn ich mich bei Sophie Bonnard persönlich erkundige.«

»Ach, bitte …«

»Keine Widerrede. Ich nehme meinen Job als Mentorin ernst.«

10

Das Verlagsgebäude des *Allgemeinen Tagblatts* war in den neunziger Jahren nebst einer dazugehörigen Druckerei auf der grünen Wiese, genauer: einem grünen Hügel, errichtet worden. Die Architektur verströmte den Geschmack ihrer Entstehungszeit: ein mit einer Sandsteinfassade tapezierter, in leichtem Rund verlaufender Flachbau, dessen beide Flügel durch einen verspiegelten Glasturm verbunden waren. Darauf thronte in der Art einer Leuchtreklame das Logo der Verlagsgruppe.

Das Gebäude war in der schlechtesten seiner Daseinsphasen angekommen: nicht mehr neu genug, um dem aktuellen Stilempfinden zu entsprechen, zu neu, um den Bonus des Historischen beanspruchen zu können. Vom Flachdach her arbeitete sich grünlicher Schmutz den Sandstein herab, und auch der Stahl und die Spiegelscheiben begannen, ihren Glanz zu verlieren. Auf Sebastian war der Eindruck dennoch ein respektabler, als er, von der Bushaltestelle kommend, den Anstieg erklomm. Er liebte Zeitungen kaum weniger als Bücher oder Musik. Zeitung zu lesen vermittelte ihm das Gefühl, mit dem Weltgeist in Verbindung zu treten.

Er freute sich jeden Morgen aufs Neue, wenn er im Bademantel das Treppenhaus hinabstieg, die neue Ausgabe aus dem Briefkasten zog, um dann beim Frühstück zunächst das Feuilleton zu verschlingen. Er hatte über Studentenabonnements alle Qualitätszeitungen durchgetestet – das *Allgemeine Tagblatt* war nicht darunter. Aber er ging davon aus, dass das Medium seinem Informationsauftrag wacker nachkam. Der Anblick des Verlagsgebäudes gab ihm keinen Anlass, daran zu zweifeln. Durch eine Drehtür betrat er das Foyer. Rechts im Hintergrund standen museale Druckmaschinen, die man als Reminiszenz an romantischere Zeiten aus einem Vorgängerbau gerettet hatte. Links sah er den Eingang zu einem Verkaufsshop, der aber geschlossen hatte. Sebastian wandte sich an den Empfangstresen, hinter dem ein schnauzbärtiger Mann in Security-Uniform saß.

»Guten Tag, ich möchte zu Dr. Fabricius.«

»Fabricius? Bei welchem Unternehmen?«

»Ich bin doch hier beim *Allgemeinen Tagblatt*?«, fragte Sebastian verdutzt.

»Schon, aber die sitzen nur noch im zweiten Stock. Der Rest ist an Fremdfirmen vermietet. Zum *Allgemeinen Tagblatt* also. Moment, ich schaue nach.«

Der Mann beugte sich über seinen Computer und tippte eine Nummer ins Telefon. Sebastian hörte seinen Besuch als den eines jungen Mannes avisiert. »Fahrstuhl in den zweiten Stock, dort werden Sie abgeholt«, beschied ihm der Bärtige. Oben nahm in eine Frau in Empfang. Sebastian beschloss, sich gut mit ihr zu stellen. »Schön haben Sie es hier, ich meine die Lage über dem Hasenberg: wie eine Trutzburg des Geistes.« Als seine Begleiterin nicht auf die Bemerkung einging, schickte er hinterher: »Es ist mir eine Ehre, Herrn Dr. Fabricius kennenzulernen.«

»Sie haben Glück«, entgegnete die Frau. »Er scheint heute gute Laune zu haben.«

Sebastian musste noch ein paar Minuten im Vorzimmer warten. Dann öffnete sich die Tür und ein etwa sechzigjähriger Mann kam auf ihn zu. Er trug sein ergrautes Haar in die Stirn gekämmt, wie es vor Zeiten unter Intellektuellen in

Mode gewesen war, dazu einen beigen Rollkragenpullover und eine Hornbrille.

»Oho«, rief er aus, indem er Sebastian die Hand hinstreckte. »Lassen Sie sich bestaunen: der junge Mann, der über Musik schreiben möchte. Seien Sie gegrüßt.«

»Guten Tag, Herr Dr. Fabricius.«

»Guten Tag, guten Tag. Aber Sie wissen schon, dass Sie hier bei einer Zeitung sind, nicht bei Youtube, Facebook oder einem Promi-Klatsch-Portal? Ich frage nur zur Sicherheit, denn die meisten jungen Leute kennen Zeitung nur noch vom Hörensagen. Na, kommen Sie mal mit. Ich genieße das Privileg eines Büros.«

Dieses Büro war mit mehreren Bücherregalen, einem Schreib- und einem Besprechungstisch möbliert, aber alles starrte dermaßen von Papier, Büchern, Zeitungen und Zeitschriften, dass sich Sebastian fragte, wie hier Arbeiten möglich sein sollte. Sein Blick fiel auf ein gerahmtes Poster, das in eine der wenigen freien Wandflächen gezwängt war. Es zeigte einen Mann mit Hut und Weste, darüber eine Signatur und die Aufschrift *Kunstverein Göttingen 1979*.

»Ach, das Plakat«, sagte Fabricius, der Sebastians Blick bemerkt hatte. »Würden Sie mir sagen, was Sie darauf erkennen?«

»Es dürfte sich um Joseph Beuys handeln, einen Künstler, der viel mit Filz und Fett gearbeitet hat«, antworte Sebastian schülerhaft.

»Ganz recht. Ihr Horizont reicht demnach über die Musik hinaus, sehr lobenswert. Über diese Ausstellung habe ich meinen ersten ernstzunehmenden Artikel verfasst. Lang ist's her. Tempora mutantur et nos mutamur in illis. Nehmen Sie Platz.«

Sebastian entfernte einen Stapel Bücher vom Stuhl und setzte sich an den Besprechungstisch, auf dem noch die Layouts des Vortags lagen. Es entstand eine Pause, in der Fabricius Sebastians Bewerbungsunterlagen studierte.

»Sie haben also noch nie für eine Zeitung geschrieben?«

»Nein, leider.«

»Sie können aber schreiben – oder denken es zumindest? Wie würden Sie zum Beispiel das Wort *Feuilleton* buchstabieren?« Fabricius sah Sebastian herausfordernd an.

»Nun, F.«

»So weit, so gut.«

»Dann ein kleines e und ein kleines u.«

»Ich bin überwältigt, aber jetzt kommt's.«

»i.«

»i«, wiederholte Fabricius gedehnt.

»l.«

»Exakt.«

»Noch ein l, dann e, t, o und n«, sagte Sebastian schnell, um der peinlichen Situation ein Ende zu bereiten.

»Bravo«, jubelte sein Gegenüber. »Das grenzt an Genie. Die meisten scheitern schon an dieser Aufgabe. Leider ist Ihr Wissen in Bälde nutzlos, denn unser Chefredakteur hat verfügt, dass den Lesern dieser Begriff nicht mehr zuzumuten sei. Unser Feuilleton fusioniert mit den Veranstaltungstipps zum neuen Ressort *Kultur und Service*. Was sagen Sie dazu?«

»Das tut mir leid.«

»Nicht nur Ihnen.« Fabricius nahm seine Brille ab und rieb sich die Augen, die schwere Tränensäcke zu erkennen gaben. Sebastian erinnerte sich an die Worte der Frau. *Gute Laune* war bei Fabricius offenbar gleichbedeutend mit Sarkasmus. Sollte es um die Presse wirklich so schlecht stehen? Ein wenig Auflage hatte sie verloren, das war Sebastian bekannt. Aber im Großen und Ganzen war Journalismus doch immer noch ein schöner und verantwortungsvoller Beruf, oder etwa nicht?

»Wir wollen es also mit Ihnen versuchen«, sagte Fabricius nach einer Weile zeremoniell. »Aber ich sage Ihnen gleich: Wir haben wenig Platz und zahlen eine Mark pro Zeile.«

»Mark?«

»Mark, Euro, Dukaten, das ist doch einerlei. Reich werden Sie jedenfalls nicht.«

»Schon okay«, beschwichtigte ihn Sebastian.

»Außerdem wird die Disziplin der Konzertkritik bei uns kaum noch gepflegt. Zu negativ und zu retrospektiv, meint unser Chefredakteur. Wir sollen den Leuten nicht nachträglich den Abend versauen.«

»Nein, natürlich nicht.«

»Wenn es geht, feiern wir Termine mit einem Vorbericht ab. Das ist nutzwertig und tut keinem weh«, führte der Ressortleiter aus. »Bei klassischen Konzerten hingegen *erwarten* die Leser eine Besprechung. Sie sollte aber nicht zu intellektuell oder beckmesserisch ausfallen. Beschreiben Sie das Programm und die Atmosphäre, dann sind sechzig Zeilen schnell gefüllt.«

»Kein Problem.«

»Und tun Sie mir einen Gefallen: Schreiben Sie nie *Event* oder *Highlight*. Darauf reagiere ich allergisch.« Fabricius musterte ihn streng. »Was ist eigentlich Ihr Spezialgebiet?«

»Klassik«, bekundete Sebastian mit Inbrunst. »Und ich hätte da auch gleich einen Themenvorschlag.«

»Nanu, ich höre.«

»Ich würde für das *Allgemeine Tagblatt* gern ein Interview mit der Pianistin Sophie Bonnard führen.« Sebastian staunte selbst, woher er den Mut nahm. Nicht einmal sein Mentor hatte ihn zu solcher Eile angehalten. Aber dem Zeitungsmann schien egal zu sein, was in seinem Blatt stand, solange es angenehm zu konsumieren war. Warum also keine Abkürzung nehmen?

Von der anderen Seite des Tisches prallte ihm Schweigen entgegen. Fabricius brauchte offenbar einen Moment, um zu verstehen, was Sebastian da vorgeschlagen hatte. Dann riss er die Augen auf, was durch die Weitsichtgläser grotesk, fast slapstickhaft aussah, und brach in Gelächter aus. »Sophie Bonnard? *Die* Sophie Bonnard?«

»Ich weiß, für den Anfang ist das vielleicht etwas –«

»Warum nicht gleich David Garrett?«, unterbrach ihn Fabricius. »Nein, junger Freund, das schlagen Sie sich aus dem Kopf. Ich will Ihnen zu Gute halten, dass Sie meine offenen Worte vielleicht in die Irre geleitet haben. Wir mögen zwar hier Zwängen unterliegen, aber das heißt nicht, dass wir uns dem Kommerz an den Hals werfen. Wenn Sie dieses von Marketingstrategen hochgejubelte Girlie für eine ernstzunehmende Künstlerin halten, fehlt es für eine Zusammenarbeit am gemeinsamen Grundverständnis.«

Fabricius sprang auf, lief zum Papierkorb und begann, darin zu wühlen. Schließlich zückte er eine Zeitschrift heraus und hielt sie triumphierend in die Höhe. »Hier, dieses Elaborat – man sollte besser sagen: Ejakulat – habe ich heute zugeschickt bekommen.« Er schleuderte das Heft in Richtung der Sitzgruppe. Sebastian fing es geschickt auf und besah sich das Titelbild.

Es handelte sich um eine Programmvorschau der Plattenfirma mit Sophie als Covergirl. *Nocturne – die leidenschaftliche Kunst der Sophie Bonnard* war als Schlagzeile zu lesen. Das Foto erweckte auf den ersten Blick den Anschein, als wäre es in Schwarz-Weiß gehalten. Aber bei näherem Hinsehen konnte Sebastian erkennen, dass es koloriert oder sonst wie verfremdet sein musste. Die Haut ließ einen zarten Sepiaton erkennen, die Augen leuchteten dazu in einem unnatürlichen Grün, als trüge Sophie farbige Kontaktlinsen.

Überhaupt der Gesichtsausdruck! Er war mit *lasziv zurückhaltend* beschrieben, woran neben den Augen die Lippen den größten Anteil hatten. Halb geöffnet und frisch benetzt, schienen sie ein süßes Versprechen zu hauchen.

Der Kopf war auf anatomisch unentwirrbare Weise von Sophies nackten Armen eingerahmt. Eine Hand musste hinter dem Kopf zu liegen gekommen sein. Sie drückte den Haarschopf nach vorn, was den Eindruck verstärkte, der Fotograf habe Sophie in einer intimen Situation überrascht, beim Aufstehen vielleicht oder nach dem Geschlechtsakt. Nur im Hintergrund war unscharf der Schemen eines Flügels zu erkennen.

Sebastian musste einen angewiderten Gesichtsausdruck angenommen haben. Jedenfalls hellte sich im gleichen Zuge Fabricius' Miene auf. »Nicht wahr? Sind Sie also kuriert?« Er wandte sich wieder dem Papierkorb zu. »Ich habe eine bessere Idee. Lieben Sie Brahms?«

»Ja«, bestätigte Sebastian tonlos.

Fabricius wühlte neuerlich im Papierkorb und murmelte: »Es muss doch hier irgendwo sein. Ich wollte den Termin eigentlich nicht besetzten, aber jetzt, wo Sie da sind.« Plötzlich rief er: »Wusste ich's doch«, nahm die Brille von der Nase und führte sich ein Blatt vor die Augen. »Haben Sie Sonntag

Zeit? Dann gehen Sie zur Matinee der Brahmsfreunde. Wie man am Namen unschwer erkennt, ist das ein Haufen hoffnungsloser Dilettanten. Aber sie bemühen sich nach Kräften um das Kulturleben der Stadt.«

Er streckte den Arm aus und hielt seinem Besucher den Flyer hin. Sebastian stand auf und nahm das Papier an sich. Auf dem Programm standen die Walzer von Brahms, dargeboten von einem gewissen Roderich Perlinger. Der Name ließ nichts Gutes erwarten.

Während Sebastian den Zettel studierte, war Fabricius ans Fenster getreten. Er blicke sinnierend in die Ferne. »Die Brahmsfreunde haben eine Zeitlang ganz interessante Künstler verpflichtet«, begann er nach einer Weile. »Aber seit kurzem lassen sie nur noch ihren Vorsitzenden ran, einen besseren Klavierlehrer. Vielleicht können Sie herausfinden, warum.« Er wandte sich zu Sebastian um. »Sie sehen: ein Auftrag mit Mehrwert. Kunst und investigative Recherche, was will man mehr?«

Sebastian wagte nicht zu widersprechen.

»Dann ist alles klar. Nun kommen Sie mit. Ich zeige Ihnen unseren Newsroom. Das ist unsere Schaltzentrale, wo der *Content* auf die verschiedenen *Channels* verteilt wird: Print, online, mobile.« Der ironische Unterton seiner Worte war unüberhörbar. Auf dem Weg klopfte Fabricius Sebastian versöhnlich auf die Schulter: »Sophie Bonnard, wirklich köstlich. Unserem Chefredakteur hätte es bestimmt gefallen. Sex sells – so weit reicht sein Verständnis für Klassik.« Fabricius machte sich anscheinend keine Sorgen, dass seine Äußerungen gegen ihn verwendet werden könnten.

Der Newsroom bildete das Herzstück des Redaktionsgeschosses. Er war nachträglich eingezogen worden und bewies moderneren Geschmack als der Rest des Gebäudes. Der Teppich – schallschluckend, wie Fabricius mit mokantem Stolz betonte – war braun gehaltenen und verlieh dem Raum etwas Warmes, Loungeartiges.

In farblich interessantem Kontrast dazu standen blaue Zierelemente, die man aus dem Logo des Verlags abgeleitet hatte. Sie fanden sich zum Beispiel an den Schließfächern für die Habseligkeiten der Mitarbeiter, die sich über eine lange Wand erstreckten. Als Sebastian diese Lösung mit Lob bedachte, bemerkte Fabricius: »Früher hatten Redakteure Büros, heute haben sie einen Spind.«

Beherrscht wurde die Szenerie von mehreren riesigen Flachbildschirmen. Auf ihnen lief das Programm von Nachrichtensendern, aber es machte nicht den Eindruck, dass jemand hinsah. Stattdessen starrten die Redakteure wie narkotisiert auf ihre Computer. Ab und zu tippte einer etwas ein. Gesprochen wurde wenig, und es sah auch niemand auf, als Fabricius mit seinem Besucher an den Tischen vorbeizog. Irgendwie hatte sich Sebastian das Redaktionsleben spannender vorgestellt.

Als ein Mann eine Frühstücksbox hervorholte, raunte Fabricius seinem Begleiter zu, dass dies laut Newsroom-Knigge strenggenommen untersagt sei. Aber zum Mittagsessen außer Haus komme ohnehin keiner, zumal es in der Gegend an Restaurants mangele. Die Kantine sei mangels Masse vor einigen Monaten dichtgemacht worden.

»Eines fällt mir auf«, sagte Sebastian, nachdem sie den Rundgang beendet hatten. »Sie haben mir erläutert, wofür die Redakteure zuständig sind, aber es war immer nur von *Lokal*sport, *lokaler* Wirtschaft und *lokalen* Unterausgaben die Rede. Wo sitzen denn die überregionalen Ressorts?«

»Ach, das wissen Sie nicht?«, sagte Fabricius mit gespielter Verwunderung. »Unser Zeitungsmantel kommt von der Zentrale, derzeit aus Bayern, demnächst wahrscheinlich aus Indien. Unsere Konzernleitung ist sehr erfinderisch, wenn es um Kosteneinsparung geht. Die Druckerei ist ohnehin schon lange weg.«

»Nein, das war mir neu.«

»Trösten Sie sich. Von den Lesern hat es auch kaum jemand bemerkt. Unser Geschäftsführer spricht ohnehin lieber von *Kunden*. Ob die unsere Artikel auch lesen, sei am Ende egal. Hauptsache, irgendwer zahlt noch dafür.«

Als Sebastian wieder im Freien stand, hielt er für einen Moment inne und betrachtete erneut das Gebäude. Es kam ihm nun hohl vor, wie eine Kulisse. Erst jetzt fielen ihm die hässlichen Spuren von Regenwasser auf, die sich die Fassade hinabzogen. Konnte man dagegen nicht mit einem Sandstrahler vorgehen? Aber vielleicht war das Material dafür zu glatt, wenn es denn nicht überhaupt aus Plastik bestand.

Zu Hause schmiss er die Zeitung weg, die angelesen noch vom Frühstück herumlag. Er hätte gern mit Laura gesprochen, um ihr von seinem verstörenden Erlebnis zu erzählen. Stattdessen rief er am Abend Otto Falter an und berichtete von seiner bevorstehenden Premiere als Kritiker. Die Pleite, Sophie betreffend, verschwieg er. Immerhin würde er Zeit gewinnen und hätte ein paar Wochen Ruhe vor seinem Quälgeist.

11

Sophie durchstreifte das Haus. Zusanna, ihre polnische Perle, hatte vor ihrer Ankunft geputzt und die Briefe, die sich in der Zwischenzeit angesammelt hatten, aus dem Postfach geholt. Neben dem Stapel lag ein Päckchen. Sie warf nur einen flüchtigen Blick auf den Absender – anscheinend eine unaufgeforderte Warensendung, denn sie konnte sich nicht erinnern, etwas bestellt zu haben. Hoffentlich musste sie es nicht zurückschicken. Solche Verrichtungen überforderten sie in ihrem Zustand. Schon die Aussicht, das mit verschweißten Plastikbändern und Packband versiegelte Objekt öffnen zu müssen, verursachte ihr Panik. Sie verschob es auf später.

Das Häuschen präsentierte sich unter den gegebenen Umständen einer meist abwesenden Hausherrin im Bestzustand. Dennoch empfand Sophie keine Wiedersehensfreude. Drei Wochen war sie weg gewesen, hatte in dreizehn Städten konzertiert und in ebenso vielen verschiedenen Betten geschlafen. Es lief etwas falsch, wenn ihr die Anonymität von Hotelzimmern inzwischen erträglicher erschien als die Leere eines Hauses, das nie ihr Heim geworden war. Sollte sie etwa mit dreiundzwanzig Jahren zurück zu ihren Eltern ziehen?

Sie hatte die Immobilie vor zwei Jahren angemietet. Ihre Freunde hatten sie für verrückt, jedenfalls exzentrisch erklärt, weil sie so weit vor die Tore der Stadt gezogen war. Aber ihr war nach Jahren in der Enge von Paris klar geworden, dass sie raus musste. Der Hauptgrund war nicht, dass sie sich nach Ruhe sehnte. Sie wollte Klavier üben, ohne sich Gedanken darüber machen zu müssen, ob sie andere dabei störte. Genaugenommen wollte sie üben, ohne dass andere *sie* dabei störten, indem sie lauschten, Fehler registrierten, sie im Hausflur ansprachen. Sie war es gewöhnt, unter Beobachtung zu stehen. Überall fühlte sie Blicke auf sich lasten, musste gefasst sein, dass jemand um ein Autogramm bat oder ein Foto von ihr schoss. Ihr halbes Leben spielte sich auf offener Bühne ab. Da wollte sie die andere Hälfte für sich haben.

Das alte Steinhäuschen stammte aus der ersten Hälfte des 19. Jahrhunderts und hatte sie angesprochen, weil es sie an die Architektur ihrer provenzalischen Heimat erinnerte. Die Eigentümer hatten es mit passenden Stilmöbeln und Deko ausstaffiert. Inzwischen kam Sophie das alles entsetzlich kitschig vor, wie eine Inszenierung für den *Guide de Charme,* um Touristen auf der Suche nach einer pittoresken Unterkunft anzulocken. Vielleicht hätte es geholfen, wenn sie jemand empfangen hätte, ein Hund beispielsweise, aber das war für eine Handlungsreisende, wie sie es geworden war, undenkbar. Eine Katze konnte man länger allein lassen, aber über mehrere Wochen?

Außerdem mochte sie keine Katzen. Ihre Gedanken brachten sie auf eine Sache, die unbedingt zu erledigen war. Sie musste die Vorsitzende des Fanclubs kontaktieren, damit sie den Hinweis mit den Straßenhunden von der Seite nahm. Irgendwann hatte sie in einem Interview ihr Mitleid mit diesen Geschöpfen zum Besten gegeben. Im nächsten Artikel war daraus ein *Engagement* geworden, und der übernächste hatte suggeriert, sie habe in ihrem Garten einen Zwinger, in dem sich ein Rudel geretteter Vierbeiner ihrer Fürsorge erfreue. Bald würde man sie zur Hundeflüsterin erklären und schräge Charaktereigenschaften daraus ableiten. Man kannte das ja: Ein Journalist schrieb vom anderen ab und gab seinen Senf dazu. Aber der Unsinn musste ja nicht gerade auf ihrer Fanpage stehen. An einen Mann, sie zu empfangen, dachte Sophie im Augenblick nicht, im Gegenteil. Übermorgen würde Alexandre von seiner Tournee zurückkehren und sicher bald bei ihr aufschlagen. Sie würde ihm sagen, dass es keinen Sinn mehr hatte.

Gestern im Flugzeug hatte sie in einem Klatschblatt von der Trennung eines Promipaares gelesen, und sie hatte sich die Worte gemerkt: *Mein Freund und ich,* hatte es da aus dem Mund der Frau geheißen, *haben uns nach langen, intensiven Gesprächen und mit dem Herzen voller Trauer einvernehmlich entschieden, unsere Beziehung zu beenden. Leider führen wir beide ein hektisches Leben, das uns zwingt, den Großteil unserer Zeit getrennt zu verbringen. Wir mussten mitansehen, wie sich unsere Liebe verwandelte und die Perspektive eines Lebens in Gemeinschaft zerstob. Ich bewundere und respektiere meinen Ex-Freund. Er und seine großartige Familie werden immer einen besonderen Platz in meinem Herzen haben.*

Die Worte wirkten, als wären sie von einem Anwalt oder PR-Berater aufgesetzt worden, und Sophie hätte kotzen wollen, als sie sie las. Trotzdem wollte sie Alexandre eine ähnliche Sprachregelung vorschlagen. Sie hatten sich auseinanderentwickelt, das war offensichtlich. Wenn Alexandre es nicht ebenso sah, gäbe ihr das nur einen weiteren Anlass, an ihm zu zweifeln. Er musste doch bemerkt haben, dass sie ihm von der letzten Reise kaum noch geschrieben hatte. Worüber hätte sie auch schreiben sollen? Über ihren Auftritt in der Carnegie Hall, während er zur gleichen Zeit

Senioren in Vichy den Sonntagnachmittag beim Kurkonzert verkürzte? Sie war bereit, die Verantwortung auf sich zu nehmen. Sie war über ihn hinausgewachsen, und das war ganz allein ihre Schuld. Sie ging zum Kleiderschrank und taxierte, welchen Aufwand Alexandres Auszug bedeuten würde. Ein paar Hemden und Hosen, Wäsche, dazu die Sachen im Bad und Bücher – das musste schnell gehen, er führte einen eigenen Haushalt in der Stadt und hatte nie dauerhaft bei ihr gewohnt. Und dann erschrak Sophie doch über sich selbst, wie es ihr so leichtfallen konnte, Dinge hinter sich zu lassen, vielleicht eines Tages ihre eigene Karriere. Sie warf sich aufs Bett und weinte. Nachdem sie sich gefasst hatte, stieg sie wieder nach unten. Da sah sie von der Treppe aus das Päckchen auf der Anrichte liegen und beschloss, es aufzumachen. Es schien ihr eine gerechte Strafe für ihre Hartherzigkeit.

Sie fand keine Schere, verfluchte Zusanna, versuchte mit einem Tomatenmesser, die Plastikbänder durchzusägen, rutschte ab, Blut tropfte auf den Boden. Sie griff nach der Küchenrolle und tupfte die Wunde ab: ein tiefer, hässlicher Schnitt. Wenn sich das entzündete, konnte sie die Aufnahme nächste Woche vergessen. Diese Selbstgeißelung war ihr gelungen. Sie wunderte sich, wie gleichmütig sie es hinnahm. Das Päckchen enthielt, eingelassen in Schaumstoff, drei Flakons mit Parfüm, jedes in einer anderen Farbe. Dabei lag ein Brief. Sie entfaltete ihn und las:

Liebe, verehrte Madame Bonnard,
habe ich Glück, und Sie können sich an mich erinnern? Wir
haben uns vor ein paar Wochen auf einem Sponsorenabend
kennengelernt. Ich war der große Dunkelhaarige, der Sie von

der Idee überzeugen wollte, ein Parfüm unter Ihrem Namen zu lancieren.
Ich muss mich entschuldigen, dass ich Sie seinerzeit so bedrängt habe. Ich hätte es nicht getan, wäre ich von unserer Idee nicht überzeugt, ja in einer Weise begeistert, wie es mir in meiner Funktion als VPPFID (Vice President Perfumery, Flavor and Ingredient Division) unseres Unternehmens selten passiert. Sie haben meine Avancen höflich ertragen, nicht mehr. Zugleich war da ein aufmunternder Blick in Ihren Augen, der in Widerspruch zu Ihren Worten zu stehen schien. Er ließ mich davon Abstand nehmen, meine Pläne nach diesem Abend dem Papierkorb zu übergeben. Ich hoffe, ich habe mich nicht getäuscht.
Wenn Sie diesen Brief lesen, wissen Sie bereits, zu welcher Eigenmächtigkeit das alles geführt hat: Wir haben drei Probedüfte kreiert und erlauben uns, sie Ihnen in der Anlage zum unverbindlichen Beschnuppern zu überreichen. Dies in der Hoffnung, die Macht und, wie ich finde, Überzeugungskraft des Faktischen möge sie zu einem Ja bewegen. So könnte er also aussehen und vor allem natürlich riechen: der Duft ›Appassionata by Sophie Bonnard‹.
Sind Sie mir böse? Ehe Sie wegen des Aufwands zürnen: Zwei der Düfte lagen bereits fertig in unserem Regal. Wir würden sie unter weniger wohlklingenden Namen auf den Markt bringen, falls Sie nicht den Finger heben und einen der beiden für sich beanspruchen. Einen Duft haben wir speziell für Sie geschaffen, Ihnen gewissermaßen auf den Leib geschrieben, wenn Sie mir die Formulierung erlauben. Ich habe es mir nicht nehmen lassen, unseren Parfümeuren Hinweise zu geben und ihnen, denen die eigene Anschauung fehlte, zu schildern, wie ich Sie sehe: als wunderschöne Frau,

bei der sich Sensibilität, Leidenschaft und ein Schuss Eigensinn zu einer betörenden Aura verbinden.
Ich muss zugeben, dass unsere Parfümeure an der Aufgabe schier verzweifelt sind. Nie war ich zufrieden. ›Nein, das ist sie nicht‹, hörten sie mich immer wieder sagen. Doch irgendwann war das Wunder vollbracht und ich fand Ihre Persönlichkeit in einem kleinen Fläschchen eingefangen. Darf ich gestehen, dass ich eine Abfüllung bei mir trage und mir in trostlosen Momenten etwas davon auf den Arm träufle? Aber nun die spannende Frage: Erkennen Sie, welcher der drei Flakons gemeint ist? Ich bin sicher, Sie werden. Einen Tipp will ich Ihnen trotzdem geben: Brombeere, Pflaume, Orange, Lavendel und Pinie (aus der Provence) sowie ein Schuss Muskat. Lassen Sie mich klarstellen: Alle drei Parfüms stellen nur Vorschläge dar. Natürlich sind Sie herzlich eingeladen, selbst kreativ zu werden und ihren wahrhaft eigenen Duft zu erschaffen, so wie es zum Beispiel Lady Gaga gemacht hat. Am liebsten würde ich mit Ihnen in unser Labor einbrechen und einfach wild herumpanschen. Das stelle ich mir als großen Spaß vor!
Seien Sie, liebe Madame Bonnard, zum Abschluss meiner großen Bewunderung für Sie versichert. Ich würde mich wie ein Schneekönig freuen, wenn aus unserem Projekt etwas würde. Vor allem aber würde ich mich freuen, Sie bald wiederzusehen.

Mit herzlichen Grüßen, Ihr Sebastian von Stolberg

Sophie las den Brief einmal, ein zweites und noch ein drittes Mal. Dann ließ sie sich auf das Sofa fallen. Ein Lächeln umspielte ihren Mund. Natürlich erinnerte sie sich an den *großen Dunkelhaarigen.* Genaugenommen war er etwa Mitte Dreißig gewesen, hatte braune Locken gehabt und verdammt gut ausgesehen.

Was er als *aufmunternden Blick* bezeichnete, hatte sich natürlich nicht auf die Idee mit dem Parfüm bezogen, sondern war ein handfester Flirt gewesen. Sie wusste, dass er es wusste. Es stand ja in gefetteten Versalien zwischen allen Zeilen. Sie versuchte, sich die Bilder jenes Abends ins Gedächtnis zurückzurufen. Es war fast peinlich gewesen, wie sie die anderen hatte stehen lassen und sich nur mit diesem Deutschen unterhalten hatte.

Er war von anderem Schlag als die anderen Sponsorenvertreter: kultiviert, gebildet, elegant, auf selbstbewusste Weise bescheiden, kein Technokrat, kein Aufschneider oder Aufsteiger. Sie hatte sich mit ihm über Brahms unterhalten, und er hatte ihr gestanden, als Jugendlicher auf dem Cello dilettiert und mit seiner Familie Hauskonzerte abgehalten zu haben. Er hatte das heruntergespielt, so wie ihm sein Werdegang fast unangenehm zu sein schien. Sie hatte ihm widersprochen und den Beruf eines Managers in der Kosmetikbranche zur quasi-künstlerischen Tätigkeit verklärt.

Hätte ihr Manager sie nicht irgendwann zurück ins Hotel gefahren, sie hätte nicht gewusst, wie dieser Abend mit Sebastian von Stolberg ausgegangen wäre. Hatte sie in jener Nacht in Gedanken an ihn Hand an sich gelegt? Mit Sicherheit, so wie verschiedene Male in der Zwischenzeit. Fast hatte sie sich gewundert, nicht schon früher von ihm gehört zu haben. Aber dass es eines Tages so kommen würde, war unausgesprochen verabredet gewesen. Sie las den Text ein weiteres Mal, und sie konnte nicht bestreiten, dass er ihr gefiel. Es waren nicht nur die Anspielungen, es war auch die kunstvolle Art, wie der Brief komponiert war, wie sich aus aneinandergereihten Worten eine Kaskade von Bedeutungsebenen auftürmte.

Vielleicht war es die Französin in ihr, die darauf reagierte. Und er war Deutscher. Nun also ein Deutscher. Sie kannte nur die geistige Liebe zu deutschen Komponisten. Nun war sie neugierig, wie sich die reale Liebe zu einem deutschen Mann anfühlen würde. Am liebsten hätte sie zum Telefon gegriffen, in Köln angerufen (die Durchwahl war angegeben) und nur ein Wort gesagt: *Ja* oder besser: *Komm!*

Aber vorderhand ging es in dem Brief ja um die Sache mit dem Parfüm, wie sie sich nun erinnerte. Wollte sie das? Sie ging zurück zu dem Paket und wog die Flakons in der Hand. Der eine barg eine grüne, der andere eine purpurne und der dritte eine bläuliche Flüssigkeit. Sie fing mit Grün an und gab einen Spritzer auf die Innenseite des linken Handgelenks. Es roch nach Gras oder Moos, irgendwie grün eben. Aber es mochte sein, dass sie die Optik beeinflusst hatte. Sie probierte es mit Blau. Das schied aus: banal, süßlich, fast wie Kaugummi. Das mochte zu einem Teenager passen, aber nicht zu ihr. Purpur gab ihr zu denken. Es glich am ehesten den alten, schweren Parfüms, wie sie sie von ihrer Mutter kannte, und vielleicht gefiel es ihr aus diesem Grund am besten. Aber war es vorstellbar, dass Sebastian, wie sie ihn nun schon bei sich nannte, in diesem gravitätischen Bukett ihre Persönlichkeit eingefangen sehen wollte?

Wie war denn eigentlich ihre *Persönlichkeit*: kaltherzig und egozentrisch oder sensibel und leidenschaftlich, wie es der Brief verhieß? Indem sie sich für einen Duft entschied, würde sie diesem Deutschen auch ein Selbstbild offenbaren. Wollte sie als Naturkind, als Lolita oder als Diva gelten? Am ehesten war sie alles zusammen, so dass der Vorschlag mit dem Herumpanschen noch der beste war.

   Sie setzte sich an den Flügel. Sie hatte sich den großen Steinway erst vor zwei Monaten direkt beim Hersteller unter einer ganzen Anzahl von Instrumenten ausgesucht, war aber noch nicht warm mit ihm geworden. Dass er mit seinen fast drei Metern das ganze Wohnzimmer in Beschlag nahm, war nicht das Problem. Aber sie empfand den Anschlag als unflexibel, steril, fast wie bei einem der Instrumente asiatischer Produktion. Nun stellte sie sich vor, sie spiele für Sebastian, und das half. Sie spielte alles, was ihr in den Sinn kam: Bach-Partitas, Intermezzi von Brahms, und nach langer Zeit versuchte sie sich wieder im Improvisieren (was ihr zu ihrem Leidwesen nicht besonders lag). Zwischendurch verordnete sie einer Hand eine Pause und schnüffelte an den besprühten Stellen. Das grüne war es, oder doch Purpur? War sie sich überhaupt noch sicher, welchen Duft sie wohin gesprüht hatte?

   Plötzlich fand sie, dass sich ein neuer Geruch in die anderen mischte. Wahrscheinlich hatte ihre Nase vor der Reizüberflutung kapituliert. Da fiel ihr Blick auf die Blumen. Sie standen auf der Bauernkommode und waren ihr bisher entgangen. Sie sprang auf und lief hin. Davor lag ein Zettel in Zusannas ungelenker Handschrift: *Das kam, als ich habe geputzt.* Sie hatte die Blumen sofort erkannt: Gladiolen, wie immer. Dazwischen steckte ein Brief. Sie überlegte, ihn aufzumachen, aber dann riss sie ihn in tausend Fetzen. Jetzt hatte das Schwein sogar ihre Privatadresse.

12

Roderich Perlinger trug Bart und Frack, war von untersetzter Statur und reichte mit seinen Beinen kaum bis zu den Pedalen. Er war ein Gnom, ein Troll, ein Kobold, ein Wicht, eine Witzfigur, eine Karikatur des späten Brahms, und das war schwer, war doch Brahms selbst zum Objekt von Karikaturen geworden, wenn er sich mit Bart und Bauch in sein Stammlokal schob.

Sebastian machte sich einen Spaß daraus, immer neue Spottnamen für den Interpreten zu ersinnen – es war der einzige Spaß, den er in diesem Konzert hatte. Ansonsten saß er in der Villa Mathilda in einer der hinteren Reihen ganz rechts außen und versuchte, die Blicke seiner Nachbarin abzuwehren, die sich auf die Notizen in seinem Schreibblock richteten.

Ein besserer Klavierlehrer sei Perlinger, hatte Dr. Fabricius ihm mitgegeben, und das traf es. Sebastian überflog das Programmheft, von dem zwei Drittel der Biographie des Interpreten gewidmet waren. Perlinger ließ sich darin als Pianist feiern, der umjubelte Konzerte in aller Welt gegeben habe, namentlich in Salvador da Bahia/Brasilien, Guadalajara/Mexiko, Windhoek/Namibia.

Tatsächlich arbeitete sich Perlinger wacker durch Brahms' Walzer. Nur, dass *wacker* im Zusammenhang mit diesen Pretiosen nicht das wünschenswerte Attribut darstellte. Zwar hielt sich die Anzahl der Fehlgriffe in Grenzen. Aber die falschen Töne besaßen bei Sophie mehr Esprit als bei Perlinger die richtigen.

Sebastian dachte mit Wehmut daran, wie sie die Walzer bei einem Konzert (Kopenhagen?) aufgeführt und zum Erblühen gebracht hatte, vor allem den innigen fünfzehnten, der bei ihm Assoziationen an herbstliche Apfelbäume weckte. Damals war ihm das Bild erschienen, Sophie pflücke einen der Äpfel und halte ihn ihm mit einer einladenden Geste hin. Die Symbolik war zwar etwas platt, aber das hatte ihn kaum gestört.

Perlinger dagegen ging mit dem Feingefühl eines Holzhackers zu Werke. Es rumpelte und pumpelte, polterte und holperte, dass es Sebastian in den Ohren schmerzte. *Holzhakker bei der Arbeit*, kritzelte er möglichst unleserlich in seinen Block. Wäre das eine gute Überschrift? Vielleicht besser: *Vorsicht Holzfäller*. Noch besser: *Liebling, ich habe Brahms geschreddert*. Oder doch *Brahms en miniature*?

Sebastian musste über seine Ideen schmunzeln. Aber dann fiel ihm ein, dass er nichts Abfälliges schreiben sollte. *Kraftvoll* – ja, das könnte gehen, ein Wort war gefunden. Sebastian ergänzte: *männlich, markant, energisch, dynamisch, herzhaft, urwüchsig, kernig, virtuos, rustikal*. Rustikal? Nein, das war wieder zu abwertend. Er besaß zu Hause ein Synonymwörterbuch. Vielleicht würde es ihm weitere Umschreibungen liefern.

Atmosphäre, er solle die *Atmosphäre* einfangen, das Drumherum, hatte Dr. Fabricius empfohlen. Sebastian ließ den Blick über den Zuschauersaal schweifen, aber da war keine Atmosphäre, höchstens Dunst aus Haarspray, Rheumasalbe und Mottenkugeln.

Es mochten um die fünfzig Personen anwesend sein, zumeist mittelalterliche Herrschaften in Beige, klassisches Bildungsbürgertum. Sie lauschten andächtig und regungslos. Er könnte eine Betrachtung darüber anstellen, wie sich Ehepaare mit der Zeit einander anverwandelten, ähnlichen Geschmack an den Tag legten und die gleiche Körpersprache pflegten, wie Bruder und Schwester wirkten, in Vertrautheit und Biedersinn vereint. Aber auch das würde ihm sicher übelgenommen.

Da! Auf dem Gesicht einer Frau entdeckte er ein Lächeln. Er würde es zum verzückten Lächeln erheben und daraus die Grundstimmung des Abends ableiten. Das war nicht ganz seriös, aber den Presserat würde keiner einschalten deswegen.

Sechzig Zeilen. Sebastian hatte keine Ahnung, wie viel das praktisch war. Aber es würde hart werden, sie zu füllen. Seine letzte Hoffnung galt der Recherche, die ihm Fabricius aufgegeben hatte. Wie er die Brahmsfreunde einschätzte, würde er nicht gerade einem Skandal auf die Spur kommen. Aber etwas Platz ließe sich mit den Erkenntnissen hoffentlich schinden, und das war die Hauptsache.

Perlinger hatte geschlossen. Applaus prasselte ihm entgegen, und er verbeugte sich mit aller Würde, zu der sein kompakter Körper fähig war. Musste er mitklatschen, fragte sich Sebastian, oder verbot sich das in seiner Rolle sowieso? Während er noch überlegte, bemerkte er, wie sich seine Nachbarin zu ihm herüberbeugte. »Hat es Ihnen nicht gefallen?«

»Ich bin Kritiker des *Allgemeinen Tagblatts*«, gab Sebastian zurück. »Ich fälle mein Urteil schriftlich.« Die Frau zog die Augenbrauen in die Höhe und ließ von ihm ab.

Nun war Pause, und das Publikum drängte zum Sektstand. In der Menschentraube entdeckte Sebastian die Frau, von der er Pressekarte und Programm erhalten hatte. Sie trug eine ergraute Kurzhaarfrisur und erinnerte ihn an seine alte Deutschlehrerin. Er trat auf sie zu und bat um ein Gespräch.

»Eigentlich ist unser Vorsitzender, Herr Perlinger, für Presseauskünfte zuständig«, antwortete sie unsicher. »Ich bin nur die Kassenwartin.«

»Aber er ist jetzt nicht greifbar, und nach dem Konzert muss ich weg, um den Artikel zu schreiben.«

»Na, dann legen Sie mal los, junger Mann. Aber ich weiß nicht, ob ich zu allem etwas sagen kann.«

Sebastian musste eine Strategie entwickeln, wie er die Frau zum Reden bringen konnte, ohne dass sie sich ausgefragt fühlte. Er beschloss, sich unverfänglich anzupirschen: »Der Interpret der heutigen Matinee ist zugleich ihr Vorsitzender?«

»Ja, unser Vorsitzender und künstlerischer Leiter.«

Sebastian nickte und schrieb etwas in seinen Block.

»Warum hat sich Ihr Verein eigentlich nach Brahms benannt?«

»Brahms hat auf der Durchreise zweieinhalb Takte seiner dritten Sinfonie in unserer Stadt komponiert – wussten Sie das nicht?«

»Nein, ich stamme nicht von hier«, sagte Sebastian und machte sich wieder eine Notiz. »Ich hatte vermutet, es wäre wegen der Ähnlichkeit zwischen Brahms und Ihrem Vorsitzenden.« Er lachte auf. »Wenn man vom zeitlichen Abstand absieht, könnten die beiden Brüder sein.«

»Ja, nicht wahr?«, sagte die Dame mit beschwörendem Blick und fasste Sebastian an den Arm. »Mir ist es manchmal fast unheimlich.«

»Dann ist es also Unsinn, was böse Zungen behaupten?«

»Wieso? Was sagt man denn?«, fragte die Frau alarmiert.

Sebastian tat, als müsse er sich winden, um mit der Wahrheit herauszukommen. »Es heißt, Herr Perlinger halte sich die Brahmsfreunde, um ein Forum zur Selbstdarstellung zu haben. Er spielt oft bei Ihnen.«

»Aber doch aus blanker Not.«

Sebastian hatte ins Schwarze getroffen. Der Angriff auf den großen Vorsitzenden ließ die Frau alle Vorsicht vergessen, und die Informationen sprudelten nur so aus ihr heraus. Den Brahmsfreunden war es demnach vor zwei Jahren gelungen, die örtliche Sparkasse als Sponsor zu gewinnen. Dank der Förderung konnten namhafte Künstler verpflichtet werden, und der Ruf des Vereins begann über den Kreis seiner Mitglieder hinaus auszustrahlen.

Alles war gut, Pläne wurden geschmiedet, doch dann die Nachricht: Die Bank hatte sich über die Maßen in Griechenland engagiert und musste alle Ausgaben auf den Prüfstand stellen.

»Immer die Griechen«, sagte Sebastian, um Solidarität zu bekunden.

Schließlich seien alle Sponsoringmaßnahmen gestrichen worden, und die Brahmsfreunde hätten etlichen Künstlern absagen müssen. Um die Konzerte nicht ausfallen zu lassen, sei der Vorsitzende eingesprungen. »Wie Sie sehen, ist an den Vorwürfen nichts dran«, betonte die Kassenwartin. »Herr Perlinger opfert sich auf, um unserem Verein zu helfen.«

»Die Selbstlosigkeit in Person«, pflichtete Sebastian bei.

»Es kommt noch schlimmer. Wir hatten gehofft, wenigstens das große Jubiläumskonzert im Herbst retten zu können. Die Brahmsfreunde werden zehn. Wir hatten einen

Stargast verpflichtet. Zugleich machte uns eine Sektkellerei Hoffnung, in die Finanzierungslücke zu springen. Doch dann kam die Krise mit Russland. Das Unternehmen hatte unverhältnismäßig viele Kunden dort und verzeichnete einen Umsatzeinbruch. Vorgestern haben wir die Absage bekommen. Es ist zum Heulen.«

»Immer die Russen«, sagte Sebastian.

Obwohl sich der Bericht seiner Gesprächspartnerin dramatisch zuspitzte, hatte er zuletzt nur mit halbem Ohr zugehört. Ihn erfüllte Befriedigung, wie souverän er das erste Interview seines Lebens absolvierte. Instinktiv hatte er die richtigen Fragen gestellt, ohne zu wissen, dass es so etwas wie Fragetechnik überhaupt gab. Vielleicht war er ein Naturtalent, geschaffen für den Journalismus. Schade nur, dass diese Begabung angesichts des Niedergangs, den die Presse durchmachte, wertlos war.

»Und?«, fragte Sebastian.

»Was *und*?«

»Wer wäre es gewesen, der Stargast, meine ich?«

Die Frau presste die Lippen zusammen. »Nein, das *kann* ich nicht sagen.«

»Ach, kommen Sie ...«

»Aber Sie dürfen es wirklich nicht schreiben. Es war ...« – sie drehte sich um, ob auch kein Dritter zuhörte – »Sophie Bonnard.«

Die Worte trafen Sebastian wie ein Blitz und genügten, seine Souveränität in sich zusammenfallen zu lassen. »SOPHIE BONNARD?«

»Ja, nicht wahr? Ein echter Weltstar und so ein bezauberndes Geschöpf. Wir hatten den großen Kurhaussaal gebucht und hätten ihn voll bekommen, das können Sie mir glauben.«

»Aber ...« Sebastian versuchte, seine Fassung wiederzugewinnen. »Ist die Bonnard nicht unbezahlbar?«

»Sie liebt familiäre Konzerte von privaten Veranstaltern, und wir haben einen Vorzugspreis bekommen: fünfzehntausend Euro. Inzwischen hat sie das Management gewechselt und kostet gut und gern das Doppelte, wie man hört. Nun droht uns eine Vertragsstrafe, wenn wir nicht überhaupt die volle Summe zahlen müssen. Das wird das Ende der Brahmsfreunde bedeuten.«

Bei den letzten Worten der Kassenwartin war das Ende der Pause eingeläutet worden. Sebastian bedankte sich abwesend. Als sie ihm nochmals das Versprechen abforderte, die Schwierigkeiten des Vereins nicht aufzubauschen, nickte er und murmelte: »Ich schreibe ohnehin nur Blödsinn.« Aber es ging im allgemeinen Aufbruch unter.

Nach der Pause standen Brahms' virtuose Paganini-Variationen auf dem Programm, bei denen Roderich Perlinger sicher zur Höchstform auflaufen würde. Aber Sebastian war in Gedanken und bekam nichts mit. Er war hin- und hergerissen, was die Neuigkeit für ihn bedeutete.

Sophie hätte also beinahe vor seiner Haustür gastiert. Na und? Welchen Vorteil hätte er daraus gezogen? Er hätte ihr vor dem Saal und im Hotel auflauern, auf zufällige Begegnungen in der Fußgängerzone hoffen, sich in die Proben schmuggeln können. Aber all das konnte er bei auswärtigen Konzerten fast ebenso gut und hatte es nie getan.

Vielleicht hätte er seine Ortskenntnis nutzen und ihr eine Stadtführung antragen können. Absurd. Trotzdem hatte Sebastian das Gefühl, Sophie so nahe gekommen zu sein wie nie, und dass er eine große Chance verpasst hatte.

In seiner Stimmung empfand er erstmals Trost bei dem Gedanken, einen Verbündeten zu haben. Er würde am Abend bei Otto Falter anrufen, um ihn über die neue Entwicklung zu informieren. Die Weisheit und Lebenserfahrung seines Mentors würden ihm bei der Trauerbewältigung helfen.

Sebastian hatte sich nicht getäuscht. Sechzig Zeilen waren bestimmt wenig, wenn man etwas zu sagen hatte. Wenn man nichts zu sagen hatte, ja peinlich bemüht sein musste, nicht das Falsche zu sagen, wurden sechzig Zeilen zu einem Vakuum entmutigenden Ausmaßes. Bis 16.00 Uhr müsse er fertig sein, hatte ihm Fabricius eingeschärft. Die Zeit verrann, und Sebastian hatte gerade ein paar Zeilen über die Werke zustande gebracht.

Er erhob sich von seinem Arbeitsplatz, irrte durch sein Zimmer, trat ans Fenster, machte sich einen Tee, stattete dem Bad unnötige Besuche ab, rang seine Hände, raufte seine Haare, schwitzte und fror im Wechsel. Wie beneidete er diejenigen, die in solchen Situationen zu Alkohol und Zigaretten Zuflucht nehmen konnten.

Um 15.30 Uhr hatte er ein Drittel der Zeilen gefüllt und neben den Werken gerade einmal die Brahmsfreunde und ihren Kampf für das Kulturleben der Stadt gewürdigt. Er würde in der Redaktion anrufen und absagen müssen. Das wäre bestimmt nicht schlimm, schließlich hatte Fabricius den Termin erst gar nicht besetzen wollen.

Aber dann packte es ihn doch an der Ehre. Wie würde er dastehen? Sebastian versetzte sich zwei kräftige Ohrfeigen und machte weiter. Er schwadronierte über Roderich Perlingers frappierende Ähnlichkeit mit Brahms, die den Zuschauer fast an dessen Wiedergeburt glauben lasse, schwärmte von uneitler Virtuosität, die sich in den Dienst der Werke stelle, schilderte die Dankbarkeit der Perlinger-Jünger für ein ergreifendes Konzert *in schwierigen Zeiten*.

Ja, mehr als schwierige Zeiten waren vom bevorstehenden Untergang der Brahmsfreunde am Ende nicht übriggeblieben, aber Sebastian fand die Lösung elegant.

56 Zeilen. Er war fast am Ziel, streute noch ein paar Füllwörter ein – hier ein *durchaus*, dort ein *nachgerade* – und hatte endlich das vorgegebene Limit erreicht. 15.58 Uhr. Noch schnell eine Überschrift. Seine Ideen von vorhin waren ihm entfallen. In seiner Verzweiflung setzte er *Morgenstund hat Gold im Mund* über den Text und drückte um 16.01 Uhr auf den Sendebutton.

Drei Stunden später traute sich Sebastian, im Webauftritt des *Allgemeinen Tagblatts* nachzuschauen, ob sein Artikel publiziert worden war. Tatsächlich, da stand er, nicht an prominenter Stelle, aber ordnungsgemäß einsortiert unter dem Reiter des Feuilleton-Ressorts.

Sie hatten kein Komma verändert, nicht einmal die Überschrift. Selbst ein Schreibfehler, der Sebastian nun auffiel, war erhalten: Am Ende des Textes, im Überschwang seiner Lobeshymne, hatte er statt *Perlinger* einmal *Sophie* geschrieben. Hektisch griff er zum Telefon, um in der Redaktion anzurufen. Unter Fabricius' Nummer nahm keiner ab, aber schließlich erwischte er einen diensthabenden Redakteur, der den Lapsus beseitigte.

13

Mehmet wollte die Augen öffnen, aber so sehr er sich bemühte, es gelang nicht. Etwas lastete wie Blei auf seinen Lidern. Sein ganzer Kopf fühlte sich an wie ein Atomreaktor nach der Kernschmelze. Mit ihm musste etwas passiert sein. War er K.o. gegangen, hatte ihm jemand einen Baseballschläger übergezogen? Aber er spürte keinen einzelnen bestimmbaren Schmerz, vielmehr schien auch mit seinem restlichen Körper etwas nicht zu stimmen. Er ahnte ihn nur als fremde, träge Masse.

Vielleicht hatte er einen Verkehrsunfall gehabt. Er versuchte, sich zu bewegen: das rechte Bein, den linken Arm. Irgendetwas rührte sich, aber er konnte nicht sagen, was. Er musste diese verdammten Augen aufbekommen, um seine Lage zu überblicken. Mehmet nahm all seine Kraft zusammen, um in einer Eruption die unheimlichen Ketten zu sprengen, die ihn hemmten. Er machte »Uaaah« – und wenigstens die Augen sprangen auf dabei.

Wo war er? Nicht in der Gosse, wie er befürchtet hatte. Er lag weich, anscheinend auf einem Sofa. Über sich konnte er den Schemen eines Mannes erkennen. Der Schläger? Halil?

»Mehmet? MEHMET! Hallo, Herr Özgürk, können Sie mich hören?«, vernahm er eine Stimme. Nein, das war nicht Halil, der hätte ihn geduzt. Das helle, etwas zittrige Organ erinnerte an seinen Chef, Herrn Falter.

»Uaaah?«, machte Mehmet nochmals.

»Mehmet, wie geht es Ihnen?«

»Guaaat«, dröhnte es aus ihm. Wenn der Mann wirklich

sein Chef war, wollte er ihm keine unnötigen Sorgen bereiten.

»Das macht mir aber nicht den Eindruck«, sagte die Stimme. »Wissen Sie was: Ich bringe Ihnen einen Kaffee. Das wird Ihre Lebensgeister wecken.«

Mehmet grunzte zustimmend. Er war nun doch nicht mehr sicher, dass der Mann Herr Falter war. Es war doch an ihm, Mehmet, seinen Chef zu bedienen und nicht umgekehrt. Dass dieser imstande sein sollte, Kaffee zu kochen, wäre überdies neu.

Nach ein paar Minuten kam der Mann lächelnd mit einem Tablett zurück. Darauf standen eine Kaffeegarnitur samt Milchkännchen und Zuckerdose – alles vom feinen Blümchenservice – und ein Tellerchen mit Gebäck. Es bestand kein Zweifel mehr: Mehmet lag auf dem Sofa in Otto Falters Villa und wurde bemuttert.

»Nun geht es Ihnen schon besser«, sagte Falter, nachdem Mehmet zwei Tassen getrunken und sich erholt hatte. »Wissen Sie, was passiert ist?«

»Null Idee.«

»Sie können sich an nichts erinnern?«

»Null.«

»Sehr gut!«, befand Falter. »Ich meine: Gut, dann will ich es Ihnen sagen. Ich hatte Sie auf ein Gläschen Champagner eingeladen, weil es nun ein Jahr her ist, dass Sie in meine Dienste getreten sind. Sie haben daran genippt und, plumps!, sind Sie umgefallen.«

Ein unscharfes Bild zog vor Mehmets Augen auf, aber er konnte es nicht festhalten. Er versuchte nachzurechnen: Er musste vor bald zwei Jahren bei Falter angefangen haben. Für eine Jubiläumsfeier bestand kein Anlass.

»Ich habe es darauf geschoben, dass Sie als Mohammedaner vermutlich nicht an Alkohol gewöhnt sind«, sprach sein Chef weiter. »Muss ich mir Vorwürfe machen, Sie in Versuchung geführt zu haben?«

»Ich trinke schon mal ein Bier«, beruhigte ihn Mehmet.

»Dann ist es vielleicht etwas anderes: In Champagner sind Lipide enthalten. Es gibt Menschen, die darauf mit einem allergischen Schock reagieren. Ist dergleichen aus Ihrer Verwandtschaft bekannt?«

Mehmet dachte nach. Er mochte zwar keine Auberginen, aber Allergien waren in seiner Familie eigentlich kein Thema. Im Gegenteil: Sein Vater machte sich immer über Deutsche lustig, die beim leisesten Anflug von Frühling zu niesen begannen oder im Supermarkt laktosefreie Milch kauften. Er pflegte, dagegen seine anatolische Pferdenatur ins Feld zu führen. Wer mit Tieren aufgewachsen sei, könne über Zivilisationskrankheiten nur lachen. Ob das auch für Champagner galt, konnte Mehmet nicht sagen.

»Na gut«, sagte Falter, »dann schlage ich vor, wir lassen den Fall auf sich beruhen und vergessen Ihre kleine Unpässlichkeit. Ruhen Sie sich noch ein bisschen aus, ich habe zu tun.«

Mehmet wollte aufstehen, um unverminderte Einsatzfähigkeit zu demonstrieren, aber sogleich erfasste ihn Schwindel und warf ihn zurück in die Horizontale. Falter deutete mit ausgestrecktem Zeigefinger auf das Sofa. »Ausruhen, habe ich gesagt. Das ist eine dienstliche Anweisung.« Dann verschwand er in seinem Arbeitszimmer.

Mehmet sah sich zur Untätigkeit verurteilt. Nicht, dass er besonders emsig gewesen wäre. Er lag auch zu Hause gern auf dem Sofa, aber dann hatte er zumindest ein Computerspiel zur Hand. Jetzt blieb ihm nichts anderes übrig als nachzudenken, und da ihm zu dem Vorkommnis noch immer nichts einfiel, bedachte er, wie gut er es mit seiner Arbeitsstelle und seinem Chef getroffen hatte.

Otto Falter kennenzulernen, war wie ein Sechser im Lotto für ihn gewesen. Vorher war alles schiefgelaufen in seinem Leben. Was sollte ein junger Mann auch anstellen, wenn er einen Namen wie seinen trug, ohne Schulabschluss dastand und weder als Fußballer noch als Krimineller über das geringste Talent verfügte?

Eine Lehrstelle als Kfz-Mechatroniker war ihm versagt geblieben, obwohl er sich darum bemüht hatte wie um nichts in seinem Leben. Also hatte er im Autohandel eines Cousins angefangen, Schrottkarren aufgepeppelt. Das war okay gewesen. Aber dann war der gesamte Autobestand nachts im Feuer aufgegangen, und der Cousin hatte sich umorientiert. Im Anschluss hatte er sich als Drogendealer versucht, aber das war noch gründlicher in die Hose gegangen, obwohl er sich eigens einen akkurat ausrasierten Kampfbart zugelegt hatte.

Was hatte ihn Halil verdroschen, als er herausfand, dass Mehmet den Stoff verschenkte oder jedenfalls weit unter Preis verkaufte, wenn ein Junkie sein Mitleid erregte. Vielleicht hätte er ihn totgeschlagen, wäre ihm nicht langweilig geworden dabei. Mehmet machte keinerlei Anstalten, sich zu wehren. Er konnte nichts schlagen, was ein Gesicht hatte, nicht mal das fiese Halils. Er war zu gutmütig.

Mehmet schuldete Halil aus dieser Zeit noch einige tausend Euro. Immerhin war sein Gläubiger so anständig gewesen, einer Ratenzahlung zuzustimmen. Vor allem hatte er ihm seinen mattschwarz folierten 1998er BMW 520i in

M-Optik gelassen, vielleicht weil er ihn zum unpfändbaren Existenzminimum rechnete.

So gesehen musste er Halil sogar danken, dass er auf Otto Falter gestoßen war, denn ohne Auto hätte er nicht zu der Tankstelle fahren können, an der sie einander begegnet waren: hier Mehmet mit seinem BMW an der V-Power-Zapfsäule, dort Falter mit seinem klassischen Zwölfzylinder-Jaguar. Ein Treffen auf Augenhöhe aus Mehmets Sicht, weshalb er sich getraut hatte, dem alten Herrn ein *Geile Karre!* zuzurufen.

Sie waren ins Gespräch gekommen, und ehe er sich's versah, hatte er den Auftrag bekommen, einen Baumstumpf in Falters Garten abzufräsen. Er hatte sich ungeschickt angestellt dabei, dennoch war er mit der Zeit zum Gärtner, zum Chauffeur und schließlich zum Mädchen für alles aufgestiegen. *Mädchen für alles* – das hatte Falter mit einem Augenzwinkern gesagt, aber Mehmet war dennoch ein bisschen beleidigt gewesen. Sie hatten sich dann auf *Bursche* geeinigt.

Gegenüber seinen Freunden pflegte Mehmet sich als Otto Falters persönlichen Assistenten auszugeben. Tatsächlich musste Mehmet, seit die Haushälterin in Rente gegangen war, auch mädchenhafte Tätigkeiten verrichten, namentlich putzen. Aber er murrte nicht deswegen. Er war eben Otto Falters Ausputzer, im umfassenden Sinne.

Er verehrte seinen Chef, mochte dieser auch etwas schrullig wirken. Er, Mehmet, war erzogen worden, Achtung vor dem Alter zu haben. Außerdem zogen ihn die Vornehmheit Falters und die Atmosphäre in der Fabrikantenvilla merkwürdig an. Das war etwas anderes als das Möbelhaus-Ensemble bei seinen Eltern, auf das diese so stolz waren, dass seine Mutter jedem Ascherest oder Biertropfen, den er verkleckerte, hinterherputzte. Inzwischen hielt sich Mehmet sogar öfter als der Hausherr in dem riesigen Wohnzimmer der Villa auf, studierte die Bilder, strich über die Möbel und das seidige Federkleid des Fasans. Dass sein Chef diesen Raum mied, konnte er nicht verstehen.

Mehmet erledigte alle Pflichten, ohne Fragen zu stellen, auch wenn sie noch so fragwürdig waren. Da war zum Beispiel die Sache mit der Künstlerin. Er hatte immer noch nicht herausgefunden, ob sein Chef sie eigentlich kannte oder nicht. Er besuchte ihre Konzerte – Mehmet musste ihn regelmäßig zur Bahn, zum Flughafen oder gleich bis vor die Tür des Konzertsaals kutschieren – und ließ ihr Blumen schicken. Aber die Kommunikation schien nur in eine Richtung zu laufen. Von einer Reaktion oder einer Zusammenkunft hatte er nichts mitbekommen.

Überhaupt die Blumen: Sie hatten sich mit der Zeit zu Mehmets zentraler Aufgabe entwickelt. Es gab Wochen, in denen er fast täglich einen Blumenladen ansteuerte, um Falters Auftrag auszuführen: immer Gladiolen, immer Barzahlung, immer der Briefumschlag, der als Beigabe zu den Blumen zu überreichen war, immer anonym. Was seine Mission erschwerte, war Falters Forderung, dass er stets wechselnde Läden aufzusuchen habe, nie denselben Laden zweimal.

Bis an die Ostsee hatte ihn diese Auflage geführt, wobei auch die Aussicht, den Jaguar ausfahren zu können, eine Rolle spielte – und der Umstand, dass er über ein miserables Orientierungsvermögen verfügte und der Jaguar über kein Navigationssystem.

Natürlich hatte er auch einmal in einen dieser Umschläge geschaut. Er verstand nichts von Gedichten, aber dass dieses hier kunstvoll verfasst und etwas delikaten Inhalts war, erschloss sich auch ihm als Laien. Mehmet hatte es schnell auswendig gelernt. Er wunderte sich, wie leicht es ihm fiel – in der Schule war er in Deutsch eine Niete gewesen –, und gedachte, es bei passender Gelegenheit für eigene Interessen zweitzuverwerten. Sollte Falter doch dieser Sophie Bonnard nachstellen, dachte Mehmet. Ein Mann blieb schließlich ein Mann, auch im Alter.

Er versuchte aufzustehen. Er musste noch die tote Katze begraben, die sie gestern hinter den Rhododendren gefunden hatten. Nur gut, dass sich der Fuchs wieder berappelt hatte. Wie besoffen war das Tier durch den Garten getorkelt, so dass er schon an Tollwut gedacht hatte. Aber sein Chef hatte das ausgeschlossen. Ihre Gegend sei kein Tollwutgebiet, hatte er erklärt und den Eindruck gemacht, für das Phänomen eine andere wissenschaftliche Erklärung zu haben. Falter war ein gebildeter Mann.

Der Fuchs – ein schönes, leuchtend rotes Tier – war dann auch wieder abgezogen, und Mehmet war beruhigt gewesen. Tollwut? Ein Schreck durchfuhr seine Glieder. Sollte seine Ohnmacht auf Tollwut zurückzufuhren sein? Aber dann entspannte er sich wieder. Tollwut wurde, so viel hatte er im Biologieunterricht gelernt, nicht durch Blickkontakt übertragen, und es ging ihm ja auch schon wieder besser.

Mehmet wollte in den Garten gehen, aber etwas ließ ihn zögern. Seine Gedanken hatten ihn in eine weiche Stimmung versetzt. Er verspürte das Verlangen, seinem Gönner zu danken, nach jener Sitte, wie sie in der Heimat seiner Väter gegenüber den Familienältesten gepflegt wurde. Er würde vor seinem Chef auf die Knie fallen und ihm die rechte Hand küssen. Ja, das war eine gute Idee.

Er lief zum Arbeitszimmer, wollte anklopfen, aber dann verließ ihn der Mut wieder. Falter schien in diesem Raum neuerdings privaten Forschungen nachzugehen. Mehmet hatte ihm dafür Bunsenbrenner, Erlenmeyerkolben, Pipette und Reagenzgläser besorgen sollen. Nachdem sich nichts davon im Baumarkt gefunden hatte, war er zum Toys"R"Us ausgewichen und mit dem Experimentierkasten *Mein erstes Chemielabor* nach Hause gekommen.

Falter hatte zwar die Stirn gerunzelt, dann aber gebrummt, es werde schon gehen, und war mit dem Kasten ins Arbeitszimmer gegangen. »Ich will nicht gestört werden«, hatte er ihm noch zugerufen. Bestimmt saß er wieder über seinen Experimenten und wäre verärgert, unterbrochen zu werden, und sei es für eine noch so noble Geste.

Mehmet ließ die Schultern hängen. Er wollte es nicht riskieren, seinen Chef ein zweites Mal an diesem Tag gegen sich aufzubringen. Die Sache mit seiner Ohnmacht war schon peinlich genug, auch wenn ihr Falter mit größtem Verständnis begegnet war.

Mehmet wollte sich gerade von der Tür abwenden, als er im Arbeitszimmer das Telefon läuten hörte. Falter meldete sich mit seinem Namen, und obwohl es Mehmet fern lag, seinen Chef zu hintergehen, konnte er nicht anders als zu lauschen. Er musste dafür nicht einmal das Ohr an die Tür legen, denn der Alte pflegte bei Telefonaten sehr laut zu sprechen, vielleicht weil er schwerhörig wurde, vielleicht weil er das Telefonieren in Zeiten erlernt hatte, als die Leitungen schlechter waren.

»Guten Abend, mein lieber Sebastian«, hörte Mehmet von drinnen. »Das ist recht, dass Sie sich melden. Berichten Sie: Wie ist Ihre Premiere als Konzertkritiker gelaufen? Aha …

naja ... Ihr Artikel dient einem höheren Zweck ... nein, lesen werde ich ihn leider nicht können, ich habe kein Internet. Ich muss meinen Assistenten einmal beauftragen, mir welches zu besorgen.«

Mehmet zuckte zusammen. Wen meinte sein Chef, wenn er von seinem *Assistenten* sprach?

»Ja, Sebastian, ich bin ganz Ohr«, setzte Falter das Telefonat fort. »Was war noch? Soso ... ja, die Griechen ... und die Russen ... nein, sagen Sie bloß! ... wieviel? Fünfzehntausend Euro? Das sind tatsächlich Neuigkeiten ... Ich gebe Ihnen Recht, dass sich das vorderhand nach einer verpassten Gelegenheit anhört. Das hätte in der Tat manches erleichtert ... nein, das würde ich nicht sagen ... auf keinen Fall werfen wir die Flinte ins Korn! Werter Sebastian, würden Sie mich bitte ausreden lassen ... Danke! ... Ich habe das Gefühl, dass wir uns dieses Dilemma der Brahmsfreunde zu Nutze machen können. Ich muss noch ein wenig darüber nachdenken. Geben Sie mir eine Stunde ... Fein! Ich melde mich. Auf Wiederhören.«

Mehmet sprang von seinem Posten zurück in den Flur. Aber sein Chef kam nicht heraus, stattdessen erklangen von drinnen wohlvertraute Klänge: eine der CDs dieser Künstlerin, die Falter immer wieder auflegte. Mehmet hätte schon mitpfeifen können. Von dem Gespräch hatte er nichts verstanden. Es musste um eine geschäftliche Transaktion gegangen sein. Vielleicht spekulierte sein Chef an der Börse.

Nur die Sache mit dem Assistenten gab ihm zu denken. Beschäftigte Herr Falter neben ihm einen zweiten, *echten* Assistenten? Mehmet überschlug seine Arbeit der letzten Monate und die Ereignisse des Nachmittags. Nein, es gab keinen Grund zu der Annahme, dass er in Ungnade gefallen war. Im Gegenteil: Er war wohl befördert worden, hinter seinem Rücken und ohne Gehaltserhöhung, aber in einer Währung, die für ihn mindestens genausoviel zählte: Respekt.

Einen Moment überlegte Mehmet, doch noch zu klopfen und seine Dankesgeste an den Mann zu bringen. Aber diese Chance war für heute vertan. Wenn sein Chef Musik hörte, wollte er erst recht nicht gestört werden. Also ging Mehmet in den Garten, schnappte sich einen Spaten und begrub die Katze.

Komisch: Bis auf den Umstand, dass sie tot war, sah sie sehr gesund aus.

14

Laura stand in einer Schlange vor dem Sekretariat ihres Fachbereichs. Nacheinander kamen ihr Kommilitonen entgegen, die ihre Klausur im Zivilrecht zurückerhalten hatten – manche mit freudigem, einige mit betroffenem Gesichtsausdruck. Die Arbeit schien durchwachsen ausgefallen zu sein.

Auch Laura hatte ein mulmiges Gefühl. Der zu behandelnde Fall war ihr erst sympathisch erschienen, weil er in einem kultivierteren Milieu spielte als üblich. Aber dieser Eindruck hatte sich schnell verflüchtigt.

Mit Moral war hier, wie meist, nicht viel zu machen. Es galt, Interessen und menschliche Bedürfnisse gegeneinander abzuwägen, die zwar, für sich genommen, berechtigt waren, aber leider in der Summe unvereinbar. Anders ausgedrückt: Es handelte sich um eine typisch juristische Knobelaufgabe.

Ein Konzertveranstalter hat die gefeierte italienische Opernsängerin Aurora Soprano (S) für eine Tournee durch Deutschland engagiert. Geplant sind sechs Konzerte in verschiedenen Städten. Alle Karten sind restlos ausverkauft. Kurz vor der Anreise muss die S mitansehen, wie ihre Katze von einem streunenden Fuchs attackiert, trotz verzweifelter Gegenwehr getötet und anschließend bis auf unbrauchbare Reste verspeist wird. Sie erleidet einen Nervenzusammenbruch und sagt die Tournee ab. Die S ist allgemein als Katzenliebhaberin bekannt, hat Bücher über die noblen Charaktereigenschaften von Katzen verfasst und in Interviews erklärt, dass ihr Katzen lieber seien als Männer. Sie beherbergt in ihrem Anwesen über zwanzig der Tiere. Ausgerechnet die getötete Katze mit Namen Aida sei aber ihr erklärter Liebling gewesen. Der Konzertveranstalter verlangt trotz allem das Auftreten der S, hilfsweise Schadenersatz für die Absage der Konzerte. Prüfen Sie die Ansprüche (außer gegen den Fuchs)!

Während die Prüflinge den Sachverhalt gelesen hatten, war aus den Reihen vereinzelt Kichern aufgestiegen. Laura hatte es mit Missfallen registriert, nicht nur wegen ihrer Anspannung. Sie hasste den humorigen Ton, in dem juristische Aufgaben gern verfasst waren. Als ob das Leben ein Witz und die Rechtsfindung ein Spiel sei. Zynisch war das. Als Jurist schien man nur zwei Möglichkeiten zu haben: zu vertrocknen oder zum Zyniker zu werden.

Laura hatte die Ansprüche des Konzertveranstalters durchgeprüft: den Anspruch auf Auftreten der S gemäß Paragraph 631 BGB und den Anspruch auf Schadenersatz statt der Leistung nach den Paragraphen 280 und 283 BGB. Sie war zu dem Ergebnis gekommen, dass diese Ansprüche bestanden.

Letztlich war alles auf die Frage hinausgelaufen, ob der S ein Auftritt zuzumuten war. Laura hatte das bejaht. Wäre die Katze ein Mensch, etwa Ehemann oder Kind, würde man sicher zu einem anderen Urteil gelangen, hatte sie geschrieben. Tieren komme nicht das gleiche rechtliche Gewicht zu, sie seien weitgehend den Sachen gleichgestellt.

Dass die S eine andere Wertung vornehme und Katzen höher schätze als Menschen (oder zumindest Teile davon), entspringe ihrer Privatmoral und sei rechtlich nicht zu beachten. Andernfalls könne ja jede fixe Idee oder Wahnvorstellung zum Untergang des Leistungsanspruchs durch Unzumutbarkeit führen.

Diese Position hatte sie vertreten, recht entschieden sogar, und doch geahnt, dass sie genausogut umgekehrt hätte argumentieren können. Die ganze Klausur über hatte ihr das Bild einer von Katzen umschwänzelten Diva vor Augen gestanden, und wahrscheinlich war es Abscheu gewesen, die sie zu ihrem Urteil veranlasst hatte. Zu Hause hatten sie dann Bedenken überkommen, ob sie dem Nervenzusammenbruch als objektivem Gesichtspunkt genügend Beachtung geschenkt und nicht überhaupt viel zu viel geschwafelt hatte. Zu spät.

Laura erreichte den Tresen und bekam ihre Klausur ausgehändigt. Sie nahm sie entgegen und trat einen Schritt beiseite, um das Ergebnis zu begutachten. Sie las: *Alle Ansprüche sauber durchgeprüft, Argumentation schlüssig, Ergebnis vertretbar – 13 Punkte*. Sie verkniff es sich zu lächeln, denn sie wollte keinen der Umstehenden brüskieren, der es vielleicht weniger gut getroffen hatte. Sie entdeckte einen mit Bleistift geschriebenen Zusatz am Fuß der Seite: *Sie können ja so herzlos sein*, gefolgt von einem Smiley.

Nun wusste sie, wer die Arbeit korrigiert hatte: der Assistent von Professor Klümper, den sie im Anfängerseminar kennengelernt hatte und der es seitdem nicht an Signalen der Zuneigung fehlen ließ. Wenn das der Grund für die gute Benotung war, konnte sie sich darüber nicht freuen. Sie wollte nichts geschenkt haben und niemandem etwas schulden, auch nicht diesem Typen, der zwar nett war, aber nicht *ihr* Typ. Aber davon abgesehen und weit darüber hinaus war Laura niedergeschlagen, Sebastians wegen. Es war weniger der Schmerz, den ihr Kates Neuigkeit zugefügt hatte, der Absturz nach dem Höhenflug. Vielmehr konnte Laura seit jenem Abend nicht mehr unbefangen mit Sebastian umgehen, und das belastete sie mehr als alles andere.

Klar, sie sprachen miteinander, sogar mehr als früher, denn sie waren ja jetzt in gewisser Weise miteinander befreundet. Es war auch nicht so, dass sie stotterte oder vor Verlegenheit rot anlief, wenn sie ihn traf. Irgendetwas Belangloses verließ ihren Mund, aber das Sprachzentrum schien autonom dabei zu funktionieren, ohne Beteiligung ihrer Sinne, die parallel nach etwas forschten und sich dabei verwirrten.

Genauso war es, wenn Sebastian sprach: Laura versuchte, sich zu konzentrieren und zuzuhören. Aber gleichzeitig kämpfte sie damit, wohin sie ihren Blick richten und wie sie seinem Blick standhalten sollte. War das noch Verliebtheit oder schon ihre Verfallserscheinung?

Gleichzeitig meinte sie, bei Sebastian die gleichen Symptome zu erkennen, und dass sie sich wünschte, es wäre so und hätte etwas zu bedeuten, machte ihr klar, dass sich an ihren Gefühlen nichts geändert hatte. Es war nur alles komplizierter geworden.

Laura steckte ihre Arbeit in die Tasche und verließ das Gebäude. Natürlich hatte sie darauf spekuliert, Sebastian bei der Ausgabe der Klausuren zu treffen. Ob das eine Hoffnung oder Sorge war, hätte sie nicht sagen können. So war sie nun auch halb enttäuscht, halb erleichtert, dem Treffen entgangen zu sein.

Sie marschierte über den Campus, grüßte hier und da Bekannte, überlegte, ob sie noch die Mensa besuchen sollte, da sah sie ihn. Er war noch weit weg und umgeben von anderen Passanten, aber sie erkannte ihn unter Tausenden, an seinem schlendernden Gang, an allem. Sie hatte Zeit, sich auszudenken, was sie ihm sagen würde.

»Hey!« – »Na?«, sagten beide fast gleichzeitig, als sie einander begegneten. Und dann unendliche Sekunden nichts.

»Hast du die Klausur schon abgeholt?«, begann Sebastian wieder.

»Ja.«

»Na, sag schon.«

»Dreizehn Punkte.«

»Ist doch super, aber du scheinst dich gar nicht zu freuen.«

»Doch, nein ... ach«, verhedderte sich Laura. »Ich hatte kein gutes Gefühl bei dieser Klausur und irgendwie auch jetzt nicht. Kennst du das? Dass man sich ungerecht benotet fühlt, und zwar ungerecht *zu gut* benotet?«

»Und wie ich das kenne«, sagte Sebastian. »Zu gute Noten sind unerträglich. Sie zwingen einen, gegen sich selbst Position zu beziehen. Bei schlechten Noten ist es umgekehrt, die wecken den Kampfgeist. Na ja, manchmal zumindest.«

»Genau«, bekräftigte Laura. »Nieder mit den guten Noten.« Sie lachten, und für einen Moment schien sie der Gleichklang ihrer Ansichten wieder miteinander zu verbinden. »Wir sind schon zwei Erfolgsmenschen, was?«, schickte Laura hinterher. »Geboren für eine Karriere in der Rechtswissenschaft.«

Sie schmunzelten dem Dialog noch eine Weile nach, dann herrschte wieder Stille. Warum sagte er nichts?, fragte sich Laura. Warum fragt er nicht, wann wir uns wieder einmal treffen – oder wenigstens, ob wir zusammen in der Mensa essen wollen?

»War aber auch ein merkwürdiger Fall«, sagte sie aus Verlegenheit. »Hattest du während der Klausur auch das Bild einer italienischen Matrone vor Augen, die auf einem Kanapee liegt und ihre Katzen mit Pralinés füttert? Ich konnte ihr einfach nicht Recht geben. Wegen so einer egozentrischen Person soll die ganze Welt stillstehen? Ich habe ein Herz für Künstler, mehr als für Konzertveranstalter, aber das geht zu weit.«

»Du hast die Zumutbarkeit bejaht?«, fragte Sebastian, und in diesem Moment ging Laura auf, was an dem Fall wirklich merkwürdig war: die Nähe zur Realität. Hier die Sopranistin, dort die Pianistin. Sie war so daran gewöhnt, das Studium von ihrem wahren Leben fernzuhalten, dass ihr die Parallele nicht bewusst geworden war. Hatte sie sich verraten, etwas gesagt, das ihn gegen sie aufbringen konnte? Sie horchte ihren Worten nach, aber sie konnte nichts entdecken.

»Ja«, sagte Laura. »Du nicht?«

»Nein, ich dachte, ein Künstler mit Nervenzusammenbruch ist generell unzumutbar, vor allem dem Publikum.« Sebastian lächelte trüb. »Wenn du dreizehn Punkte hast, kann ich mir meine Note ja ausrechnen.«

»Es kommt doch nicht auf die Lösung an, sondern auf den Lösungsweg«, beruhigte ihn Laura. Sollte sie anbieten, ihn zur Klausurausgabe zu begleiten?

»Dann werde ich mir den Richterspruch mal abholen«, sagte Sebastian.

»Ein Streber wie du kann doch keine schlechten Noten schreiben.« Laura versuchte, freundliche Ironie in ihre Worte zu legen, aber es missriet ihr. Sie sagten noch *Tschüss* und gingen ihrer Wege. Nach einigen Metern drehte sich Laura um, aber sie sah ihn nur von hinten dem Institut zustreben.

15

Puh, das war knapp. Vier Punkte. Sie war noch einmal davongekommen, und auch das nur, weil ihr Laura während der Klausur zwischen den Zähnen das Zauberwort zugeraunt hatte: *Zumutbarkeit*. Ein verdammt kompliziertes Wort zum Vorsagen, und Kate hatte nachfassen müssen, bis sie es verstand.

Vier Punkte, das entsprach nach klassischer Notengebung einer Vier minus, besser gesagt: einer Vier gnadenhalber. Aber egal: Ein gutes Pferd sprang nur so hoch, wie es musste. Und sie war ein gutes Pferd, zwar kein edler Vollblüter wie Laura, aber ein Zirkuspferd, das genau den einen Trick auf Lager hatte: immer irgendwie durchzukommen.

Kate war sich sicher gewesen, diesmal durchgefallen zu sein. Sie war schmerzfrei, wenn es galt, Wissen vorzutäuschen, alles zusammenzukratzen, was den Korrektor gütig stimmen konnte, auch wenn es mit dem Fall nicht viel zu tun hatte. Diesmal aber hatte ihr das eigene Gewäsch wehgetan. Für einen winzigen Moment war ihr Hirn ausgetickt, und sie hatte angesetzt, den Rest des Blattes mit Nonsens zu füllen, *Blabla* zum Beispiel.

Aber dann hatte sie sich zusammengerissen. Ihre Weste war weiß geblieben, nicht strahlend weiß, aber durchgefallen war sie noch nie (okay, beim kleinen Ö-Rechts-Schein hatte sie in die Wiederholungsklausur gemusst). Irgendwie musste es ihr gelingen, dieses verfluchte Staatsexamen zu bestehen, dann würden die Karten neu gemischt. Sie wollte nicht in die Wissenschaft, Richterin oder Staatsanwältin werden. Hätte sie erst ihren Job in der Wirtschaft, würde sie alle mit der ihr eigenen Power an die Wand spielen, dessen war sie überzeugt.

Kate war nach Party zumute. Sie rief Laura an, aber die gab vor, Kopfschmerzen zu haben. Sie rief Marc an, aber der war durchgefallen und zur Ablenkung ins Ferienhaus seiner Eltern gefahren. Sie hätte es noch bei Falk und Niels versuchen können, aber die waren ohne ihren Anführer nur die Hälfte wert.

Also durchstöberte sie das Adressbuch ihres Smartphones. Es war erstaunlich, wie viele Verflossene sich dort mit der Zeit angesammelt hatten, größtenteils One-Night-Stands, auch wenn es der Begriff nicht ganz traf, denn häufig war es nicht einmal zu einer vollen Nacht gekommen.

Mit Benny zum Beispiel hatte sie sich am Rande eines Picknicks in die Büsche geschlagen, mit Patrick gegen Morgengrauen in einen Hauseingang. Nicht zu fassen, welche Sünden der Vergangenheit da auf einmal zum Vorschein kamen! Sex in der versifften Toilette eines Waggons der tschechischen Eisenbahn, in der Umkleidekabine eines H&M, eines Strandbads, in diversen Autos (einmal direkt vor der Kneipe), in einem vollbesetzten Schlafsaal der Jugendherberge.

Kate wusste gar nicht, ob sie Namen und Locations immer korrekt zuordnete. Aber darauf kam es nicht an. Zwar hatte sie mit den Typen brav Telefonnummern getauscht, aber interessiert war sie nicht an ihnen gewesen. Sie legte keinen Wert darauf, sich in fremde Charaktere einzuarbeiten, zärtliche Versprechen zu säuseln, die sich nach kürzester Zeit in Nichts auflösen würden. Echte Liebe gab es nicht oder nur in schrägen Ausnahmefällen, so wie ja auch einige

Dummköpfe an Gott glaubten. Liebe war Projektion, Autosuggestion, Wunschvorstellung und wurde irgendwann zuverlässig von Langeweile und Streit aufgefressen. Das brauchte sie nicht.

Vielleicht sollte sie alleine losziehen, sich an eine Bar setzen, tanzen gehen. Sie würde nicht lange allein bleiben. Auf Flirten verstand sie sich: ein paar Blicke, ein bisschen verbales Schattenboxen. Im Grunde war gleich am Anfang klar, ob sich am Ende etwas ergeben würde.

Das, was dazwischen lag, war ihr mit der Zeit immer lästiger geworden. Aber sie musste Rücksicht nehmen auf die Männer, die mit offensiven Frauen nicht umgehen konnten, die das Gefühl brauchten, *sie* erobert zu haben, auch wenn es in Wirklichkeit umgekehrt gewesen war. Kinderkram!

Kate wollte das Handy schon beiseitelegen, als sie über einen Namen stolperte, den sie nicht unterbringen konnte. *David*, wer war das noch gewesen? Sie suchte in ihrem Kopf nach Schauplätzen, die sie mit ihm in Verbindung bringen konnte, aber da war nichts, kein Fick nirgends.

Da fiel es ihr ein: David war der Coitus interruptus von Laura an jenem legendären Abend, den sie beide seitdem geflissentlich totschwiegen. Kate musste lachen. Der Arme, wie er dagestanden hatte mit Lauras Kotze an den Fingern, nicht einmal sonderlich enttäuscht, sondern von der Situation heillos überfordert. Wenn sie, Kate, nicht dagewesen wäre, hätte er wahrscheinlich seine Mutter um Hilfe gerufen. Sie hatte plötzlich Lust, David wiederzusehen, keine Ahnung, warum. Sie wollte schon die Nummer wählen, da zögerte sie. Was sollte sie ihm am Telefon sagen? Sie kannten sich so gut wie nicht, und der Abend, der sie auf so groteske Weise miteinander verband, lag Wochen zurück. In diesem

Fall zog nur die Überrumpelungstaktik. Sie würde ihn zu Hause besuchen.

David brauchte eine Gedenksekunde, bis er Kate wiedererkannte.

»Nanu. Das ist ja eine Überraschung.«

»Ehe du weiterstammelst: Mein Name war Kate. Ich bin an deinem Haus vorbeigekommen und verspürte auf einmal ein unwiderstehliches Bedürfnis nach deinem Espresso. Störe ich?«

»Nein, ich habe ein bisschen relaxed, nichts Besonderes.« David öffnete die Tür weiter und spähte an Kate vorbei. »Hast du deine Freundin mitgebracht?«

»Da muss ich dich enttäuschen. Du musst schon mit mir vorliebnehmen. Darf ich trotzdem hereinkommen?« Kate hätte beleidigt sein können, aber dazu neigte sie erstens nicht, und zweitens hatte sie mit dieser Frage gerechnet.

»Klar.«

Kates letzte Erinnerung an Davids Wohnung verband sich mit dem Gestank von Erbrochenem. Nun roch es unverkennbar nach Mann, beziehungsweise dem, was sich die Parfümindustrie darunter vorstellte. So wie sie David einschätzte, tippte Kate auf Boss oder Davidoff.

»Na, alle Spuren beseitigt?«, fragte sie.

»Willst du einen Kaffee oder den Abend Revue passieren lassen?«

»Vielleicht beides.«

Kate ging zur Sitzgruppe. Auf dem futuristisch gewölbten Fernseher war ein Standbild eingefroren. Es zeigte einen beim Reden unterbrochenen Schauspieler, den Kate als Kevin Spacey identifizierte. »Cool, House of Cards.«

»Neueste Staffel«, bestätigte David und schaltete den Bildschirm mit der Fernbedienung aus. »Oder wolltest du mit mir Filme schauen?«

»Ach, lass mal. Dafür kennen wir uns noch nicht gut genug.«

David ging zur Espressomaschine und schraubte den Siebträger ab. »Ja, war ein schräger Abend, aber zumindest einer, der in Erinnerung bleibt«, rief er zu Kate herüber. »Vielleicht können wir ja mal wieder zu viert was machen. Simon war auch nicht glücklich über das abrupte Ende.«

Simon? Stimmt, da war ja noch einer gewesen, überlegte Kate. Das nannte man wohl Quantité négligeable. »Vergiss es, David«, rief sie zurück. »Laura kriegen keine tausend Pferde mehr in diese Wohnung.«

»So schlimm?«

»Du hast sie in einer untypischen Verfassung kennengelernt. Ohne Alkohol ist sie ein scheues Reh. Gib zu, dass du sie aus genau diesem Grund ficken wolltest.«

»Hoho«, tönte David belustigt. Er hatte den Kaffee fertig und trug ihn auf einem Tablett zur Sitzgruppe herüber. »Mit dir als Zeugin bin ich wohl nicht in der Position, das leugnen zu können.« Er reichte Kate ihre Tasse. »Du bist direkt. Das gefällt mir.«

»Prost«, sagte Kate und trank ihren Espresso in einem Zug aus.

»Aber Laura geht's gut sonst?«, bohrte David nach, nachdem auch er seine Tasse geleert hatte.

»Nicht direkt, um ehrlich zu sein. Laura ist unglücklich verliebt. Mehr kann ich nicht verraten, nur so viel: Du bist es ... leider nicht.«

»Die Gute weiß nicht, was ihr entgeht.«

»Ach, David, markiere nicht den starken Mann. Wenn jemandem etwas entgeht, dann bist du das, und das weißt du ganz genau. Sie ist viel zu schade für dich.«

»Danke für die Blumen.«

»Aber wenn wir schon bei dem bewussten Abend sind: Ich habe noch ein paar Lücken, was den Ablauf angeht.« Kate reckte den Hals und ließ ihren Blick durch die Wohnung wandern, als müsse sie den Schauplatz eines Verbrechens untersuchen. »Ich habe ja hier mit … wie hieß dein Freund noch gleich?«

»Simon.«

»Mit Simon gesessen –«

»– nicht nur gesessen …«

»Mit Simon gesessen«, insistierte Kate, »während ihr drüben am Bücherregal standet.« Kate erhob sich und ging hin. »So wie ich Laura kenne, hat sie deinen geistigen Horizont anhand deiner Bücher vermessen. Hat sie eines herausgezogen? Ja? Vielleicht dieses?« Kate las vor: »Das Schweigen der Lämmer.« Sie schüttelte den Kopf. »Scheiße, David, wie gewöhnlich.«

David war inzwischen aufgestanden und zu Kate getreten.

»Oder das hier«, fuhr sie fort. »Kompendium der Betriebswirtschaftslehre.« Wieder legte sich tiefe Missbilligung auf ihre Miene. »David, David. Wenn du in deiner Junggesellenbude noch irgendeine Frau mit einem IQ über hundert flachlegen willst, musst du dir neue Bücher anschaffen.«

»Was empfiehlst du denn?« David stand dicht neben ihr, genau da, wo sie ihn haben wollte.

»Eine zielführende Mischung: ein bisschen Philosophie, ein bisschen Poesie, etwas mit Humor und was Versautes.

Damit kannst du dir dein Opfer perfekt zurechtlegen. Aber auf die Reihenfolge achten!« Sie wandte sich zu David um und funkelte ihn mit gespielter Empörung an. »Ich bin ehrlich erschüttert, mein Lieber. Muss *ich* dir die Frauen erklären. Ich dachte, du kennst dich da ein bisschen aus.«

»Dachte ich auch.«

»Hast du dich bei Laura auch so tölpelhaft angestellt? Sag bloß, du hast ...« Kate riss vor Entsetzen die Augenbrauen hoch. »Nein, das kann ich mir nicht vorstellen. *So* unsensibel, ihr sofort an die Wäsche zu gehen, kannst du nicht gewesen sein. Ich denke mir ...«, Kate zog ihre Stirn in Falten, »du hast ihr zunächst über die Wangen gestreichelt ... vielleicht so.« Kate griff Davids Hand und führte sie an ihr Gesicht. »Und dann hast du dich langsam zu ihren Lippen vorgearbeitet und sie mit deinen Fingern geöffnet. Etwa so. Laura hat schöne sinnliche Lippen, nicht wahr?«

»Ja«, hauchte David.

»Und schöne Augen. Ist dir ihr kleiner Silberblick aufgefallen?«

»Ja«, hauchte David.

»Und wie sie dich so unschuldig angeschaut hat, sind dir da keine Bedenken gekommen, ob du imstande wärst, diese Reinheit zu schänden? Aber ich vergaß ...«, Kate hielt Davids Hand für einen Moment auf Abstand, »sie war angeheitert. Vielleicht hat sie dich ermuntert. Hat sie an deinem Finger gelutscht? So?« Kate demonstrierte, was sie meinte. »Rein, raus, rein, raus«, gurgelte sie dazwischen, »wie ein Versprechen.« Sie nahm Davids Finger wieder aus dem Mund und erklärte: »Nein, du hast Recht: Das war nicht misszuverstehen. Sie wollte es auch, sie wollte von dir genommen werden. Hilf mir, was kam jetzt?«

»Wir haben uns geküsst.«

»Aber natürlich: Ihr habt euch geküsst.« Kate packte Davids Kopf, zog ihn zu sich heran und schob ihre Zunge in seinen Mund. »Was, nicht so heftig? Entschuldige. Besser?«

Ihr Rhythmus hatte sich gerade synchronisiert, als Kate wieder absetzte und ihre Lippen an Davids Ohr hielt. »Ja, das war schön«, flüsterte sie, »aber du verlierst Zeit, David. Küssen ist für Teenager. Du willst nicht küssen, du willst ficken, vergiss das nicht. Sie hat immer noch ihre Bluse an. Zeig ihr, dass du ein Mädchen ausziehen kannst. Laura hat wundervolle Brüste, voll und weich und straff zugleich mit fabelhaft ausgeformten erdbeerfarbenen Brustwarzen. Du willst doch sehen, wie ihre Brüste unter deinen Stößen erbeben, oder?«

»Ja«, stöhnte David und knöpfte Kates Bluse auf. Als er damit fertig war, nahm er sich auf Kates Drängen den BH vor. Schließlich stand sie mit entblößtem Oberkörper vor ihm. Was nun zu sehen war, entsprach nicht dem Geschilderten. Aber David hatte nicht viel Zeit, sich eine Meinung zu bilden. Kate drückte seinen Kopf an sich. »Schnapp dir die Erdbeeren, David.«

Plötzlich tauchte er mit verwuscheltem Haar wieder auf und sah Kate fragend an: »Aber so weit bin ich im Wohnzimmer gar nicht gekommen.«

»Eben«, gab Kate zurück. »Du weißt doch, wie sie drauf ist. Die Horizontale bekommt ihr nicht in ihrem Zustand. Zieh dich aus und trag sie zur Sitzgruppe. Beeil dich!«

David entledigte sich hektisch seiner Kleider. Kate sah ihm dabei zu. Sie schloss mit sich eine Wette, ob er rasiert sei – und behielt Recht. Ein lustiger Anblick: oben Holzfäller, unten Bubi. Aber das sah David ähnlich: hirnlos den Moden folgen, auch wenn sich dadurch Widersprüche ergeben. Unwillkürlich musste Kate schmunzeln.

»Is' was?«, fragte David verstört.

Kate schmiegte sich an ihn und begann, ihn untenherum zu kraulen. »Nein, alles in schönster Ordnung. Ich sehe, du bist bereit. Dann vollende dein Werk. Die Jeans kannst du uns drüben ausziehen.«

Auf der Sitzgruppe ging alles sehr schnell. David performte tadellos, während ihn Kate mit waidmännischen Rufen anfeuerte: »Ja, knall das Reh, bums Bambi!« Als sie fertig waren, stand sie auf, strich ihm über den Kopf und sagte mit Blick auf die Couch: »Oh, Bubi hat gekleckert. Mach dir nichts draus, ist sicher 1a-Lederpflege.« Dann zog sie sich an, ließ die Wohnung und einen sprachlosen David zurück.

Am nächsten Tag erwachte Kate nach unruhigem Schlaf spät und mit dem Anflug eines Katers, obwohl sie gar nichts getrunken hatte. Sie machte sich einen Kaffee, aber eine merkwürdige Schwere lag auf ihrer Seele. Sie suchte in einer ihrer Jacken nach Zigaretten, fand welche, ging damit auf den Balkon und zündete sich eine an.

Hatte sie ein schlechtes Gewissen, weil sie beim Liebesspiel in die Rolle ihrer Freundin geschlüpft war? Quatsch, das war es nicht. Beim Sex war alles erlaubt, was der Sache diente. Sie kannte da keine Tabus und hatte auch niemanden hintergangen, wie sie fand.

Kate strengte ihren Kopf an. Sie besaß, Tatmensch der sie war, keine Übung darin, über sich nachzudenken. Sie versuchte, das Problem deduktiv oder induktiv (sie verwechselte das immer), jedenfalls in der Art einer juristischen Falllösung zu bearbeiten: *Wenn ich ein Problem habe, muss es dafür einen Grund geben. Wenn ich das Problem gestern früh noch nicht hatte, muss es mit dem gestrigen Abend zu tun haben. Wenn das Problem nicht darin besteht, dass ich mich gegenüber Laura schuldig fühle, muss es mit David zusammenhängen. Wenn das Problem nicht darin besteht, dass ich mich wegen des Ficks mit David für eine Schlampe halte, was ich definitiv ausschließen kann …*

Es gab auf die Frage unter logischen Gesichtspunkten nur eine Antwort: Sie hatte sich in David verliebt. Sie zündete sich die dritte Zigarette an und ließ die Hypothese auf sich wirken. *Ich bin in David verliebt.* Sie sprach den Satz mehrfach vor sich hin. Er fühlte sich auf groteske Weise falsch an. Sie hatte David gestern nach allen Regeln der Kunst verführt, besser: vorgeführt. Das hatte Spaß gemacht, aber auch nur exakt für die Viertelstunde, die es gedauert hatte.

Und doch war sie auf der richtigen Spur. Sie zündete sich die vierte Zigarette an, ließ noch einmal den Abend in allen Einzelheiten Revue passieren, alle Worte, die sie gesagt hatte. Sie hatte von Laura gesprochen, fast nur von Laura. Klar, das hatte zum Spiel gehört, und doch war da anscheinend mehr gewesen. Konnte es sein, dass sie sich nicht um Davids, sondern um ihrer selbst willen in der Schilderung von Lauras Körper ergangen hatte? Dass *sie* die Beschwörung ihres perfekten Busens mindestens so erregt hatte wie ihren Fuckbuddy?

Die Erkenntnis traf Kate wie ein Keulenschlag: Sie war verliebt. Nicht in einen Mann, sondern in Laura, und das bestimmt nicht erst seit gestern.

16

So fühlte es sich also an, mit einer Prominenten zu schlafen. Sebastian von Stolberg drehte sich vorsichtig zur Seite, um Sophie nicht zu wecken, und stand auf. Er blickte an sich herab. Er mochte die Gestalt seines erschlafften Gliedes, wenn es gerade seiner Bestimmung gefolgt und nun zur Normalität zurückgekehrt war, zur leicht überhöhten Normalität, denn alles an diesem so empfindlichen, irritierbaren Organ strahlte nun gelassene Selbstzufriedenheit aus.

Dann betrachtete er Sophie. Sie schlief noch, er hörte ihren gleichmäßigen Atem. Das Betttuch war bis zu ihrer Hüfte heruntergerutscht, was den Blick auf ihren nackten Rücken freigab. Sebastian liebte den Anblick des nackten weiblichen Rückens. An und für sich keusch, unisex gewissermaßen, lag darin doch die Verheißung, dass eine Körperdrehung genügte, um die geschlechtliche Gegenwelt zu offenbaren.

Sebastian neigte nicht zum Fetischismus. Aber wenn er sich irgendwo in der Nähe dazu befand, dann in Bezug auf die weibliche Brust. Er liebte es, daran zu riechen, sich daran zu schmiegen, sein Gesicht darin zu vergraben, an den Nippeln zu saugen, seinen Schwanz an das weiche Fleisch klatschen zu lassen, es sodann großflächig mit seinem adeligen Sperma zu benetzen (er neigte auch nicht zu Standesdünkel, aber in diesem Zusammenhang fand er den Gedanken erregend).

Leider hatte sich gezeigt, dass er einen Großteil seines Repertoires bei Sophie nicht hatte anwenden können. Ihre Brust war klein wie die eines Backfisches, süß zwar mit dem

Leberfleck links der Mitte, aber auch zur Beunruhigung Anlass gebend. Sebastian verstand sich auf den Umgang mit *Frauen* – nicht gerade im Sinne von Vollblutweibern, aber doch in diese Richtung. Bei kleinen mädchenhaften Brüsten witterte er Kompliziertheit.

Und es hatte sich ja auch gezeigt: So souverän sich Sophie in der Öffentlichkeit gab, so scheu war sie ihm im Bett erschienen. Die Leidenschaft und Selbstvergessenheit, die sie auf der Bühne an den Tag legte, waren verschwunden, wie weggeblasen.

Blasen? Sebastian schnaubte auf, fast ein wenig verächtlich. Die Hoffnung, selbst in den Genuss kleiner Liebesdienste zu kommen, war schnell zerstoben. Einmal hatte er ihre Hand an seine Eier geführt, aber es war ihr erkennbar unangenehm gewesen. Alles hatte *er* initiieren und vorantreiben müssen, jeden neuen Schritt mit ihrer Erlaubnis absichernd. Es war dann zwar ein schöner Lohn gewesen, als sie mit unterdrücktem Stöhnen angezeigt hatte, dass auch sie gekommen war. Trotzdem: In seiner Phantasie hatte sich Sex mit einer Künstlerin anders angefühlt.

Dennoch trugen ihm seine Erinnerungen eine rechtschaffene kleine Morgengeilheit ein. Wieder sah er an sich herab. Sein Schwanz hatte sich auf eine Position kurz hinter Halbmast emporgearbeitet. Es wäre ein Klacks, ihn zur vollen Einsatzfähigkeit aufzurichten. Dann bräuchte er nur die Decke von Sophies Po wegzuziehen und könnte von hinten in die Schlafende eindringen.

Unter seinen eher dezenten Sexphantasien war das eine seiner liebsten: der Überraschungsangriff von hinten. Während die Frau vorne zivilen Verrichtungen nachging, etwa in der Küche stand und Gemüse schnitt, würde er sich auf der Schattenseite anpirschen, den Rock oder das Nachthemd hochreißen, ihre Beine spreizen und dann in der Art eines kultivierten Hundes von hinten zustoßen.

So hatte er es früher mit seiner Gattin gemacht, als sie noch aus mehr als Pflichtgefühl miteinander schliefen. Sie hatte schnell gemerkt, dass es ihn am geilsten machte, wenn sie es geschehen ließ, ohne mit ihren kleinen Arbeiten auszusetzen. Sie wahrte die Fassade hausfraulicher Routine, während hinten ein herrenloser Penis den Geschlechtsakt an ihr vollführte – eine noch immer faszinierende Vorstellung.

Die Begattung einer Bewusstlosen war die Apotheose dieser Vorstellung. Unschuld und Unzucht verbanden sich dabei auf bezwingende Weise. Sebastian besah Sophie und überdachte seine Idee. Würde die Vermutung, dass Sophies mädchenhafter Möse solch Ungeheuerliches noch nie widerfahren war, seine Lust steigern, dämpfen oder das Vorhaben unmöglich machen?

Er ließ seinen Plan fallen, sein Glied folgte in kurzem Abstand. Er zog sich seine Boxershorts an und trat auf den Balkon. Unter ihm breitete sich die in morgendliches Sonnenlicht getauchte Wasserlandschaft der Stockholmer Altstadt aus mitsamt einem Bootsanleger, in dem Ausflugsdampfer auf Touristen warteten.

Der Anblick ließ eine kleine Melancholie in ihm aufsteigen: Er stand hier an einem der schönsten Flecken der Erde und hatte letzte Nacht mit einem Mädchen geschlafen, vermutlich einem der tausend begehrtesten Mädchen des Sonnensystems. Er hätte die Arme ausbreiten und »Ich bin der König der Welt!« rufen sollen. Stattdessen würden sich – wie immer, wenn er seine Gedanken schweifen ließ – die üblichen Quälgeister einstellen: kleine Sorgen, die ihn umtrieben, Probleme, die es zu lösen galt.

Wann hatte er sich das letzte Mal einfach in den Tag fallen lassen, wann war er innerlich je wirklich frei gewesen? Vielleicht in irgendeinem Sommer zu Schul- oder Studienzeiten. Seitdem bestimmten Abläufe und Erwägungen sein Leben, und daran würde sich bis zu seinem Tod nichts mehr ändern. Sebastian wollte seufzen, aber das erschien ihm unpassend wie ein Selbstgespräch.

Nach seinem Brief hatte sich ein Schriftwechsel zwischen Sophie und ihm ergeben, erst per Mail, dann per SMS, am Ende in immer rascherer Folge, so dass er sein Handy vor unerwünschten Blicken in Sicherheit bringen musste. Irgendwann hatte Sophie von ihrer bevorstehenden Skandinavien-Tournee geschrieben, und er hatte geantwortet, dass die Welt klein sei und voller unglaublicher Zufälle, indem ihn nämlich Geschäfte zur selben Zeit ebenfalls dorthin führen würden.

Sophie hatte nicht gefragt, was das für Termine seien, und auch der Ring an seiner linken Hand, den er nicht abgelegt hatte, schien sie nicht zu interessieren. Im Nachhinein, nachdem er Sophie im Bett kennengelernt hatte, überraschte ihn das.

Er hatte nichts erklären und nichts versprechen müssen. Vor allem hatte er Flo nicht verraten, und das verlieh ihm das Gefühl, sauber geblieben zu sein. Zwar mochte er das ein oder andere Mal daran gedacht haben, seine Frau umzubringen, aber sie zu verlassen, kam nicht in Frage, Florians wegen. Er war mehr als sein Sohn – sein Kumpel, Sparringspartner, Verbündeter, seine noch unschuldige Reinkarnation. Der leiseste Gedanke an ihn genügte, dass ihn Wogen von Zärtlichkeit durchfluteten und Zweifel an seiner eigenen Lauterkeit hinwegspülten.

Ein unangenehm süßlicher Geruch stieg Sebastian in die Nase. Er beugte sich über das Geländer, um nach der Quelle zu suchen. Vielleicht standen unten Mülltonnen, oder ein Entlüftungsschacht ließ Ausdünstungen aus der Hotelküche zu ihm dringen. Aber indem er mit der Nase an seinen Arm stieß, ging ihm auf, dass niemand anderes als er selbst diese Quelle war.

Sophie hatte sich über und über mit einer der Duftproben eingesprüht – er wusste gar nicht genau, welcher –, und dieses Aroma haftete nun als Hinterlassenschaft der Liebesnacht an seiner Haut. Fast schlecht war ihm davon geworden, so dass er schon Sorge gehabt hatte, seinen männlichen Pflichten nicht genügen zu können. Das war die Ironie seines Lebens: ein Manager in der Parfümbranche, der auf Parfüm mit Kopfschmerzen reagierte.

Andererseits brachte ihm der Geruch zu Bewusstsein, dass er sein Ziel erreicht hatte: Sophie würde zustimmen. Auch wenn sie es nicht ausdrücklich gesagt hatte, bestand daran kein Zweifel mehr.

Natürlich hatte er auch mit ihr schlafen wollen, aber dieses andere Vorhaben war von übergeordneter Bedeutung gewesen. Genaugenommen hatte das eine dem anderen gedient, und so gesehen war es nicht einmal gelogen: Er *hatte* einen geschäftlichen Termin in Stockholm gehabt, wenn auch als *Self Fulfilling Prophecy*.

Tatsächlich versprach er sich einiges von dem Parfümprojekt. Um das Unternehmen, in dem er in verantwortlicher Stellung arbeitete, stand es nicht zum Besten. Zwar hielt es sich mit Lizenz- und Auftragsproduktionen leidlich über

Wasser. Aber Parfüm herstellen konnten die Chinesen auch und billiger. Ohne eigenen Verkaufsschlager würden bei der *Colonia Cosmetics GmbH & Co. KG* mit Hauptsitz an der Kölner Domplatte bald die Lichter ausgehen, Tradition hin oder her.

In der Nachkriegszeit waren *Madame Butterfly* und *Don Giovanni* unangefochtene Marktführer gewesen, hatten geholfen, den Mief der Aufbaujahre zu überdecken (oder zu verstärken, wie man wollte). Heute konnte man nicht einmal mehr Putzfrauen, Gärtner oder Ossis damit erfreuen. Auch Sebastians Versuche, das angestaubte Image mittels einer ironischen Werbekampagne ins Kultige zu wenden, waren gescheitert und hatten Millionen verbrannt.

Die Lage werde nun allmählich brenzlig, hatte ihm der CEO bedeutet, und da war er auf die Idee mit Sophie verfallen: ein Geniestreich, dachte er in glücklichen Momenten, unser Sargnagel, in den anderen.

Es war nicht leicht gewesen, seine Vorstandskollegen von der Idee zu überzeugen. Keiner von ihnen hatte den Namen Sophie Bonnard je gehört, zudem hielten manche die Celebrity-Masche für totgeritten. Aber er hatte es geschafft, sie mit seinem Enthusiasmus, den er bei Bedarf anknipsen konnte, mitzureißen.

Sophie Bonnard wäre eben keines dieser Popsternchen, das schon in wenigen Jahren dem Vergessen anheimfallen würde. Nähme ihre Karriere den erwarteten Verlauf, hätte sie ein halbes Jahrhundert als Premium-Künstlerin vor sich. Sebastian erinnerte an die Pianistin Elly Ney, die noch kurz vor ihrem Tod mit fünfundachtzig Konzerte gegeben habe, oder, in aktueller Zeit, an Martha Argerich, die mit Mitte siebzig ungebrochen als attraktive Frau gelte (auch diese

Namen waren den Kollegen unbekannt). Man könne Sophie Bonnards Leben mit flankierenden Duft- und Pflegeserien begleiten und auf diese Weise ganze Generationen von Frauen abdecken, bis hin zur rüstigen Greisin. Und das Beste: Gehe der Plan auf, könnten auch die alten Umsatzträger mit ihren musikalisch inspirierten Namen von Effekten des Imagetransfers profitieren (daran freilich glaubte Sebastian selber nicht).

Sebastian hatte gekämpft wie ein Löwe und sich mächtig aus dem Fenster gelehnt. Dass er die Zusage der Betroffenen noch gar nicht hatte, brauchten die Kollegen nicht zu wissen. Er wäre bis ans Ende der Welt gefahren, nicht bloß nach Schweden, um sie ihr zu entlocken, und er hatte es geschafft, spätestens mit dem letzten unterdrückten Stöhnen, das auch ein *Ja!* gewesen sein konnte.

Sebastians Gedankenstrom verebbte. Unter ihm lag noch immer Stockholm, aber neue Aspekte waren diesem Anblick nicht abzugewinnen. Er drehte sich um und schielte ins Hotelzimmer. Sophie hatte ihre Position nicht geändert und schien immer noch zu schlafen. Zugleich bemerkte er, dass die letzte Wendung seiner Gedanken wieder Bewegung in seine Boxershorts gebracht hatte.

Es war noch nicht zu spät, seine Idee in die Tat umzusetzen, und er fand nun, dass er auch ein Recht dazu hatte. Er riskierte viel für Sophie, und sie war ihm etwas schuldig. Er trat zurück ins Zimmer, zog die Boxershorts aus und blickte an sich herunter. Er rieb ein bisschen nach, dann war alles wieder gerichtet. Vorsichtig schob er die Decke ein Stück beiseite und sah nun auf Sophies Po. Er spuckte in die Hände, ölte sich mit seinem Speichel ein, kniete sich über Sophie aufs Bett, lupfte mit einer geschickten Bewegung ihr Becken und öffnete dabei zugleich die Schenkel. Dann setzte er an. Als Sophie überrascht mit dem Kopf hochfuhr, griff er in ihre Haare und drückte sie sachte zurück ins Kissen. Dazu flüsterte er in ihr Ohr: »Tout est bien, Madame. Schlafen Sie ruhig weiter. Es ist nur der Roomservice.« Als sie mit leichter Verzögerung lächelte, fand er das fast ein bisschen schade.

17

»Ich weiß nicht, Herr Falter. Ich habe kein gutes Gefühl dabei.«

»Das sagten Sie bereits.«

»Wir sehen doch nicht aus wie Konzertveranstalter. Dafür bin ich zwanzig Jahre zu jung und sind Sie, mit Verlaub, zwanzig Jahre zu alt. Wir wirken wie Großvater und Enkel auf Einkaufstour.«

»Und? Ist es nicht auch ein wenig so?« Otto Falter setzte sein feines Lächeln auf und räkelte sich auf der Rückbank aus Connolly-Leder. »Wie gesagt: Wir sind die Brahmsgesellschaft in Gründung. Ich bin der künftige Erste Vorsitzende und Sie Beirat und meine rechte Hand. Ich wüsste nicht, was es daran zu zweifeln gäbe. Dem Agenten wird es egal sein, wie wir aussehen, solange er sein Geld bekommt. Wir helfen ihm aus der Patsche. Er wird uns dankbar sein.«

»Ja, aber ...«

»Gehen Ihre Bedenken in die Richtung, dass Sie ungern lügen? Wissen Sie, mein junger Freund, die Welt will getäuscht sein. Wir alle täuschen unsere Mitmenschen, sobald wir den Mund aufmachen. Sind Sie vielleicht der beflissene Jurastudent, den Sie an der Universität vorspielen?«

Sebastian schwieg.

»Sehen Sie. Ich verrate Ihnen ein Geheimnis: Ich bin auch nicht der selbstlose Gentleman, den Sie wahrscheinlich in mir sehen.«

»Nicht?«

»Nein, wirklich nicht.« Falter lachte auf. »Ich verfolge eine geheime Agenda: Kurz vor Ihrem ersten Tête-à-Tête mit Mademoiselle Bonnard werde ich Sie außer Gefecht setzen und dann Ihren Platz einnehmen.«

Sebastian sah Falter erschrocken an. Der grinste spitzbübisch, offenbar erfreut über den Scherz, der ihm gelungen war. Sebastian lächelte, nachdem er verstanden hatte, gutmütig zurück. Dann verdunkelte sich seine Miene und er sagte: »Aber das viele Geld.«

»Wissen Sie«, hob Falter an. »Ich bin alt, wohlhabend und habe keine Erben. Ich könnte mein Geld auf Kreuzfahrten verjubeln, und selbst dann wäre genug übrig. Also investiere ich es lieber in unser Projekt. Das bereitet mir Freude, verstehen Sie? Oder, wenn Sie zeitgemäßere Ausdrucksformen bevorzugen: Das macht mir *Spaß*.«

Falter öffnete die Klappe der Mittelarmlehne, unter der ein kleiner Kühlschrank zum Vorschein kam. »Nun entspannen Sie sich, mein Guter. Ich habe hier ein Fläschchen Bordeaux, meine Ration für unterwegs. Wollen Sie?« Falter drehte die Flasche auf. »Schraubverschluss«, erklärte er. »Nicht schön, aber praktisch, wenn man auf Reisen ist.«

Sebastian schüttelte den Kopf und sah aus dem Seitenfenster. In der Ferne wuchs wie eine Fata Morgana die Skyline von Frankfurt am Main aus den Kartoffelfeldern. Sie mussten bald da sein. Der Jaguar glitt sämig und wie an der Schnur gezogen über die Autobahn. Der Chauffeur hatte es sich anscheinend zum Ziel gesetzt, seine Passagiere bestmöglich von den Unbilden des Straßenverkehrs abzukoppeln. Er bremste und beschleunigte kaum merklich und achtete auch bei Richtungswechseln darauf, dass kein Ruck die Luxuskarosse erschütterte. Es musste ihn einige Umgewöhnung gekostet haben, denn vom Aussehen her entsprach der Fahrer dem Typ des Jungtürken, der im getunten BMW die Straßen unsicher macht. Darüber konnte auch die Uniform nicht hinwegtäuschen, in die ihn sein Chef gesteckt hatte und die er mit verdoppelter Würde auszufüllen suchte.

Sebastian hatte noch keinen Chauffeur wie diesen gesehen, aber das war nicht verwunderlich. Wenn er sich recht besann, hatte er außerhalb von Film und Fernsehen noch nie einen Chauffeur gesehen.

Hinter dem Bad Homburger Kreuz gerieten sie in einen Stau. Das war kein Problem, sie lagen gut in der Zeit. Aber der Verfassung des Chauffeurs war diese Störung nicht zuträglich. Zunächst nutzte er die Untätigkeit, um unbeholfen mit einem Stadtplan zu hantieren. Doch bald begann er Schimpfwörter auszustoßen, grummelnd erst, dann, als andere Fahrzeuge auf die Spur des Jaguar drängten, immer heftiger: »Siktir lan, götlek!«

Sebastian sah Falter fragend an. Der lächelte amüsiert und erklärte: »Das ist Mehmets Lieblingsfluch. Es heißt so viel wie *Verpiss dich, du arschgefickte Schwuchtel*. Seit ich ihn einmal gebeten habe, mir eine Übersetzung zu liefern, hält er ihn für akzeptiert.«

Der Stau löste sich auf, und der Jaguar hielt majestätische Einfahrt in die Straßen der Bankmetropole. Sebastian bestaunte das Durcheinander von Bauwerken unterschiedlichster Zeitalter und gestand den im Sonnenlicht gleißenden Hochhäusern einen eigenen Reiz zu.

Sie kamen auf eine Brücke. »Der Main«, sagte Sebastian und damit nur das Offensichtliche, aber den Chauffeur schien diese Information aus der Bahn zu werfen. »Main?

Fuck. Wir müssen über keinen Fluss. Scheiße, Chef, wann kaufen Sie endlich Navi?«

»Mein lieber Mehmet«, entgegnete Falter. »Zum einen nimmt mir ihr Fluchen nun doch Überhand. Zum anderen habe ich schon tausendmal gesagt, dass sich der Betrieb eines solchen Geräts nicht mit der Würde eines Oldtimers verträgt. Sie werden wenden und nach dem Weg fragen müssen.«

Mehmet drehte zwar bei der nächsten Gelegenheit um. Jemanden um Hilfe zu bitten, weigerte er sich aber. Sie kurvten noch eine Viertelstunde orientierungslos in der Innenstadt herum, dann forderte Otto Falter seinen Diener auf, einen Taxistand anzusteuern und sie dort herauszulassen.

Im Taxi erläuterte er Sebastian: »Sie wundern sich bestimmt über die Langmut, die ich Mehmet gegenüber an den Tag lege. Es handelt sich um ein Experiment, in der Nachfolge von Professor Higgins gewissermaßen. Sie kennen *My Fair Lady*? Na, egal. Ich versuche, dem guten Mehmet ein wenig abendländische Kultur und Lebensweise näherzubringen.«

»Ist das Ihr Beitrag zur Integrationsdebatte?«

»So weit würde ich nicht gehen«, antwortete Falter. »Aber es trägt schon Früchte. Neulich finde ich bei einer Inspektion seiner Stube ein Buch, das er meiner Bibliothek entnommen haben muss. Gedichte von Goethe, unglaublich! Leider fällt er manchmal in alte Verhaltensmuster zurück. Aber er ist ein guter Junge.«

Nach einer Pause fügte er an: »Und was die Langmut als solche angeht: In dieser Beziehung bin ich vielleicht wirklich ein *Gentleman*. Ein Gentleman lässt sich durch nichts aus der Ruhe bringen, nicht durch äußere Widrigkeiten, nicht durch das Fehlverhalten anderer, nicht einmal durch sich selbst. Ein Gentleman läuft und rennt nicht, er schreitet, ein Gentleman redet nicht zu viel und nicht zu schnell, ein Gentleman behelligt andere nicht mit seiner Meinung und seinen Stimmungen. Kurz: Er bewahrt unter allen Umständen Contenance. In dieser Beziehung können Sie, lieber Sebastian, noch etwas lernen. Sie sind mir manchmal zu aufgeregt.«

Das Haus, vor dem sie hielten, gehörte zum Altbaubestand Frankfurts. Zum braunen Stein des Sockels und der Gesimse gesellte sich dunkelgrüner Putz, was dem Anblick etwas nicht nur Altes, sondern Altbackenes verlieh und auf eine lange zurückliegende Renovierung hindeutete. Neben dem Klingelschild prangte eine angelaufene Messingtafel mit der Aufschrift *Hans Mackentrott. Künstleragentur.*

Ein Fahrstuhl, der das Produktionsjahr 1975 auswies, beförderte sie in den dritten Stock. »Und denken Sie an unseren Schlachtplan«, sagte Otto Falter, bevor sie ausstiegen. »Wir stellen uns erst ganz doof, um dann erbarmungslos zuzuschlagen.«

Sie wurden von einer jungen Frau eingelassen. Sebastian tippte darauf, dass sie Kulturmanagement studierte und in der Agentur ein unbezahltes Praktikum absolvierte.

Nachdem sie eine Viertelstunde auf Freischwingern mit durchgesessenem Flechtwerk gewartet hatten, öffnete sich eine Tür und ein massiger Mann von Anfang sechzig kam auf sie zu. Er hatte welliges graues Haar und trug eine blaue Fliege zu kariertem Sakko und beigen ausgebeulten Cordhosen. Noch im Gehen breitete er die Arme aus und tönte mit kräftigem Bariton: »Pardon, meine Herren, dass ich Sie habe warten lassen. Wichtige Anrufe kommen immer zur Unzeit.«

Als Sebastian sich erhob und zur Begrüßung auf den Gastgeber zutrat, stieg ihm ein Geruch in die Nase, in dem sich Haarwasser und Pfeifentabak mischten. Mackentrott musterte ihn nur mit einem Blick und streckte ihm die fleischige Hand hin. Dann wandte er sich wieder Otto Falter zu und bat ihn, ihm ins Büro zu folgen. Sebastian trottete hinterher.

Mackentrott musste wirklich ein passionierter Pfeifenraucher sein. Das Büro war erfüllt von süßlichem Aroma, das über die Jahre die Inneneinrichtung imprägniert hatte. Die Wände säumten lange Regalreihen, in denen Tonträger verschiedener Epochen lagerten. Über dem abgewetzten Ledersofa, zu dem Mackentrott sie führte, hing eine Urkunde, eingerahmt von Fotografien, die den Agenten mit bekannten Künstlern zeigten. Die meisten hatten ihren Zenit längst überschritten, wenn sie nicht überhaupt schon verstorben waren.

Sebastian suchte nach Sophie, und, tatsächlich, da hing sie: mit Pferdeschwanz noch und in ihrem karierten Blazer. Verlegen lächelte sie in die Kamera, während sie Mackentrott mit seinem rechten Arm im Schwitzkasten hielt. Sebastian warf noch einen Blick auf die Urkunde, die ein goldener Notenschlüssel zierte: *Verband der Deutschen Konzertdirektionen – für 25 Jahre Mitgliedschaft*. Inzwischen musste Mackentrott längst Platinstatus erlangt haben.

»Wie kann ich den Herren helfen?«, eröffnete Mackentrott die Verhandlung, nachdem sie sich niedergelassen hatten.

»Nun, vielleicht können *wir Ihnen* auch ein wenig helfen«, entgegnete Falter mit unschuldigem Lächeln. »Es gibt da doch so einen modernen Ausdruck ...« Er sah sich hilfesuchend zu Sebastian um.

»Win-Win-Situation?«

»Genau«, bekräftigte Falter. »Dafür hat man einen Assistenten. Wo war ich stehengeblieben?«

»Ich glaube, Sie hatten noch gar nicht richtig angefangen«, sagte Mackentrott.

»Stimmt«, sagte Falter und besann sich für einen Moment. »Wir, der junge Kollege und ich, repräsentieren die Brahmsgesellschaft in Gründung. Wir tragen uns mit dem Gedanken, ein Konzert zu veranstalten. Wussten Sie, dass Brahms bedeutende Takte seiner dritten Sinfonie in unserer geliebten Heimatstadt verfasst hat? Wollen Sie Herrn Mackentrott nicht einmal das herrlich melancholische Motiv des dritten Satzes in Erinnerung rufen, Sebastian? Vielleicht pfeifenderweise?«

Sebastian tat wie geheißen. Es stimmte: Im Pfeifen war er gut. Mackentrott glotzte seine beiden Gesprächspartner abwechselnd mit verständnisloser Miene an.

»In grenzenloser Verehrung für Brahms haben wir uns also entschlossen, unseren Verein zu gründen«, sprach Falter weiter. »Wir – das sind einige Honoratioren unserer Stadt: der Vorsitzende des Kurvereins, ein Gymnasialdirektor, ein Sektfabrikant, der Präsident der Handelskammer, dieser hoffnungsvolle Student der Jurisprudenz hier ...«, er deutete auf Sebastian, »... und meine Wenigkeit. Was uns umtreibt, ist brennende Sorge um das Ansehen des Meisters. Es gibt einen älteren Verein, der ursprünglich ähnliche Ziele verfolgte, nun aber im Begriff ist, den Namen Brahms in den Schmutz zu ziehen. Sie können mir folgen?«

»Bedaure, nein«, sagte Mackentrott.

»Das macht nichts«, sagte Falter. »Dann versuche ich es andersherum. Es ist doch zutreffend, dass Sie die Pianistin Sophie Bonnard vertreten.«

Mackentrott bejahte zögernd.

»Nach unseren Erkenntnissen hat sich die Künstlerin umorientiert, und Ihnen obliegt die Pflicht, die restlichen unter Ihrer Ägide vereinbarten Termine abzuwickeln. Unschöne Sache, das.«

»Worauf wollen Sie hinaus?«

»Nun, dann gehen wir in medias res. Für den 26. August haben die Brahmsfreunde ein Konzert mit Sophie Bonnard gebucht. Korrekt?«

Mackentrott nickte langsam mit dem Kopf.

»In diesen Tagen müsste Sie ein Schreiben erreicht haben, in dem der Veranstalter um Rücktritt von dieser Buchung ersucht, vielleicht noch begleitet von einem Anruf der Schatzmeisterin, die Ihnen tränenreich die finanziellen Kalamitäten des Vereins dargelegt hat. Stimmt's?«

Mackentrott schob die Unterlippe vor und vollführte mit den Händen eine wägende Geste.

»Sie haben dieses Ansinnen selbstverständlich zurückgewiesen, beharren auf der Erfüllung des Vertrages oder wahlweise der Zahlung einer Konventionalstrafe. Haben Sie schon mit Ihrem Anwalt gedroht?«

»Nun ja …«

»Das können Sie vergessen«, unterbrach ihn Falter. »Nach meiner kursorischen Kenntnis des Vereinsrechts haftet der Verein nur mit seinem Vereinsvermögen für Verbindlichkeiten, die der Vorstand in seinem Namen eingegangen ist. Da ist nichts zu holen, glauben Sie mir. Andererseits können Sie den Konzerttermin nicht anderweitig vergeben, denn das würde die neue Agentur auf den Plan rufen – abgesehen davon, dass Sie bei nur zwei Monaten Vorlauf kaum einen anderen Veranstalter finden werden.«

Mackentrott schwieg. Otto Falters Strategie schien aufzugehen, wie Sebastian anerkennend feststellte. Sein Mentor glich in der Verhandlungsführung einer Mischung aus Detective Columbo, dem Dalai Lama und Meister Yoda aus Stars Wars. Hinzu kam noch eine Prise ganz eigenen Wahnsinns. Wahnsinn – war das vielleicht der Schlüssel zu Falters Persönlichkeit? Sebastian nahm sich vor, bei Gelegenheit darüber nachzudenken.

»Mademoiselle Bonnard haben Sie über die Entwicklung noch nicht informiert, oder?«, fragte Falter.

»Nein.«

»Dann mache ich Ihnen einen Vorschlag. Genaugenommen: Ich eröffne Ihnen eine unabweisbare Chance. Wir, die Brahmsgesellschaft, springen für die Brahmsfreunde ein und richten das Konzert an deren Stelle aus. Ganz unkompliziert – von den Brahmsfreunden zur Brahmsgesellschaft. Niemand wird merken, dass ein Wechsel stattgefunden hat, nicht einmal Fräulein Bonnard selbst. Was sagen Sie?«

Mackentrott sagte wieder nichts, aber es war unverkennbar, dass sich nach den rhetorischen Tiefschlägen Falters ein Schimmer der Erleichterung auf sein Gesicht legte.

»Vollumfänglich werden wir natürlich nicht in die Pflichten der Kollegen eintreten können«, nahm Falter wieder das Wort. »Fünfzehntausend Euro war dem Vernehmen nach die Gage. Korrekt? Ein Abschlag muss sein, schließlich helfen wir Ihnen aus einer Notlage. Wie sagt man noch zu einer Buchung kurz vor Toresschluss?« Erneut sah er sich hilfesuchend zu Sebastian um.

»Last Minute?«

»Genau, wir begehren einen Last-Minute-Rabatt. Was halten Sie von der Hälfte?«

»Die Hälfte? Sophie Bonnard kostet inzwischen gut und gern das Doppelte«, rief Mackentrott empört.

»Gut, wir sind keine Unmenschen«, sagte Falter und griff zur Innentasche seines Sakkos, von wo er eine Brieftasche hervorholte. »Ich stelle Ihnen hier und jetzt einen Scheck über zehntausend Euro aus. Die restliche Summe werden Sie vielleicht doch noch von den Kollegen eintreiben. Sie bestätigen mir den Empfang, und den Rest halten wir auf der Ebene des Gentlemen's-Agreements.«

Nachdem kein Widerspruch erging, zückte er einen Kolbenfüller, schraubte zeremoniell die Kappe ab und begann, tief über den Couchtisch gebeugt, den Scheck auszufüllen. Dann überreichte er ihn Mackentrott. Dieser nahm ihn wortlos entgegen, ging zu seinem Schreibtisch, setzte hastig ein Schreiben auf und kam damit zurück. Otto Falter bedankte sich und stand auf: »Dann ist alles geklärt. Die Details regeln Sie bitte mit meinem Assistenten. Ich bin durch mein Alter gezwungen, mich im Hintergrund zu halten.«

Mackentrott brachte seine Gäste zur Tür. Dort half er Falter in den Mantel und wirkte dabei trotz seines vorgerückten Alters wie ein Schüler, der sich einem gefürchteten Lehrer andient.

»Eines noch«, sagte Falter am Ausgang. »Es liegt in unser aller Interesse, kein Aufheben von dieser Sache zu machen. Um die Vermarktung kümmern wir uns allein. Wir beabsichtigen, vor allem Freunde und künftige Förderer zu dem Konzert einzuladen. Geschlossene Gesellschaft sozusagen.«

Der Fahrstuhl ruckelte quälend langsam dem Erdgeschoss

entgegen. Sebastian stand noch so unter dem Eindruck des gerade Erlebten, dass ihm die Worte fehlten. Schließlich sagte er nur: »Herr Falter, Sie machen mir Angst.«

»Was, wieso denn, junger Freund? Es ist doch glänzend gelaufen.«

»Stimmt, Sie haben mit allem Recht behalten, aber mich erschreckt Ihr manipulatives Talent. Auch mich haben Sie in etwas hineinmanövriert, das ich gar nicht wollte. Kann es sein, dass ich nur eine Marionette bin in einem Spiel, das nur Sie durchschauen?« Wieder lächelte Falter spitzbübisch, aber diesmal wirkte es auf Sebastian nicht beruhigend.

Falter legte die Hand auf Sebastians Schulter und sprach mit väterlicher Stimme: »Mein lieber Sebastian. Übermorgen in zwei Monaten sitzen Sie in der ersten Reihe des großen Kurhaussaals – oder in der fünften Reihe oder im ersten Rang, den ich persönlich bevorzugen würde. Es ist ganz gleich, denn Sie sind der einzige Gast. Eine wunderschöne junge Frau betritt kurz nach acht die Bühne. Sie wird sich kurz wundern über das ungewohnte Bild, das sich ihr bietet. Aber dann wird sie spielen, nur für Sie, Sebastian, spielen, und dabei wird ihr aufgehen, dass dies schon immer ihrer wahren Berufung entsprach. Überwältigt von diesen Gefühlen und der berauschenden Macht der Musik wird sie schließlich an den Bühnenrand treten und sie zu sich emporziehen, und dann verschmelzen Ihre Leiber in einer Umarmung voll überirdischer Wonne.«

Ergriffen von seinen eigenen Worten machte Falter eine kurze Pause.

»Wie in Isoldes Liebestod, nur ohne Tod und dafür mit Ihnen.«

»Aha.«

»So ähnlich müssen Sie es sich in doch in Ihren Phantasien ausgemalt haben, nicht?«

»Na ja …«

»Und genau das wird Ihnen unser Plan bescheren.«

Der Jaguar wartete direkt vor der Haustür auf dem Seitenstreifen, wo er gleich zwei Behindertenparkplätze in Beschlag nahm. Als Sebastian dem alten Herrn die Tür öffnete, kam ihnen ein Schwall klassischer Musik entgegen. Der Chauffeur hatte ihr Kommen offenbar nicht bemerkt und stellte schnell das Radio aus.

18

Laura klappte entnervt ihren Laptop zu. Es war wie so häufig: Wenn Sie im Internet etwas recherchieren wollte, war sie nachher verwirrter als vorher. Sollte sie sich nun um ein Auslandssemester bemühen oder nicht?

Wer später an der Universität bleiben oder in der Wirtschaft arbeiten wolle, für den sei der Blick über den Tellerrand und über das deutsche Rechtssystem hinaus unerlässlich, ließ sich eine Expertin vernehmen – *je länger, desto besser*. Laura stieß auf Erlebnisberichte anderer Studenten, die von ihren Auslandsaufenthalten schwärmten. Alle waren sich einig, dass sie in der Fremde über das Fachliche hinaus persönlich gereift seien und viele interessante Menschen kennengelernt hätten.

Das klang gut, aber auch ein bisschen einschüchternd. Laura stöberte auf der Internetseite ihres eigenen Fachbereichs. Dass ihrer Hochschule der Status einer internationalen Netzwerkuniversität zukam, war ihr gar nicht bewusst gewesen. Es bestanden Kontakte zu Partneruniversitäten in den USA, in Australien, Korea (Süd-), Chile, Russland, der Slowakei und etlichen weiteren Ländern. Es gab kaum eine Weltregion, die in der Auflistung fehlte. Klar, sie müsste sich bewerben und ein Auswahlverfahren durchlaufen. Aber wenn es nach den Noten ging, müsste sie gute Chancen haben.

Aber wollte sie das? Persönlich zu reifen, konnte nie schaden, gerade ihr nicht. Doch sie würde Zeit verlieren und aus dem verschulten Rhythmus gerissen, der ihr an ihrem

Studienfach so behagte. Sie war keine Einzelkämpferin und keine Meisterin der Selbstorganisation. Sie müsste sich im Ausland zurechtfinden und dann erneut nach der Rückkehr in der Heimat.

Wollte sie denn später an der Universität oder in der Wirtschaft arbeiten? Wenn sie dieser Frage auf den Grund ging, kam sie um eine Erkenntnis nicht herum: Sie wollte in Wahrheit überhaupt nicht als Juristin arbeiten. Auch ihr Interesse am Leben in Utah, Seoul, Bratislava oder Novosibirsk hielt sich in Grenzen (ob das Austauschprogramm mit Russland überhaupt noch bestand?). Außerdem war der Zeitpunkt schlecht. Erst wenn sie das Erste Staatsexamen in der Tasche hätte, wäre an eine Unterbrechung zu denken, aber jetzt doch nicht, so mittendrin, wo ihr noch zwei große Scheine fehlten.

Laura vergrub ihr Gesicht in den Händen. Von wegen Auslandssemester. In Wirklichkeit wollte sie weg, einfach nur weg. Am liebsten würde sie ohne Sinn und Verstand das Weite suchen. Vielleicht sollte sie sich als Rucksacktouristin durch das australische Outback schlagen. Der Gedanke reizte sie kein bisschen, aber Australien war gut. Je größere Distanz sie zwischen sich und ihr derzeitiges Leben legte, desto besser. Neuseeland, das war noch weiter, und dort könnte es ihr eventuell sogar gefallen.

Es gab inzwischen Tage, an denen es ihr morgens nur unter Anstrengung gelang, das Bett zu verlassen. Ihre Arme und Beine fühlten sich an, als würden sie durch bleischwere Gewichte gen Boden gezogen, und jeder Schritt erschien ihr wie in Zeitlupe. Konnte es sein, dass sie unter einem Burn-out-Syndrom litt? Das war lächerlich. Sie hatte noch nichts geleistet oder erlitten. Ihr Leben wog leicht verglichen mit dem Schicksal anderer. Sie war bloß genervt: vom Studium, von der Stagnation in ihrem Verhältnis zu Sebastian. Aber das hatte sie zwei Jahre lang überlebt und würde es zur Not auch weiterhin. Dass ihr der Assistent von Professor Klümper ein Date angetragen hatte und sie so schafsköpfig gewesen war zuzusagen, fiel in die Kategorie des allgemeinen Lebensrisikos. Was ihr gerade wirklich zu schaffen machte, war die Sache mit Kate.

Trotz oder gerade wegen aller Unterschiede im Wesen war Kate ihre beste Freundin, ihr Beistand, wenn sich wieder Zaghaftigkeit ihrer Seele bemächtigte. Für Kate schien es keine Schwierigkeiten im Leben zu geben. Sie begegnete allen Umständen mit der Attitüde des *Hoppla, jetzt komm ich*, nahm sich, was sie brauchte und scherte sich nicht um das Urteil anderer.

Doch nun war eine Verwandlung mit Kate vorgegangen. Sie schminkte sich neuerdings und schien sich die Haare wachsen lassen zu wollen. Das waren die Äußerlichkeiten. Beunruhigend waren neue Seiten an Kates Verhalten ihr, Laura, gegenüber.

Täuschte sie sich, oder suchte Kate neuerdings zwanghaft ihre Nähe? Bisher war alles eingespielt gewesen zwischen ihnen. Oft genug hatte sich Laura, wenn sie zusammen ausgingen, als Anhängsel gefühlt, als Alibi für Kates Eskapaden. Die Rollenverteilung schien unverrückbar: Ihre Freundin war die Starke, sie die Lebensuntüchtige, das scheue Reh, was ja im Kern der Wahrheit entsprach.

Nun schienen sich die Verhältnisse umgedreht zu haben. An der Universität sahen sie sich ohnehin ständig, aber außerdem rief Kate nun auch noch mehrmals täglich an, wenn sie nicht gleich unangemeldet vorbeikam. Als Vorwand diente die Rolle als Mentorin, die sie eigenmächtig beanspruchte. Jeden neuen Artikel über diese Pianistin schleppte sie an, als ob Laura nicht selbst des Googelns mächtig gewesen wäre.

Erkenntnisse förderten diese Texte selten zu Tage, und die wenigen praktischen Vorschläge, die sie machte, grenzten an Schwachsinn. Sie wollte Sebastian also durch einen Bekannten beschatten lassen, damit bald alle Welt von Lauras Liebeskummer wusste? Nein danke! Inzwischen hatte Laura den Eindruck, dass Kate sie nur hinhalten wollte.

Richtig unangenehm war es letzte Woche geworden. Kate und sie hatten vor einiger Zeit die Gewohnheit aufgenommen, einmal in der Woche schwimmen zu gehen. Dabei absolvierte Laura ihre selbstverordnete halbe Trainingsstunde und zog stoisch ihre Bahnen, während Kate nach ein paar Stößen zum Planschen überging und andere Badegäste beobachtete. Natürlich hatten sie sich in der Umkleidekabine tausendmal nackt gesehen, aber diesmal hatte Kate sich in diesem Zustand vor ihr aufgebaut, an sich heruntergesehen und gefragt: »Findest du mich eigentlich attraktiv?«

»Was für eine Frage«, hatte Laura ausweichend geantwortet. »Für deine Attraktivität fehlt es dir doch nicht an Beweisen.« Sie selbst hatte ihren Badeanzug zur Hälfte heruntergerollt und stand mit bloßem Oberkörper da.

»Ich sehe doch aus wie ein Junge«, fuhr Kate fort und richtete einen vergleichenden Blick auf Laura. »Weißt du, ich hätte gern einen so schönen Busen wie du. Er ist so perfekt und doch so, wie soll ich sagen, persönlich. Darf ich ihn einmal berühren?«

Laura konnte gar nicht reagieren, da näherte sich Kates Hand schon ihrer Brust. »Wie sich die Äderchen unter deiner weißen Haut abzeichnen«, sagte Kate, während sie mit dem Finger die Linien nachzog. Dann berührte sie die Brustwarze: »Ganz steif vom kalten Wasser.« Schließlich umschloss sie Lauras Brust mit der Handfläche und sah ihre Freundin stumm an. Diese war so perplex, dass sie es geschehen ließ. Es vergingen endlose Momente, bis ihr ein Satz einfiel, mit dem sie sich von Kate befreien konnte: »Pass auf, dass die Silikonkissen nicht verrutschen.« Sie entsandte ein Lachen, um den Vorfall herunterzuspielen, und schob Kates Arm sachte von sich.

Das war vor einer Woche gewesen, und seitdem hatte Laura Angst vor jeder Begegnung. Wie war dieses Verhalten zu erklären? Als natürliche Zärtlichkeit unter Freundinnen? Kate machte sich *keinen Kopf*, wie sie selbst immer sagte. Vielleicht war sie einem Impuls gefolgt, und es hatte gar nichts zu bedeuten und würde sich auch nicht wiederholen.

Vielleicht war sie, Laura, nur zu prüde. Es dauerte ja auch immer Ewigkeiten, bis sie es bewerkstelligte, mit einem Jungen vom Verbalen zum Physischen überzugehen. Aber was hieß schon *immer*? Genau zweimal war das passiert, den Fauxpas mit David ausgenommen. Vielleicht gehörte die Aktion zu Kates Masterplan, Lauras Sinnlichkeit aufzuschließen.

All das war möglich, und an die andere Möglichkeit wollte sie gar nicht denken.

Laura tippte *Neuseeland für Alleinreisende* in das Eingabefeld der Suchmaschine. Der erste Treffer bewarb eine Rundreise *Amplified New Zeeland* in 16 Tagen und die Ausbaustufe *All of New Zeeland* in 23 Tagen. Nein, Neuseeland war zwar entfernt genug, aber anscheinend zu klein für ihr Vorhaben. Sie bräuchte mindestens ein halbes Jahr, um Abstand zu gewinnen und ihre Festplatte neu zu booten (vor Aufnahme des Jurastudiums wären ihr poetischere Bilder eingefallen).

Es klingelte. Laura zuckte zusammen. Sie wusste, wer das war. Sie überlegte kurz, nicht aufzumachen, aber das würde nichts nützen. Durch den Spion konnte man auch von außen erkennen, dass Licht brannte. Sie könnte später behaupten, geschlafen und das Klingeln nicht gehört zu haben. Sie könnte durch die Tür rufen, dass sie Migräne habe.

Kate umarmte sie inniger und länger als nötig, und wieder musste sich Laura mit Nachdruck aus der Umklammerung lösen.

»Na, meine Süße, lernst du?«, fragte Kate.

»Nein, ich habe sinnlos im Internet gesurft.«

Kate warf einen Blick auf den Bildschirm des Laptops. »Neuseeland? Planst du eine Fernreise?«

»Nur so eine Idee, viel zu teuer.«

Kate setzte sich aufs Bett. »Willst du nicht wissen, was es Neues gibt?«

»Was gibt es Neues?«, antwortete Laura mit genervtem Unterton. Sie zog den Schreibtischstuhl ein Stück zur Seite und setzte sich in großzügigem Sicherheitsabstand zu ihrer Freundin.

»Ein Interview.« Kate sang es mehr, als dass sie sprach. Dazu reckte sie einen Internetausdruck in die Höhe.

»Was steht drin?«, fragte Laura gelangweilt.

»Bemerkenswert ist zunächst der Umstand, dass es in der amerikanischen Ausgabe der *Cosmopolitan* erschienen ist. Sophie Bonnard hat sich bunten Blättern bisher verweigert. Wie nicht anders zu erwarten, kommt auch die Frage, ob es einen Mann in ihrem Leben gebe. Jedenfalls durch die Blume.«

Sie führte sich eines der Blätter vor die Augen. »How does your partner deal with your demanding profession?«

»Und? Was gibt sie zur Antwort?« Eine gewisse Neugier konnte Laura nicht verhehlen.

»Sie sagt ...« Kate vertiefte sich wieder in den Ausdruck. »Nice try. But as a matter of principle I don't talk about my personal affairs to the public.«

Laura stöhnte auf.

»Aber sie bestreitet es auch nicht«, insistierte Kate.

In Laura kochte etwas hoch, und sie musste sich bezwingen, es nicht überkochen zu lassen. Sie atmete tief durch und sagte mit bemühter Beherrschung: »Kate, das bringt doch nichts. Seit Wochen legst du mir Artikel über Sophie Bonnard vor. Mich interessiert diese Frau nicht, und auch mit meiner Beziehung oder Nicht-Beziehung zu Sebastian komme ich allein klar. Ich habe dich nicht gebeten, meine *Mentorin* zu spielen.«

Für einige Sekunden herrschte Stille. So deutlich hatte Laura noch nie zu ihrer Freundin gesprochen, und sie war gerade im Anflug, es zu bereuen, als Kate zu ihrer Antwort ansetzte: »Du hast Recht. Ich bin nicht sehr hilfreich gewesen bisher. Aber du hast mich nicht ausreden lassen. Der Artikel enthält eine Neuigkeit, die uns vielleicht von Nutzen sein kann: Sophie Bonnard will unter ihrem Namen ein Parfüm herausbringen.«

»Wie, bitteschön, soll uns das von Nutzen sein?«

»Im Lancieren dieser Information liegt meiner Meinung nach das wahre Motiv des Interviews. Bisher hat sie Frauenzeitschriften gemieden. Nun gewährt sie einer ein Interview, ohne wirklich etwas von sich preiszugeben. Das einzig Neue ist das mit dem Parfüm.«

»Und?«

»Wahrscheinlich hat sie der Hersteller des Parfüms angehalten, PR dafür zu machen. Vielleicht steckt die Zeitschrift mit im Boot, und es hat ein Koppelgeschäft mit einer Anzeige gegeben.«

»Kann sein, aber was hat das mit uns zu tun?« Laura musste schon wieder aufpassen, nicht heftig zu werden. »Machst du jetzt auf investigative Journalistin?«

»Fast getroffen«, sagte Kate geheimnisvoll. »Es ist so: Ich habe eine Freundin aus Schülertagen, die einen Beautyblog im Internet betreibt. Vielleicht kennst du sie: Trixi T. In Wirklichkeit heißt sie Tina.«

»Nein, ich kenne sie nicht«, rief Laura.

»Um es abzukürzen: Ich weiß, dass sie nicht alle Texte selber schreibt. Ich könnte ihr anbieten, in ihrem Namen ein Interview mit Sophie Bonnard zu führen, und dann frage ich nach Sebastian. Diese Blogs haben für den Kosmetikmarkt eine riesige Bedeutung. Das wird sich der Parfümhersteller kaum entgehen lassen.«

Laura war überrascht. Kate hatte zur Abwechslung einen Plan. Er war idiotisch, aber besser als alles, was sie bisher vorgebracht hatte. »Meinetwegen brauchst du dir die Mühe nicht zu machen«, sagte sie. »Das ist doch alles fürchterlich kompliziert. Ich werde mich überwinden und Sebastian morgen direkt fragen, was Sache ist.«

»Keine Diskussion«, antwortete Kate schnell. »Ich habe versprochen, dir zu helfen, und jetzt kommt die Gelegenheit dazu.« Sie räkelte sich selbstzufrieden auf Lauras Bett und setzte eine unternehmungslustige Miene auf. »Und nun? Wollen wir es uns gemütlich machen? Ich hätte Lust auf ein Glas Rotwein. Hast du welchen da?«

Das war ein Vorschlag, den es abzuwehren galt, und Laura fühlte sich diesmal gerüstet dafür. »Du, sei mir nicht böse«, gab sie zurück, »aber ich habe wahnsinnige Kopfschmerzen. Ich habe nur die Tür aufgemacht, weil ich wusste, dass du es bist. Ich muss schlafen.«

Sie erhob sich mit einem bedauernden Lächeln von ihrem Stuhl, griff nach Kates Armen, zog sie nach oben und direkt in eine freundschaftliche Umarmung, die zugleich eine Verabschiedung war. Wenn es schon zum Körperkontakt kommen musste, war es besser, sie bestimmte den Ablauf.

»Kannst du mir etwas versprechen?«, flüsterte sie Kate ins Ohr. »Dass du immer meine Freundin bleibst?«

19

»Guten Abend, Herr Falter«
»In der Tat, derselbe. Bonsoir, mein junger Freund. Sie scheinen mit meinem Anruf gerechnet zu haben.«
»Erstens das, und zweitens kenne ich allmählich Ihre Nummer.«
»Dann wissen Sie sicher auch, was ich von Ihnen will.«
»Wissen, was es Neues gibt, nehme ich an.«
»Allgemein gesprochen, ja, aber Sie hatten ja auch konkrete Aufgaben, nicht wahr?«
»Mit dem Kurhaus geht alles klar. Wir haben den Saal.«
»Sehr schön. Kostenpunkt?«
»Fünftausend bei üblicher Konzertbestuhlung in Parkett und Rang. Zuzüglich Mehrwertsteuer.«
»Na ja, damit war zu rechnen.«
»Ein Last-Minute-Rabatt war diesmal nicht drin, scheint in der Gebührenordnung nicht vorgesehen. Dafür sind Garderobe und Endreinigung inklusive.«
»Ich bin begeistert.«
»Aber es gibt eine Sache zu klären: das Catering. Wenn wir nur eine Flasche Sekt und zwei Gläser bestellen, könnte das Argwohn erregen.«
»Das ist wahr. Lassen Sie mich überlegen ... Wir nehmen die übliche Menge an Getränken, natürlich in Kommission, und eine Ladung Laugenbrezel.«
»Okay.«
»Die Brezel können Sie dann mit Mademoiselle Bonnard an die Tauben im Kurpark verfüttern.«

»Okay.«

»Und tun Sie mir die Liebe und sagen nicht immer *okay*. Das ist nicht Ihr Niveau. Es gibt dafür kultiviertere Ausdrücke, zum Beispiel: *in Ordnung* oder *gewiss* oder *d'accord* oder von mir aus auch einfach *ja*.«

»Oka ... ich meine: Ich werde mich bemühen.«

»Fein. Sonst noch etwas?«

»Die Dame von der Kurhausverwaltung fragte noch, was mit den Eintrittskarten sei.«

»Wieso? Was soll damit sein?«

»Na, die Brahmsgesellschaft oder die Brahmsfreunde ... also jedenfalls die anderen hätten ja schon Karten für das Konzert verkauft, also für das ursprünglich geplante ... ob wir die übernehmen ... weil es doch die gleiche oder sogar dieselbe Künstlerin sei.«

»Sie meinen, ob diese Karten ihre Gültigkeit für unser Konzert behalten?«

»So habe ich die Frage verstanden.«

»Sind Sie von Sinnen? Natürlich nicht. Muss ich Ihnen noch einmal unseren Plan erläutern?«

»Nein.«

»Sie stellen das klar und lassen sich pro forma einen neuen Satz Eintrittskarten aushändigen. Und außerdem: keine Aufnahme in den Konzertkalender, keine Plakate, keine Mitteilung an die Presse. Sagen Sie, dass wir alles selbst übernehmen.«

»In Ordnung.«

»Kann ich mich darauf verlassen?«

»Gewiss.«

»Uaaarghh, mein Herz. Menschenskind, Sebastian. Wollen Sie mich in den Wahnsinn treiben?«

»Gewiss nicht, das erledigen Sie schon ganz allein.«

Sebastian drückte auf die rote Taste seines Telefons, stellte sicher, dass die Verbindung wirklich gekappt war, und stieß einen Schrei aus, dass es ihm in der Kehle wehtat.

Auf was hatte er sich eingelassen? Er hatte sich zwar eben eine Aufmüpfigkeit geleistet und seinen Mentor beleidigt. Aber das würde an diesem *Gentleman* abperlen wie Wasser an einem Erpel und ihn in keiner Weise von seinen Plänen abbringen. Er würde milde darüber hinwegsehen, so wie er sich die Schimpfwörter seines Chauffeurs gefallen ließ.

Es gab keinen Weg zurück. Falter war bereits Verbindlichkeiten in fünfstelliger Größenordnung eingegangen. Das Ganze lief auf eine Katastrophe zu, und er, Sebastian, ging der Blamage seines Lebens entgegen, wenn nicht der Vernichtung seiner Existenz.

Von allen Möglichkeiten, wie Sophie beim Anblick des leeren Konzertsaales reagieren würde, war liebestolle Verzückung nicht nur die unwahrscheinlichste, sondern die einzig ausgeschlossene. Vermutlich würde sie auf dem Absatz kehrt machen, aus dem Kurhaus stürmen und sich in das nächste Taxi flüchten. Woher wollten sie wissen, dass Sophie alleine kam? Vielleicht brachte sie einen Freund mit oder jemanden aus ihrem neuen Management. Im ersten Fall hätte er noch körperliche Züchtigung zu erwarten, im zweiten eine Anzeige.

Genau, wie stand es eigentlich um die rechtliche Seite? Darüber hatte er noch gar nicht nachgedacht. Machte er sich eventuell der Nötigung oder sogar des Betruges schuldig, und was war mit dem Stalking-Paragraphen, den sie in der Strafrechtsvorlesung gestreift hatten? *Wer einem Menschen unbefugt nachstellt*, fing er an und schloss mit der Androhung von Freiheitsstrafe. Was dazwischen stand, hatte er vergessen, aber es war auf ihn sicher umstandslos anwendbar.

Sebastian wollte zum Regal gehen, um den Gesetzestext zu holen, als es an der Tür klingelte. Ihn durchzuckte eine Hoffnung. Laura! Sie war die Einzige, die ihm helfen konnte, und irgendeine höhere Fügung musste sie in dem Moment, da er sie brauchte, zu ihm geschickt haben. Er würde sich ihr offenbaren, und dann würde alles gut.

Es war nur der bekiffte amerikanische Student von nebenan. »Heard you screamin'«, nuschelte er. »Thought, there was a murder going on. Everything okay?«

»Yes, everything okay«, antwortete Sebastian. »More than that: brilliant, fabulous, marvelous. I was just fooling around, you know, testing my voice.«

»Sure. If you need help, just let me know«, sagte der Andere schläfrig.

Sebastian bedankte sich und schloss die Tür. So tief war er gesunken, dass er sich von einem solchen Typen Hilfe anbieten lassen musste. Er musste jetzt mit Laura sprechen. Sollte er seine Schuhe anziehen und zu ihr herüberlaufen? Das wäre aufdringlich. Er würde anrufen. Er nahm das Telefon und setzte sich damit in den Sessel. Nach einer kleinen Ewigkeit hatte er den Mut gefasst, ihre Nummer zu wählen. Es tutete lange, und er wollte schon aufgeben, als sich leise Lauras Stimme meldete.

»Ja?«

»Hallo, Laura, hier ist Sebastian.«

»Oh, hallo Sebastian.«

»Wir haben uns eine Weile nicht gesehen. Ich hatte ein paar Dinge zu erledigen. Ich wollte einfach mal fragen, wie es dir geht.«

»Das ist lieb, aber, ehrlich gesagt, ich habe schon geschlafen. Wieviel Uhr ist es denn?«

Sebastian schaute auf den Radiowecker neben seinem Bett: 00:47 stand dort in roten Leuchtziffern. Sebastian brauchte eine Sekunde, bis er verstand, dass das ziemlich spät war.

»Oh Gott«, sagte er. »Ich habe gar nicht auf die Zeit geachtet. Entschuldige vielmals und schlaf bitte weiter. Wir können ja die Tage nochmal sprechen.«

»Tut mir leid, aber ich weiß gerade gar nicht, wo oben und unten ist. Gibt es etwas Dringendes?«

»Nein, gar nicht. Wie gesagt: Ich wollte mal wieder deine Stimme hören.«

Als das Gespräch beendet war, wollte Sebastian zu einem neuerlichen Schrei ansetzen, aber dann dachte er an den Nachbarn und beließ es dabei, sich eine Ohrfeige zu versetzen.

20

Unter den Anfeuerungen des Fotografen drehte Sophie den Kopf nach links, dann wieder nach rechts, sprang in die Höhe, warf sich auf den Boden, presste eine Hand an ihre Haare, während sie sich mit dem Zeigefinger der anderen über die wie feucht glänzende Unterlippe fuhr, schmiegte ihr Gesicht an den Flacon, schürzte ihren Mund, um einen Kuss zu markieren, küsste den Flacon wirklich. Dabei versuchte sie nach Kräften, ihrem Blick einen sinnlichen Ausdruck zu verleihen, aber das war nicht leicht, wenn einem der Zug aus der Windmaschine im Gesicht stand.

Auf einer ihrer Flüge hatte sie sich eine hartnäckige Bindehautentzündung eingefangen. Das war nichts Neues, die Kabinenluft bekam ihr nicht. Sebastian hatte es abgelehnt, den Termin für das Fotoshooting zu verschieben. Die Rötung werde wie so mancher andere Schönheitsfehler bei der Bildbearbeitung beseitigt.

Sie hatte das nicht besonders charmant gefunden. Welche *anderen* Schönheitsfehler meinte er? Die Falte an den Unterlidern ihrer Augen etwa, die ihrem Blick so etwas Jugendlich-Naives verlieh?

Sophie war weit davon entfernt, sich ihrer Schönheit sicher zu sein. Je häufiger sie ihr bescheinigt wurde, desto misstrauischer wurde sie. Selbst wenn es ehrlich gemeint sein mochte – verbarg sich dahinter nicht der Versuch, ihre Qualität als Künstlerin zu relativieren? Es brachte nichts, hübsch zu sein. Man pflanzte ein Bild in die Köpfe der Mitmenschen, das man nicht unter Kontrolle hatte. Im Inneren fühlte sich Sophie sowieso wie das pummelige Mädchen, das sie mit dreizehn gewesen war.

Sie gab auf. Sie konnte das Blinzeln nicht länger unterdrücken und löste sich aus der eingefrorenen Haltung, zu der sie ihr Zuchtmeister im schwarzen T-Shirt verdonnert hatte. Endlich hatte auch dieser ein Einsehen und ließ seine Kamera sinken. »Okay, Pause, Augentropfen«, rief er in Richtung einer Assistentin, und es klang wie ein Vorwurf.

Überhaupt gefiel Sophie der Ton nicht, den er anschlug. Gegen das Duzen ließ sich nichts sagen. Daran hatte sie sich gewöhnt, es war nicht ihr erstes Foto-Shooting. Aber der Fotograf behandelte sie wie eines jener austauschbaren Models, mit denen er sonst zu tun hatte. Er hetzte sie von einer Position in die nächste, bellte ihr Kommandos entgegen, benotete ihre Bemühungen. All das tat er nicht unfreundlich und wahrscheinlich in motivierender Absicht, aber ohne den zartesten Versuch, ihr das Gefühl zu nehmen, Spielball seiner Launen zu sein.

Wusste er nicht, dass sie eigentlich Pianistin war, dass sie diese Tortur über sich ergehen ließ, weil sie es ihrem *Bekannten* Sebastian von Stolberg, nebenbei Manager beim Auftraggeber, versprochen hatte? Das mit der Pianistin war ihm bekannt, schließlich hatte sie sich vorhin eine Stunde auf dem weißen Flügel räkeln müssen, der für das Shooting herangeschafft worden war.

Ein weißer Flügel! Soweit sie wusste, hatte sich nicht einmal Lang Lang, der sich für keinen Klamauk zu schade war, an einem so lächerlichen Requisit ablichten lassen. Hielt sie der Fotograf für eine Schnulzensängerin? Welche Musik hörten Typen seines Schlages (Mitte Dreißig, Vollbart, Tätowierungen)? Jedenfalls keine Klassik, so viel war anzunehmen. Sophie konnte wachsenden Groll gegen den, der ihr das eingebrockt hatte, nicht unterdrücken.

Nachdem sie in das Parfümprojekt eingewilligt hatte, war alles merkwürdig schnell gegangen, so als wäre es von langer Hand vorbereitet gewesen. Nun gelte es, das Weihnachtsgeschäft mitzunehmen, hatte Sebastian postuliert, und so war sie in die Fänge des ortsansässigen Stammfotografen der *Colonia Cosmetics GmbH* geraten, eines Praktikers von begrenztem Kunstsinn.

Vor ein paar Monaten wäre sie aufgestanden und weggegangen, aber irgendetwas war mit ihr geschehen, und es hatte nicht einmal mit ihrem neuen Freund zu tun. Seit einiger Zeit funktionierte sie nur noch auf Autopilot.

Auf einmal überkam sie das Bedürfnis, dieser feindlichen Umgebung etwas entgegenzusetzen. Sie ging zum Flügel, setzte sich auf den Schemel, testete das Instrument mit ein paar Glissandi (es klang ganz manierlich) und begann zu spielen. Unwillkürlich wählte sie das Intermezzo Opus 118 Nr. 2 von Brahms, das sie immer, wenn sie damit in Berührung kam, mit einem heimatlichen Gefühl erfüllte.

Sie musste nicht besonders schön spielen, um ihr Publikum im Fotostudio aufhorchen zu lassen: eine Handvoll Leute, von denen ihr nur die Funktionen des Beleuchters und der Visagistin klar waren. Auch der Fotograf kam nun hinzu. Er nahm seine Kamera in Anschlag und begann zu knipsen. Dazu rief er die Parolen, die er schon den ganzen Tag zum Besten gegeben hatte: »Jaa, gut«, »schließ die Augen«, »und jetzt den Kopf in den Nacken«, »mehr schmachtend«, »denk an deinen Lover«.

Er setzte ab, holte den größten der mit rosafarbenem Wasser gefüllten Flacon-Dummys herbei und suchte dafür einen passenden Platz auf dem Flügel. Dann startete er seine Fotokanonade von neuem.

Die Kamera klickte in kurzen Salven, während er aus wechselnden Positionen auf Sophie anlegte. Er ging in die Knie, bestieg eine Leiter und auch den Flügel selbst, bedeutete dem Beleuchter, seine Rochaden nachzuvollziehen, wies die Visagistin auf glänzende Stellen hin, die sich auf Sophies Stirn abzuzeichnen begannen.

Brahms' Intermezzo war längst durch. Sophie spielte den Schlussteil in Endlosschleife und ahnte, dass sie im Begriff war, ihr Lieblingsstück im Morast widriger Erinnerungen zu versenken. Endlich war der Fotograf fertig. »Das war mega«, sagte er zu Sophie. »Jetzt das Ganze noch mal im weißen Kleid. Das wirkt stimmiger zu dem Flügel, purer. Ziehst du dich um?«

Es war später Nachmittag, als Sebastian endlich seine Ankündigung wahrmachte und sich im Studio blicken ließ. Sophies Groll war längst in Ermattung aufgegangen, und als sie Sebastian sah, war sie bereit, in ihm ihren Erlöser zu erkennen und sich in seine Arme fallen zu lassen. Aber das ging nicht.

»Na, fleißig gearbeitet?«, rief er aufgeräumt in die Runde, und, an Sophie gewandt: »Ich hoffe, unser Künstler hier hat Sie nicht zu hart rangenommen. Kann man schon Ergebnisse sehen?«

Sie scharten sich um einen Bildschirm, auf dem der Ertrag des Tages in rechteckigen Miniaturen ausgestellt war. Es mussten aberhunderte von Fotos sein, aber der Fotograf wies seinen Mitarbeiter vor dem Laptop an, sofort zu der Serie am Flügel zu gehen (danach waren noch Motive im

Pelzmantel entstanden). Er beugte sich zum Bildschirm vor, sagte ein paarmal »nein« oder »das nicht« und deutete dann auf eines der Rechtecke. »Mach das mal groß.«

Das Bild zeigte Sophie in einem Moment größter Entrückung, den Blick in eine namenlose Ferne gerichtet, dazu den Mund halb geöffnet, als würde ihm gerade ein ekstatischer Seufzer entweichen. Mit ihrem neuen Kurzhaarschnitt wirkte sie wie eine moderne Ausgabe von Jeanne d'Arc: rein und gefährlich zugleich.

Sophie kannte diese Haltung von sich. Mit längeren Haaren gab es ein ähnliches Foto im Booklet einer CD, und schon dieses war ihr peinlich gewesen, dabei hatte sie damals nicht in einem schulterfreien weißen Fetzen an einem weißen Flügel mit einem quietschbunten Parfümflacon darauf gesessen.

»Geil«, entfuhr es Sebastian von Stolberg, »einfach nur geil.« Sophie wusste nicht, was dieses Wort bedeutete. »Wisst ihr was? Ohne die anderen Fotos gesehen zu haben, glaube ich, das ist es schon. Was meint ihr?«

Die Umstehenden blickten zu ihrem Chef, dem Fotografen. Dann nickten sie.

»Aber ist das nicht ridicule, so mit dem Flacon?«, erhob nun Sophie das Wort und schämte sich für ihr schlechtes Deutsch. »Ich spiele nie mit Parfüm auf dem Flügel.«

»Das ist nur ein Platzhalter, oder?«, meinte Sebastian. »Der Flacon wird von den Produktfotografen neu aufgenommen und dann in die Anzeige kopiert.«

»Muss man sehen«, sagte der Fotograf mit nachdenklicher Miene.

»Also, ich finde es gerade gut so«, traute sich die Assistentin aus der Deckung. »Durch das rückwärtige Licht bekommt der Inhalt so ein intensives, unheimliches Glühen. Fast wie ... der Heilige Gral.«

Alle überprüften das Bild noch einmal auf diese Feststellung und mussten zustimmen. Tatsächlich: Das Rosa war nicht von dieser Welt.

»Was heißt *Heiliger Gral* auf Französisch?«, fragte Sebastian.

»Le Graal«, antwortete Sophie.

»Und auf Englisch?«

Der Beleuchter recherchierte es auf seinem Smartphone: »Holy Grail.«

»Hm«, brummte Sebastian. »Klingt wie ein Müsli. Wir bleiben bei *Appassionata*.«

»Ich dachte, du kommst gar nicht mehr«, stöhnte Sophie auf dem Weg zu Sebastians Wagen.

»Ich musste arbeiten, Chérie. Für den Duft, der deinen Namen trägt.«

»... und den ich immer noch nicht kenne. Es ist komisch: Ich gebe Interviews und mache Fotos für etwas, was noch gar nicht existiert.«

»Sophie.« Sebastian drückte kurz ihre Schulter, nicht ohne vorher sichergestellt zu haben, dass sie niemand beobachtete. »Ich habe es dir doch erklärt. Wir müssen bei den Käuferinnen eine Erwartungshaltung kreieren. Das ist modernes Marketing. Mit dem Produkt liegen wir absolut im Zeitplan. Aber wir haben uns nach Marktanalysen entschlossen, deine Linie im mittleren Preissegment zu platzieren. Das hat Auswirkungen auf die Rezeptur: Der Duft muss jünger und frischer daherkommen, und wir müssen mehr mit synthetischen Aromen arbeiten.«

Sophie blieb stehen und fuhr Sebastian aufgebracht an: »Nun gib es doch zu: Ihr wollt mich, wie sagt man? *Verarmen*. Nein, *verarschen*.« Sophies Miene changierte zwischen Wut und Verzweiflung. »So hilf mir doch!«

»Meinst du *verramschen*? Nein, ich schwöre dir: Dein Duft wird High Class, aber zum Schnäppchenpreis. Komm, nun sei ein braves Mädchen.« Sebastian sah sich kurz um und streichelte ihr über die Wange.

Sie erreichten seinen Wagen, einen grauen SUV mit mokkabrauner Lederausstattung und Kindersitz auf der Rückbank. Sebastian war stolz auf diese Farbkombination, hatte lange überlegt, ob die Individuallackierung mit der Bezeichnung *Sophistograu* wirklich über zweitausend Euro Aufpreis wert war, oder ob es *Spacegrau*, *Graphitgrau* oder *Sparkling Grau* nicht auch taten. Aber dann hatte er entschieden, sich diese Extravaganz zu leisten, die ihn als Feingeist in einer Welt der Uniformität auswies. Er hatte es nie bereut.

»Übrigens arbeite auch ich hart«, sagte Sophie, nachdem sie eine Weile gefahren waren. »Das Fotoshooting war extrem anstrengend, und vorher hatte ich noch ein Telefoninterview.«

»Ach ja«, sagte Sebastian, erfreut, dass Sophie ihre Sprache wiedergefunden hatte. »Mit wem denn?«

»So eine Bloggerin. Ich hoffe, ich muss jetzt nicht mit jedem Internetnutzer telefonieren.«

»Du, unterschätz das nicht«, belehrte sie Sebastian. »Diese Blogger sind im Beautymarkt extrem wichtig. Damit erreichen wir die ganzen Girlies, die für Printwerbung längst verloren sind.«

»… und die mich gar nicht kennen.«

»Aber bald kennen werden.«

»Als Namensgeberin eines Billigparfüms.«

»Na und, ist das so schlimm? Bestimmt werden viele neugierig, wollen wissen, wessen Parfüm sie da tragen und besuchen eines deiner Konzerte.« Sebastian wandte kurz den Blick von der Straße und sah Sophie ernst an. »Du erweist der klassischen Musik damit einen größeren Dienst als mit jedem Interview für die FAZ.«

Sophie schwieg und sah aus dem Seitenfester, wo Kölner Nachkriegsbauten an ihr vorbeizogen.

»Lief es denn gut? Ich meine, das Interview?«, fragte Sebastian nach einer Weile.

»Sie hat banale Sachen gefragt: wie ich mich schminke, ob ich eher ein Frühlings- oder Sommertyp bin, wo ich meine Kleider kaufe, was das erste eigene Parfüm für mich bedeutet. Da habe ich den Spruch wiederholt, den eure Marketingabteilung mir aufgeschrieben hat.«

»Braves Mädchen.«

»Aber da war noch etwas … ich weiß gar nicht, ob ich es dir sagen soll.«

»Was denn?«

»Sie wollte wissen, ob es einen Mann in meinem Leben gibt.«

Sebastian lachte auf. »Ja, das lob ich mir. Da denkt man: Blog, New Media, alles hip, alles schick, und dann stellen sie dieselben Fragen wie eine Frauenzeitschrift in den fünfziger Jahren. Du hast sicher wie immer hochamtlich zu Protokoll gegeben, dass du dich zu Privatangelegenheiten nicht äußerst.«

»Schon, aber dann hat sie nachgelegt und gesagt, es gebe da so ein Gerücht, dass ich mit einem Deutschen liiert sei und dass dieser Deutsche … Sebastian heißt.«

»WAAAS?« Sebastian erschrak dermaßen, dass er das Lenkrad versetzte und sein Bolide einen Schlenker zur Seite vollführte. »Und was hast du geantwortet?«

»Wieder das mit der Privatsphäre. Aber ich war kurz sprachlos, und sie muss an meiner Reaktion gemerkt haben, dass etwas dran ist.«

»Scheiße!«

»Aber sie hat mir versichert, dass sie das nicht schreiben will und nur aus persönlicher Neugier fragt«, versuchte Sophie ihn zu beruhigen.

»Wer's glaubt«, knurrte Sebastian, wechselte abrupt die Fahrspur und steuerte den Seitenstreifen an. Nachdem der Wagen zum Halt gekommen war, klopfte er sich mit dem Fingerknöchel auf die Stirn und sagte: »Lass uns die Sache rekapitulieren: Sie weiß also, dass wir zusammen sind.«

»Könnte sein.«

»Woher kann sie das wissen? Kennst du sie von irgendwoher? Wie heißt sie überhaupt?«

»Nein, ich habe nie von ihr gehört, nicht einmal ihren Namen richtig verstanden. Wart mal: Ich glaube, sie heißt Ixi.«

»Unsere Pressestelle muss ja ihre Kontaktdaten haben. Ich werde bei ihr anrufen und eine Klage androhen, falls sie dieses Gerücht öffentlich macht.«

»Hältst du das für geschickt?«, entgegnete Sophie. »Das wirkt doch erst recht wie ein Eingeständnis. Ich glaube ihr, dass sie es nicht schreiben will. Sie klang nicht wie eine Journalistin.«

Sebastian überlegte.

»Vielleicht hast du Recht. Bleibt die Frage, woher sie es weiß, und wenn sie es weiß, werden es auch andere wissen.«

Er sah Sophie durchdringend an. »Ich bin ein verheirateter Mann. Vielleicht hat meine Frau sie auf dich angesetzt.«

Sophie schwieg. Sebastian begrub das Gesicht in seinen Händen, und es dauerte, bis er die Fassung so weit wiedergefunden hatte, dass sie die Fahrt fortsetzen konnten. Als sie Sophies Hotel erreicht hatten, fuhr er nicht bis vor den Eingang, sondern bog hinter der nächsten Ecke in eine Seitenstraße ein, wo er in zweiter Reihe hielt.

»Du kommst nicht mit hoch?«, fragte Sophie leise.

»Nein, wir müssen aufpassen, jedenfalls hier in Köln.«

»Aber ich brauche dich. Ich hatte einen schrecklichen Tag.«

Sebastian sah auf die Fußmatte mit dem gestickten Logo seiner Premiummarke. »Es tut mir leid, Chérie, aber ich wäre auch nicht in der Stimmung.«

Sophie suchte seinen Blick, aber da er anhaltend auf den Boden starrte, öffnete sie die Tür und stieg aus. Dann hielt sie kurz inne, beugte sich zur Fahrgastzelle herab und sagte: »Nenn mich bitte nicht mehr *Chérie*. Das klingt so billig wie euer Parfüm.«

21

Kate wäre, nachdem das Interview beendet war, am liebsten losgestürmt und hätte Laura über den Verlauf informiert. Fürs Telefon war diese Neuigkeit zu groß. Aber sie würde sie später an der Universität treffen, und so musste sie sich noch ein, zwei Stunden gedulden.

Was war das aber auch für eine Neuigkeit! Das Interview, von dem sie sich in Wahrheit nicht viel versprochen hatte und vor dem ihr sogar ein bisschen bange gewesen war, hatte sich als Volltreffer erwiesen. Sie würde Laura im Triumph gegenübertreten, wenn auch, natürlich, im Gewand der mitfühlenden Freundin. Ihre Reputation als Mentorin war wiederhergestellt.

Vor allem aber: Sebastian war tatsächlich vergeben. Nicht zu fassen! Aber das Gespräch hatte in dieser Hinsicht keinen Zweifel gelassen. Wie ein ertapptes Schulmädchen hatte die Bonnard reagiert und gebettelt, Kate möge nichts davon in ihrem Blog bringen. Kate überlegte. Irgendetwas würde sie schreiben müssen, und der sonstige Ertrag des Interviews war mager ausgefallen (was hatte sie geschwitzt, sich überhaupt ein paar Fragen auszudenken). Es würde den Text aufwerten, wenn er um diese weltexklusive Information ergänzt würde. Aber nein, Kate gab sich einen Ruck. Sie hatte ihr Wort gegeben. Ihre alte Klassenkameradin würde den Scoop ohnehin nicht zu würdigen wissen. Schließlich war ihr Sophie Bonnard bis zu Kates Vorschlag völlig unbekannt gewesen, und es hatte einiger Überredungskunst bedurft, sie für die Idee zu gewinnen.

Seltsam war der Gedanke freilich schon, dass diese attraktive, erfolgreiche Person mit Sebastian, dem Sinnbild des Losers, zusammen sein sollte. Wo die Liebe hinfällt, sagte sich Kate jovial, denn sie war in großzügiger Stimmung. *Davon kann ich schließlich selbst ein Liedchen singen.*

Sie traf Laura in der Klümper-Vorlesung. Der Hörsaal war nicht der geeignete Ort, die Sensation mitzuteilen, also raunte sie ihr nur zu: »Wir müssen später reden.« Als die Veranstaltung beendet war, zog sie Laura zu einer Bank auf dem Campus und eröffnete ihr in dramaturgisch geschicktem Aufbau die *Breaking News.*

Lauras erste Reaktion war Unglaube, die zweite ungläubiges Schluchzen, aber selbst durch die Tränen, in die sie schließlich ausbrach, drangen Zweifel, ob diesem Rechercheergebnis zu trauen war: »Das hätte ich doch gespürt.« Dann: »Mein Herz sagt mir, dass das nicht stimmt.« Schließlich: »Neulich hat er mich nach Mitternacht angerufen. Er habe nur meine Stimme hören wollen, hat er gesagt. Das war so süß. Und ich blöde Kuh habe den Mund nicht aufbekommen.«

Kate legte den Arm um Lauras Schultern und sagte: »Trotz der Tatsache, dass ich ihn nach wie vor für einen Waschlappen halte, ist er eben doch auch ein Mann. Vielleicht wollte er sich mehrere Optionen offenhalten, oder er brauchte einfach eine lokale Zweitfrau.«

Laura blickte Kate mit roten Augen an. »Sebastian? Diesen Quatsch glaubst du doch selbst nicht.«

»Wie dem auch sei. Ich kann dir nur raten: Vergiss die Männer. Männer sind Schweine. Ich muss es schließlich wissen.«

Eine Erkenntnis huschte über Lauras Gesicht. »Selbst,

wenn das mit Sebastian stimmt«, sagte sie mit brüchigem Ton, »an dem Verhältnis zwischen dir und mir ändert das nichts.«

»Nein, natürlich nicht. Wie kommst du darauf?«, erwiderte Kate.

»Ich habe in letzter Zeit das Gefühl, dass du dir etwas anderes vorstellst. Aber das entspricht mir nicht.«

Kate stutzte einen Moment. Dann straffte sie Miene und Haltung und erklärte mit bühnenhafter Größe: »Aber Laura, Süße. Wir sind beste Freundinnen, nicht mehr und nicht weniger, und nichts auf der Welt kann mich daran hindern, meine beste Freundin zu trösten, wenn es ihr schlecht geht.« Sie breitete die Arme aus und schlang sie um Laura, die es sich gefallen ließ und den Kopf auf Kates Schulter legte.

In dieser Stellung verharrten sie lange, und ganz fest war nun auch Kates Stimme nicht mehr, als sie Laura ins Ohr sprach: »Du Dummerchen, was du dir so für Sachen denkst.«

Bei der anschließenden Vorlesung – Grundzüge des Verwaltungsprozessrechts – war Kate unaufmerksam wie nie. Ihre Gedanken hingen dem eben Erlebten nach. So fühlte es sich also an, einen Korb zu bekommen. Sie konstatierte es eher mit Verwunderung als Gram, und diese Unfähigkeit, darüber in Verzweiflung auszubrechen, panzerte ihr Selbstwertgefühl. Eine wie sie, Katharina, genannt Kate, kannte keine Niederlagen, und wenn etwas doch einmal danach aussah, ging sie gestärkt daraus hervor.

Sie presste sich in die Rückenlehne ihres Klappsitzes und versuchte Laura, die neben ihr saß und mitschrieb, mit Distanz zu begutachten. Hatte sie diesen Körper wirklich begehrt?

So what! Es war ein Gedankenspiel gewesen, ein Experiment, *ihre* Laune, nichts, das sie nicht unter Kontrolle hatte. Sie löste sich wieder aus ihrer angespannten Haltung und erklärte die Episode für beendet. No regrets. Dann beugte sie sich über ihren Block und nahm ihr gewohntes Studentenleben wieder auf.

Während sie floral-amorphe Muster auf das Papier bannte, kam ihr doch noch eine Idee: Heute Abend würde sie dem guten David mal wieder einen Besuch abstatten und mit ihm vögeln, dass ihm Hören und Sehen verging. Nicht in Camouflage als scheues Reh, sondern als Katharina, Katharina, die Große. Ein bisschen Ausgleich musste schließlich sein.

22

Mit der einen Hand steuerte Mehmet den Jaguar durch Düsseldorf, mit der anderen fingerte er am Radio herum. Es musste doch möglich sein, ein Programm zu finden, das ihn nicht nervte. Den türkischsprachigen Sender hatte er hinter sich gelassen, das war Ghetto. Der Dudelfunk mit seinen Charthits war für Mädchen.

Aber auch der Klassiksender, den er in den letzten Monaten gern gehört hatte, befriedigte ihn nicht mehr. Wenn man sich ein bisschen auskannte, und das durfte er mit Fug und Recht von sich behaupten, merkte man schnell, wie beschränkt dessen Auswahl war: immer nur kurze Stücke oder mutwillig herausgegriffene Sätze größerer Werke, bevorzugt etwas mit Schmiss oder Schmalz, möglichst gefällig eben. Erkannten die Verantwortlichen denn nicht, dass sie damit auf unzulässige Weise Teile aus einem Gesamtzusammenhang lösten und den Komponistenwillen vergewaltigten? Er würde, wenn er sich seiner Formulierkunst etwas sicherer war, eine Beschwerde verfassen.

Gerade spielten sie den *Hummelflug* von Rimski-Korsakow, davor den *Tanz der kleinen Schwäne* von Tschaikowski. War russische Stunde, oder was? Es gab doch keinen Zweifel, dass sich die Musik unter den Händen *deutscher* Komponisten zu größter Blüte entfaltet hatte. Bach, Beethoven, Brahms, das waren seine Götter, okay, vielleicht noch Mozart, aber der war Ösi und ihm inzwischen zu seicht.

Wenn einmal Brahms lief, dann bevorzugt einer der Ungarischen Tänze, die doch einen populären Tiefpunkt im

Schaffen des Meisters bildeten. Vorhin hatten sich die Programmmacher nicht einmal entblödet, das Thema aus *Die Schöne und das Biest* aufzulegen. Ein Musical! Es war nicht zu fassen. Es war ein unhaltbarer Zustand, dass der Jaguar nur über ein Kassettenteil verfügte, das überdies nicht funktionierte. Er würde seinen Chef fragen, ob man nicht doch einen CD-Spieler nachrüsten könne, machte sich aber wenig Hoffnung.

Mehmet erreichte die Königsallee. Diesmal kannte er den Weg, schließlich hatte er seinen Chef erst kürzlich zur Anprobe dorthin chauffiert. Es sei eine Schande, was aus der Kö geworden sei, hatte der gemeint, und Mehmet musste ihm recht geben: von Traditionsgeschäften kaum noch eine Spur, stattdessen das internationale Einerlei aus Designerläden und Niederlassungen großer Ketten. Sogar ein H&M war vertreten. Dafür musste man doch nicht nach Düsseldorf fahren!

Mehmet bog in eine Seitenstraße ab, hatte die Wahl zwischen einem Behindertenparkplatz, dem Bürgersteig und einer Einfahrt. Er suchte weiter, bis er eine legale Lücke gefunden hatte. Er hatte sich wirklich verändert.

Über einen blauen Teppich und vorbei an zwei Buchsbäumen betrat er den Laden, der sich als *Herrenausstatter seit 1903* empfahl. *Herrenausstatter,* was für ein ehrwürdiges deutsches Wort. Mehmet nahm sich vor, sofern es seine Finanzen zuließen, um billige Klamottenläden künftig einen Bogen zu machen. Kleider machen Leute, diesen Spruch gab es sogar im Türkischen, und dass er zutraf, wusste Mehmet spätestens, seit ihn sein Chef in diese Livree gesteckt hatte.

Mehmet ging festen Schrittes auf einen Verkäufer zu, der sich an einem Stapel Hemden zu schaffen machte. »Ich wollte

Frack abholen, für Herrn Doktor, war bei Änderung«, rief er ihm schon aus ein paar Metern Entfernung entgegen. Er hätte sich gewählter ausdrücken können, hatte das aber in der Öffentlichkeit noch nie ausgetestet. Der Verkäufer sah auf und musterte den Ankömmling mit skeptischem Blick. Dann näselte er: »Geht es etwas genauer? Doktor ist hier jeder zweite Kunde.«

»Falter«, gab Mehmet knapp zurück.

»Ach, für Herrn Doktor Falter. Stimmt, Sie waren neulich mit ihm da, ich kann mich erinnern. Warten Sie einen Moment, ich hole den Frack. In der Zwischenzeit können Sie den Abholschein heraussuchen.«

Fuck Abholschein, dachte Mehmet, wo hatte er den hingesteckt? Er durchsuchte seine Börse, alle Außen- und Innentaschen seines Sakkos, aber er war nirgends zu finden. Fuck, fuck, fuck.

Mehmet brach der Schweiß aus. Er durfte diesem Schnösel auf keinen Fall den Triumph gönnen, ihn unverrichteter Dinge nach Hause zu schicken. Er fasste sich in die Hosentaschen, an die Gesäßtaschen, und, zum Glück, da war er. Er steckte sich wichtige Zettel und Parkscheine prinzipiell in die linke Gesäßtasche, um es dann wieder zu vergessen.

Er musste organisierter werden und seine Nerven in den Griff bekommen. Vor allem aber wollte er anfangen, auch sich selbst mit mehr Würde zu begegnen und nicht mehr so viel zu fluchen. *Das Sein bestimmt das Bewusstsein* hatte er kürzlich gelesen und viel darüber nachgedacht. Schließlich war er zu der Überzeugung gelangt, dass dieser Satz stimmen mochte, was Kleider und Autos betraf, im Großen und Ganzen aber nicht. Er, Mehmet, war keine Marionette äußerer Einflüsse. Wenn er in letzter Zeit die Fesseln seines alten Seins gesprengt hatte, dann kraft seines starken Willens.

»Hier ist der Frack«, flötete der Verkäufer, als er wiederkam, »und da ist ja auch der Abholschein, sehr schön.« Er nahm den Frack vom Bügel, breitete ihn auf dem Tresen aus, strich ihn glatt, deckte ein Seidenpapier darüber und faltete den Stoff kunstvoll zu Tütengröße zusammen, eine Verrichtung von großer Perfektion, wie Mehmet zugeben musste. »Beste Grüße an den Herrn Doktor«, sagte der Verkäufer, als er ihm die Tüte aushändigte. »Er ist ein geschätzter Kunde unseres Hauses.«

Mehmet überlegte kurz, dann antwortete er: »Verbindlichen Dank. Ich werde es ausrichten.« Auf dem Weg zur Tür hielt er nach einem Stand mit Sonderangeboten Ausschau, entschied sich dann aber, seinen Abgang nicht durch ein solches Armutszeugnis zu verderben.

Sein Chef schien bereits auf die Ankunft des Fracks gewartet zu haben. Er nahm Mehmet die Tüte aus der Hand und verschwand damit im oberen Stockwerk. Es dauerte eine halbe Stunde, bis er in vollem Ornat wieder herunterkam. Mehmet hatte so lange am Fuß der Treppe gewartet.

»Alles in Ordnung mit Frack, Chef?«

Otto Falter trat vor den barock gerahmten Spiegel im Vestibül und betrachtete sich. Er spannte seine Brust, zupfte an den Ärmeln und am Revers, dann sagte er: »Es ist eben keine Maßanfertigung, sondern nur Maßkonfektion, aber alles andere wäre in meinem Alter Verschwendung.« Nach einer Pause fügte er mit gerunzelter Stirn hinzu: »Wer weiß, wie oft ich das gute Stück trage, vielleicht nur ein einziges Mal.«

»Quatsch, Chef, Sie sind doch fit«, versuchte Mehmet ihn aufzurichten.

»Alles andere als das«, murmelte Falter. Er musterte sich noch eine Weile im Spiegel, dann gab er sich einen Ruck, drehte sich zu Mehmet um und sagte: »Genug Trübsal geblasen. Jetzt erhalten Sie eine kleine Lektion in Frackkunde. Da haben Sie noch ein paar Defizite, wie mir scheint.«
»Bestimmt, Chef.«
Otto Falter erläuterte, dass der Frack nur zu feierlichen Anlässen und nur am Abend getragen werde, üblicherweise mit weißer Fliege und weißer Weste, seltener mit schwarzem Kummerbund, den er persönlich aber vorziehe, weil er distinguierter sei und zudem der Figur schmeichele. Falter lächelte schelmisch.
»Frage, Chef«, ging Mehmet dazwischen. »War ich neulich auf türkischer Hochzeit, hat Bräutigam getragen rote Fliege und roten Kummerbund. Ist okay?«
Falter verzog das Gesicht zu einer säuerlichen Grimasse. »Aber nur auf einer türkischen Hochzeit. Und Sie müssen aufpassen: Schwarze Fliege ist zum Smoking erlaubt, zum Frack kennzeichnet sie den Kellner.«
Weiter ging es mit Ausführungen zur Frackhose, die nur mit Hosenträgern getragen werden dürfe, zum Hemd mit seiner gestärkten Piquébrust und zu den Knöpfen, welche Falters Ansicht nach stilvoll nur aus Perlmutt bestehen konnten. Schließlich sprach er die Warnung aus, sich nie auf die Rockschöße, genannt Schwalbenschwänze, zu setzen und die Jacke nicht zu schließen.
Mehmet hatte aufmerksam zugehört. Dann verdunkelte sich seine Miene, und er sagte: »Schade, ich werde bestimmt nie Frack besitzen.«
»Mein lieber Mehmet«, antwortete sein Chef. »Sie werden sich eines Tages einen Frack leisten können, so wahr

ich Otto Falter heiße. Ich würde Ihnen ja gern meinen alten geben, aber der dürfte mehrere Nummern zu klein sein.«
Beide lachten. Nach einer Pause fragte Mehmet: »Warum haben Sie alten Frack überhaupt ausgemustert? War doch noch gut.«

»Nächste Woche gibt es einen Anlass, für den er mir nicht mehr gut genug erschien.«

»Ein Konzert?«

»Ja, aber keines, dem Sie beiwohnen können.«

Mehmet nahm seinen Mut zusammen und fragte: »Mit Frau aus Frankreich?«

Falter stutzte kurz. »Sie wissen alles, nicht wahr? Ja, ein Konzert mit Mademoiselle Bonnard, aber keines der üblichen Art. Sie werden mich brav hinfahren, und dann«, Falter zögerte, »Gott befohlen.« Er sah in Richtung der hölzernen Kassettendecke. »Nun haben Sie genug aus mir herausgekitzelt. Ich gebe Ihnen für den Rest des Tages frei. Sie können gern eine meiner CDs mit auf Ihre Stube nehmen, wenn Sie möchten.«

»Danke, Chef.«

»Ach, und wo wir gerade bei der Wahrheit sind: Sie brauchen sich mir gegenüber nicht zu verstellen. Ich weiß längst, dass Sie sich anders ausdrücken können.«

»Okay, Chef.«

»Mehmet!«

»Pardon, Chef. Ich meinte: Gewiss, Chef.«

23

Sebastian wühlte sich durch das Fernsehprogramm. Auf ARD lief schlechte Comedy, auf RTL, RTL II, Sat.1, ProSieben, Kabel eins und Vox amerikanischer Serientrash, auf ARTE eine Diskussion in Synchronübersetzung, auf den Dritten Variationen des *Tatorts*. So ging es nun schon den ganzen Tag, angefangen beim *Morgenmagazin* über *Volle Kanne* bis hin zu Realitysoaps am Nachmittag. Sebastian starrte apathisch auf den Bildschirm, und wenn ihm bewusst wurde, dass er nicht zuhörte, zappte er weiter.

Genaugenommen ging das nicht erst seit heute, sondern schon die ganze Woche so. Gut, am Montag war er noch zur Universität gefahren und hatte versucht, einer Vorlesung zu folgen, aber es war aussichtslos gewesen. Immer wieder wanderten seine Gedanken zu dem Ereignis, das ihm in wenigen Tagen bevorstand. Zwischendurch hatte er zu Laura geschielt (und, wie es schien, sie zu ihm), aber der nächtens gefasste Vorsatz, sich ihr zu offenbaren, hatte sich am Tag als undurchführbar erwiesen. Wie würde er dastehen? Als Vollidiot, der über Jahre in ein anderes Mädchen verliebt gewesen war und sich nun von einem verrückten Alten fernsteuern ließ.

Verliebt gewesen *war*? Ja, so verhielt es sich wohl. Der Name *Sophie Bonnard*, dem er sich über Jahre so verbunden gefühlt hatte, war von einer Verheißung zur Drohung geworden. Es gab wenig, was dieses Verhältnis schlechter charakterisierte als die Begriffe Liebe oder Verliebtheit. Am besten würde nur noch fernsehen, bis der Spuk vorbei war.

Markus Lanz kam aus der Tiefe des Raumes, schritt im Bogen hinter den Sesseln seiner Gäste vorbei, nestelte an seiner Krawatte, ließ sich auf seinem Platz nieder, klopfte sich unternehmungslustig mit seinen Sprechkarten aufs Knie.

Dazu sagte er: »Einen schönen guten Abend, freut mich sehr, dass Sie dabei sind, herzlich willkommen hier in unserer Sendung, live aus Hamburg, schönen Abend in die Runde, vielen Dank Ihnen hier im Studio und einen schönen Abend Ihnen zu Hause. Ich habe mir wunderbare Gäste einge…« Sebastian zappte weiter. Wenn er heute etwas nicht ertrug, dann die aufgedrehte Wendigkeit dieses Moderators.

Er passierte wieder diverse Krimis, ein Darts-Turnier auf Eurosport, eine Dokumentation über die letzten Geheimnisse des Dritten Reiches auf ZDFinfo, eine Erweckungspredigt auf Bibel TV. Schließlich kapitulierte er und schaltete zurück zur Talkshow. Der Moderator war im Begriff, einen Politiker vorzustellen, der sich von den launigen Worten anscheinend gut getroffen fühlte und jovial lächelte. Dann schwenkte die Kamera nach rechts, und Sebastian gefror das Blut in den Adern. Da saß Sophie.

»Und nun kommen wir zu einer ebenso begnadeten wie betörenden Künstlerin, die ich mir bei der Vorstellung nur deshalb bis zum Ende aufgespart habe, weil ich gleich mit ihr beginnen möchte«, sagte Lanz. »Sophie Bonnard heißt die junge Dame – ein ganz herzliches Willkommen an dieser Stelle –, und wer sich in klassischer Musik nicht so gut auskennt, dem sei gesagt, dass sie trotz ihrer jungen Jahre zu den gefragtesten Pianistinnen der Welt gehört. Eine Zeitung nannte sie die *zarteste Versuchung, seit es Musik gibt*. Aber sie kann auch anders. So rühmte ein Kritiker die *orgiastische Ekstase*, mit der sich diese Virtuosin in die Werke stürze.«

Lanz hielt inne. »Stammt *orgiastisch* eigentlich von *Orgie* oder von *Orgasmus*?« Er blickte fragend in die Runde. »Ich werde das recherchieren und die Antwort nachreichen. Also: Frau Bonnard ist Stammgast in den großen Konzerthäusern von Paris bis New York, und alldieweil sie sich sonst den Duft der großen weiten Welt um die Nase wehen lässt, hat sie sich nun entschlossen, einen Duft unter ihrem eigenen Namen auf den Markt zu bringen. Wir sind gespannt, was sie dazu und zu ihrer großartigen Karriere zu sagen hat. Nochmals herzlich willkommen, Sophie Bonnard.«

Das Publikum klatschte, Sophie lächelte, Markus Lanz hatte etwas vergessen: »Sie spricht übrigens hervorragend Deutsch«, sagte er in das abebbende Rauschen hinein.

Sebastian kannte Sophies Art abseits der Bühne. Im Internet fanden sich Videos, die sie in Interviews und Talkshows zeigten. Die meisten stammten aus dem französischen Fernsehen, aber es waren auch deutschsprachige Produktionen darunter. Er kannte Klang und Tonfall ihrer Stimme, die ein wenig herber war, als man es von ihrem Aussehen her erwartete, wusste, wie sie ihren Kopf schieflegte, wenn sie sich auf die Fragen des Interviewers konzentrierte.

Und dann ihr Lachen. Ja, sie lachte schon einmal mit, wenn der Moderator oder einer der anderen Gäste eine spaßige Bemerkung machte, aber stets lag ein Schleier über diesem Lachen, als erfolge es nur aus Höflichkeit und Kenntnis der Spielregeln, während im Innern Scheu und Abscheu miteinander stritten.

Sebastian konnte sich ausmalen, wie dieser Auftritt bei Lanz ablaufen würde, dass er ihm nichts Neues bringen würde. Dennoch versetzte es ihm einen Stich ins Herz, Sophie wiederzusehen. Es waren die alten Gefühle vermischt mit dem Terror der neuen, und alles zusammen war eigentlich zu viel, um es ertragen zu können. Sebastians Zeigefinger befühlte die Taste der Fernbedienung, aber dann konnte er doch nicht anders und exponierte sich dem Grauen, das auf dem Bildschirm seinen Lauf nahm.

Sophie erzählte die Geschichte ihrer Kindheit, ein Klassiker ihrer Selbstauskünfte. Dass von Hochbegabung keine Spur gewesen sei, dass ihre eher unmusikalischen Eltern nach einer Freizeitaktivität gesucht hätten, um die Unruhe ihrer Tochter in verträgliche Bahnen zu lenken. Klavier und Rugby (französischer Nationalsport!) hätten damals zur Wahl gestanden, und die Entscheidung sei blanker Zufall gewesen. Lanz staubte ein paar Lacher ab für eine Bemerkung zu Rugby und dessen Eignung als Mädchensport.

Sophie schilderte, wie sie mehrere Lehrer durch ihren Eigensinn zur Verzweiflung gebracht habe, wie die Aufgabe des Experiments beschlossene Sache gewesen sei, als sie die Liebe gerettet habe. Lanz: »Die Liebe zu einem anderen Musiker?«. Sophie: »Ja, die Liebe zu Johannes Brahms.«

Raunen im Publikum, Steilvorlage für Lanz. Er rückte bis ganz vorn an die Stuhlkante, als übersteige diese Enthüllung sein Fassungsvermögen, und fragte mit entgeistertem Gesichtsausdruck, indes er sich mit beiden Händen ans Kinn griff: »Brahms? Der mit dem großen Bart?« »Er hatte nicht immer Bart«, entgegnete Sophie.

Sebastian drückte den Ton weg. Er hatte keine Lust zu erfahren, wie dieser Dialog weiterging. Gewiss würde Lanz einen Dreh finden, sich mit der Unbildung des Publikums zu solidarisieren und gleichzeitig mit gepflegtem Halbwissen zu glänzen. Wortlos war das Schauspiel besser zu ertragen. Es nahm surreale Züge an. Lanz nickte wissend, legte seine Stirn in Falten, griff sich an die Nasenwurzel, rutschte auf seinem Sessel hin und her, jonglierte mit seinen Sprechkarten.

Sophie hörte zu (Zoom auf ihr Gesicht – wie schön sie doch war trotz allem!), antwortete knapp, zu knapp, wie es schien. Lanz bezog die anderen Gäste mit ein.

Es entspann sich ein Schlagabtausch zwischen dem Politiker und einer Knallcharge mit roter Brille links außen. Ausladende Gesten, aufgerissene Münder, stummes Gelächter. Sophie blickte abwechselnd in die eine und in die andere Richtung und war die Einzige, die nicht lachte, sondern allenfalls unverständig lächelte.

Dann war sie wieder an der Reihe. Die Regie blendete ein Insert ein. *Sophie Bonnard – entschied sich gegen Rugby*, war darauf zu lesen. Kurze Zeit später ein weiteres: *Sophie Bonnard – Brahms ist ihre große Liebe*. Das war es also, was von dem Auftritt hängenbleiben würde: eine schöne junge Frau mit skurrilen Neigungen, eine interessante Farbe im Einerlei des Unterhaltungsfernsehens.

Besonders interessant schien sich das Interview aber weiterhin nicht zu entwickeln. Lanz verströmte Wissensdurst, drohte aber die Geduld zu verlieren. Die Kamera versuchte durch Schwenks, Leben in die Veranstaltung zu bringen. Zwischendurch wurde auf die Gesichter der anderen Gäste geschnitten, wo sich aber nichts als Leere abzeichnete.

Eine neue Einblendung, ein Foto diesmal. Es zeigte Sophie in einem weißen Hauch von Kleid an einem weißen Flügel, den Kopf auf vertraute Weise in den Nacken geworfen. Auf dem Flügel stand ein Parfümflacon in Quietschrosa, der einer Hello-Kitty-Reklame entsprungen zu sein schien. Sebastian zögerte, ob er den Ton wieder einschalten sollte. Die Sache mit dem Parfüm war tatsächlich neu. Er wartete noch eine Weile, dann drückte er die Mute-Taste.

Er erwischte Sophie in den letzten Zügen einer Erklärung, die so flüssig wie unbeteiligt über ihre Lippen kam: »... bin ich *Colonia Cosmetics* dankbar, dass sie mir die Chance gegeben haben, mich meinem Publikum von einer anderen Seite zu zeigen: diesmal nicht als entrückte Künstlerin, sondern als Frau. Meine Leidenschaften und Träume, mein Schwanken zwischen Diva und kleinem Mädchen, kurz gesagt: alles, was mich im Innern ausmacht, ist in *Appassionata by Sophie Bonnard* eingefangen.«

Der Moderator schien diesen Fall von Product Placement schnell vergessen machen zu wollen. »Schön«, sagte er schmallippig und klopfte sich mit den Sprechkarten aufs Knie, »dann haben wir das auch geklärt, und ich bin sicher, dass Herr Brahms den Wohlgeruch beim nächsten Rendezvous zu schätzen weiß. Schöne Grüße übrigens! Unsere Zuschauer möchten aber bestimmt noch erfahren, wann sie Sophie Bonnard wieder einmal live erleben können. Sie sind auf großer Tournee, nicht wahr?«

Sophie sagte, dass sie eigentlich immer auf Tournee sei, dass sich ihr Leben als eine einzige Abfolge von Konzerten darstelle und sie manchmal morgens aufwache und vergessen habe, in welcher Stadt sie gerade gastiere. Dann nannte sie Ort und Termin des anstehenden Konzerts der Brahmsfreunde. »Oder Brahmsgesellschaft? Pardon, ich weiß es im Moment nicht.«

»Hauptsache Brahms«, half ihr Lanz.

»Hauptsache Brahms«, pflichtete sie ihm bei.

»Gibt es noch Karten?«

»Ehrlich gesagt, auch das ist mir unbekannt.« Sophie lächelte entschuldigend.

»Unsere Zuschauer werden Mittel und Wege finden, es herauszubekommen. Ich bedanke mich an dieser Stelle für einen charmanten Auftritt. Vielen Dank, Sophie Bonnard.« Beifall. »Faszinierende Frau«, kleckerte Lanz noch hinterher. »Und nun kommen wir zu einem Mann, der nicht nur durch seine rote Brille zu den meist…«

Sebastian schaltete den Fernseher aus und sprang auf. Schweiß trat auf seine Handflächen. Das war der Super-GAU. Sophie hatte soeben alle Geheimhaltung, die Voraussetzung für das Gelingen des Plans war, sabotiert und vor einem Millionenpublikum *sein* Konzert angekündigt.

Er versuchte zu überschlagen, was das bedeutete. Wäre er selbst Zuschauer und an einer Karte interessiert, würde er es an der Kurhauskasse versuchen. Das war das Naheliegende. Andere würden im Internet nach der Agentur der Pianistin suchen und sich dorthin wenden. Wo auch immer die Interessenten aufliefen – man würde sie an den Veranstalter verweisen, und das war nach Lage der Dinge er. Wieder andere würden den direkten Weg wählen und am Konzertabend in der Hoffnung auf Restkarten zum Kurhaus kommen.

Einen Moment dachte Sebastian daran, Otto Falter anzurufen und ihm mitzuteilen, dass der Plan gescheitert war. Aber dann besann er sich. Falter würde ausrasten und krude Ideen entwickeln, um den Schaden zu reparieren. Nein, er würde nichts tun und die Dinge auf sich zukommen lassen. Auf welche Weise sich die Katastrophe vollzog, war am Ende egal.

Sebastian schaltete wieder den Fernseher ein. Im Hessischen Rundfunk lief ein Tatort aus dem vorigen Jahrtausend. Das war doch mal ein Angebot.

24

Es war doch nicht die *Affäre* mit Kate gewesen, die so auf Lauras Seele gelastet hatte. Mit ihrer Freundin war erstaunlich schnell alles wieder ins Reine gekommen. Es hatte ja auch alles nur auf Einbildung beruht, dessen war sich Laura inzwischen sicher. Aber die Tatsache, dass sie sich dermaßen in Wahnvorstellungen hatte steigern können, bewies ihr, wie es um ihr Nervenkostüm bestellt, wie fertig sie war. Sie musste den Dingen schonungslos ins Auge sehen: Sie liebte Sebastian, und wenn sie ihn nicht bekäme, blieb nur der Tod.

Na ja, zumindest würde sie ihres Lebens nicht mehr froh.

Prompt hatte sie sich in die nächste Wahnvorstellung geflüchtet, nicht weniger abwegig als die andere: Kate wollte also herausgefunden haben, dass diese Pianistin mit einem Deutschen namens Sebastian liiert war. Selbst wenn das stimmte: Vielleicht handelte es sich gar nicht um *Ihren*, sondern um einen anderen Sebastian.

Laura hatte im Internet nachgeschaut. Sebastian hatte auf der Liste der beliebtesten männlichen Vornamen von 1983 bis 1985 den zweiten Platz belegt und sich auch danach lange in den Top Ten gehalten. Allein ihr fielen auf Anhieb drei Träger dieses Namens ein, und ihr Bekanntenkreis war überschaubar. Also konnte es sich um eine Verwechslung handeln.

Doch dann kamen wieder die lichten Momente, in denen sich ihr der Wahnwitz ihrer Spekulationen offenbarte: *Klar, Laura, eine Verwechslung, wie in einer Hollywood-Klamotte mit Doris Day. Arme Irre!* Laura kam ein Gemälde von Roy Lichtenstein in den Sinn, das sie im Kunstunterricht durchgenommen hatten. *M-Maybe he became ill and couldn't leave the studio!,* war dort in einer Gedankenblase über einer verschmähten Blondine zu lesen. Wahrscheinlich war sie selbst auf diesem Niveau der Realitätsverweigerung angekommen.

Laura schob den Laptop beiseite, auf dessen Monitor eine Website über karitative Projekte auf den Galapagosinseln leuchtete, und starrte ins Leere. Sie war zu müde für irgendetwas, selbst zum Schlafen. Wenn sie die Augen schloss, würden ihr wieder die üblichen ziellos mäandernden Gedanken kommen.

Sie schaltete den Fernseher ein. Im Ersten lief schlechte Comedy, im ZDF eine Talkshow. Sie wollte schon weiterzappen, als auf dem Bildschirm eine junge Frau erschien, die ihr bekannt vorkam. Sie wusste nicht gleich woher, bis ein Insert eingeblendet wurde: *Sophie Bonnard – Johannes Brahms ist ihre große Liebe.*

So war sie also, ihre *Rivalin*, so sprach sie und gab sie sich. Es war beim besten Willen nichts Unsympathisches an ihr auszumachen. Eigentlich vermittelte sie einen spröden und scheuen Eindruck. Der Moderator, auf Dampfplauderer erpicht, hatte es schwer mit ihr: freundliche, sachliche Auskünfte, aber nichts, woraus sich Brüller oder auch nur gute Laune schmieden ließen.

Dann die Sache mit dem Parfüm, peinlich! Laura ertappte sich dabei, wie sie Mitleid mit Sophie Bonnard entwickelte. Warum lieferte sie sich diesem Kommerzscheiß aus, des Geldes wegen? Das konnte sie sich schwer vorstellen. Was verdiente eine Pianistin mit einem Konzert? Tausend Euro, hunderttausend Euro? Jedenfalls war es mehr, als ihr, Laura, im ganzen Monat zur Verfügung stand.

Sie empfand Erleichterung, als die Befragung zu Ende war, weniger um ihrer selbst als um der Befragten willen. Das Interview plätscherte mit der Frage nach dem nächsten Auftritt aus, und das war nun merkwürdig: Dieses Konzert würde in drei Tagen hier, in ihrer Stadt stattfinden. Laura stutzte. Konnte das Zufall sein, oder war es der Beweis, dass Sebastian und die Bonnard ein Paar waren?

Sie dachte nach. Es bedurfte für Liebende doch nicht des Umwegs über eine arrangierte Großveranstaltung um zusammenzukommen. Dafür gab es Verkehrsmittel. Außerdem wurden Konzerte dieses Niveaus von Veranstaltern und Agenten vereinbart, folgten dem Prinzip von Angebot und Nachfrage und keinen privaten Vorlieben.

Seltsam blieb es trotzdem. Aber selbst wenn es sich um einen Zufall handelte, würde Sebastian das Konzert natürlich besuchen und seine Liebste treffen, wenn sie das denn war. Sollte sie Kate an den Vorschlag mit der Beschattung erinnern? Nein, das war und blieb unwürdig. Aber ohne neue Erkenntnisse durfte sie diese Gelegenheit nicht verstreichen lassen, so viel war klar.

25

Die Kurhauskasse hatte seine Nummer weitergegeben. Bis zehn Uhr am nächsten Morgen hatte Sebastian fünfzehn Anrufe auf seinem Handy. Er beschied alle mit der Behauptung, dass das Konzert seit Monaten ausverkauft sei. Der nächste Anruf kam von Mackentrott. Auch bei ihm hatten sich Interessenten gemeldet. Er hatte ihnen gesagt, dass es sich bei dem Konzert seines Wissens nach um eine geschlossene Veranstaltung handele (gut!). Etliche warteten aber auf Rückruf (aussitzen!).

Mackentrott kam noch auf Organisatorisches zu sprechen. Er habe von Madame Bonnard die genauen Ankunftszeiten erhalten. Sie treffe am Vorabend des Konzerts, also morgen, am Flughafen ein und erwarte, dass ein Shuttle zum Hotel für sie bereitstehe. Genaugenommen erwarte sie es nicht, das sei nicht ihre Art, aber es sei bei Künstlern dieses Ranges üblich.

»Selbstverständlich«, sagte Sebastian.

»Sie kümmern sich darum?«

Sebastian versprach es.

»Mit dem Hotel ist ja alles in Ordnung?«

Sebastian gab an, eine Suite im Fürstenhof, dem ersten Haus am Platze, reserviert zu haben. Es hatte die Wahl bestanden zwischen Studio Suite, Junior Suite, Executive Suite, Präsidenten Suite und Kaiser Suite. Otto Falter hatte sich nicht lumpen lassen und Etat für die höchste Kategorie freigegeben. Sophie würde abgesehen vom Schlafzimmer über einen riesigen Wohnbereich, eine Küche samt Esstisch sowie ein Gästeklo verfügen. Vom Balkon hätte sie Blick auf das gegenüberliegende Kurhaus, wo sie am Konzertabend eine große Überraschung erwartete.

Der nächste Anrufer kaum zehn Minuten später war Otto Falter. Ob es etwas Neues gebe und Sebastian alles im Griff habe? Der verneinte die erste Frage, bejahte die zweite, beides wider besseres Wissen. Einen Moment überlegte er, ob er den Flughafentransfer erwähnen sollte. Aber diese vielleicht halbstündige Fahrt allein mit Sophie war jetzt, da das Scheitern des Konzerts unvermeidlich war, seine große Chance, das Unglück aufzuhalten oder zumindest abzumildern. Diesen Versuch wollte er unbewacht unternehmen.

Am Nachmittag buchte er auf eigene Kosten (Geld spielte jetzt auch keine Rolle mehr) bei einer örtlichen Mietwagenfirma einen Mercedes-SUV für den nächsten Tag. Er hätte gern eine große Limousine genommen, aber im Luxury-Segment lag das Mindestalter für Kunden bei fünfundzwanzig Jahren.

Sebastian nahm sein Portemonnaie und suchte nach dem Führerschein. Er war noch da, auch wenn er ihn seit Jahren nicht mehr hervorgeholt und fast ebenso lange kein Auto mehr bewegt hatte. Seine Fahrprüfung hatte er auf einem Kleinwagen mit Gangschaltung und ohne jegliche Assistenzsysteme absolviert. Er hatte keine Ahnung, ob er dem Technikmonster gewachsen wäre. Aber das war jetzt seine geringste Sorge.

26

Sophie stand im Flugzeug und wartete, dass die Türen geöffnet würden. Irrte sie sich, oder sahen sie die anderen Passagiere komisch an? Sie war es gewohnt, beäugt zu werden: von Männern sowieso, aber mit gewachsenem Ruhm zunehmend auch von Fans oder Menschen, die sie vom Bildschirm her erkannten.

In Frankreich kam es schon seit Jahren vor, dass sie in der Öffentlichkeit um ein Autogramm gebeten wurde, aber neuerdings hatte diese Sitte auf andere Länder übergegriffen. Kürzlich war sie in der Schweiz einer chinesischen Reisegruppe in die Hände gefallen und hatte mit jedem Mitglied für ein Selfie posieren müssen. Das war zwar lästig gewesen, aber auch irgendwie lustig, denn die Chinesen hatten sich vor Aufregung und Ehrerbietung überschlagen, und sie hatte sich danach beschwingt gefühlt in dem Bewusstsein, eine völkerverbindende Tat vollbracht zu haben.

Die jetzigen Blicke waren aber anders: enerviert, fast angeekelt. Sophie fiel nur eine Erklärung dafür ein: Es musste am Parfüm liegen. »Du bist jetzt die erste Botschafterin deiner Marke«, hatte ihr Sebastian eingebläut. Sie leistete der Ermahnung Folge und hüllte sich, wann immer sie das Haus verließ, in eine Wolke ihres Dufts, so unentschieden sie noch war, ob er ihr gefiel.

Hatte sie übertrieben und zu viel genommen? Ihr fehlte die Erfahrung mit Parfüm, und den Zerstäubern pflegte keine Anleitung beizuliegen, wie oft und an welchen Körperstellen man sprayen sollte.

Die Schleusen wurden geöffnet. Sophie schulterte ihren Rucksack und machte sich in der Karawane der anderen Passagiere auf den Weg zur Gepäckausgabe, der nach unerfindlichem Plan über Gänge, Rolltreppen und Laufbänder führte. Es würde noch dauern, bis ihr Koffer da war, und so suchte sie nach einer Toilette, um zumindest den Geruch an Armen und Nacken mit Wasser zu bekämpfen.

Sie betrachtete sich im Spiegel. Wieder waren ihre Augen rot und geschwollen, aber der kurze Flug von Paris konnte dafür nicht als Erklärung herhalten. Tatsächlich hatte sie schon seit einer Woche unterschwellig Kopfschmerzen, was ihren Auftritt in dieser Talkshow beeinträchtigt und sie jeder Schlagfertigkeit beraubt hatte. Trug auch daran das Parfüm Schuld? Zeitlich würde es passen. Sie beschloss, den Gebrauch testweise auszusetzen.

Das Gepäckband spuckte ihren Koffer aus. Sophie griff ihn sich, zog den Griff heraus und folgte mit dem Trolley im Schlepptau den Schildern zum Ausgang. Hinter der automatischen Tür blieb sie stehen und sah sich um. Hans – sie hatte immer ein schlechtes Gewissen, wenn sie mit ihrem alten Agenten in Verbindung treten musste – hatte ihr noch geschrieben, dass sie abgeholt würde.

In der ersten Reihe warteten Männer mit Schildern, auf denen neben Firmenlogos Namen standen. Ihrer war nicht darunter. Sie wandte sich unschlüssig nach rechts, da trat jemand auf sie zu, ein junger Mann. Er hielt ein Blatt in die Höhe, und sie musste schon genau hinsehen, um zu erkennen, dass dort auch etwas geschrieben war: *Sophie Bonnard* in kaligrafisch verschnörkelter Schönschrift. Der junge Mann, er mochte allenfalls ihr Alter haben, streckte ihr die Hand entgegen.

»Madame Bonnard? Ich habe die Ehre, Sie zu Ihrem Hotel zu fahren.« Sein Händedruck war nicht sehr fest, dafür aber sehr feucht.

»*Sie* sind der Chauffeur?«, entfuhr es ihr.

»Ich bin nicht direkt Chauffeur, sondern eigentlich Student«, stotterte er. »Hier bin ich als persönlicher Assistent des Geschäftsführers der Brahmsgesellschaft und Beiratsmitglied. Man könnte auch sagen: Ich bin in unserem Verein das Mädchen für alles.«

Er konnte ihrem Blick nicht standhalten und sah verlegen zu Boden.

Mein Gott, wie unsicher er war! Sophie kannte die Verwandlung, die sich mit Menschen vollzog, sobald sie ihr, dem *Star*, gegenübertraten. Die einen versuchten, ihre Befangenheit durch aufgesetztes Selbstbewusstsein zu überspielen, die anderen erstarrten in Ehrfurcht. Ihr Gegenüber zählte zur zweiten Gattung.

Er bot sich an, ihren Koffer auf dem Weg zum Parkhaus zu übernehmen. Sie ließ ihn gewähren, obwohl es ihr keine Mühe bereitet hätte, ihn selbst zu ziehen, und sie das Gefühl mochte, wenn die Rollen fast geräuschlos über den ebenen Flughafenboden glitten.

»Sie hatten einen guten Flug?«, versuchte der junge Mann das Gespräch wieder aufzunehmen.

»Gut, weil er kurz war«, entgegnete sie. Sie lief einen halben Schritt hinter ihm und bemühte sich, aus dieser Position einen Blick auf sein Gesicht zu erhaschen. Irgendwoher kam er ihr bekannt vor, vielleicht aus einem der Meisterkurse, die sie gegeben hatte? Sie entschied, ihn direkt zu fragen.

»Gott behüte«, gab der junge Mann mit abwehrendem Lachen zurück, »ich kann nur ganz gut pfeifen. Vielleicht haben Sie mich in einem Ihrer Konzerte gesehen. Ich bin seit vielen Jahren ein großer Bewunderer Ihrer Kunst.«

Ein großer Bewunderer Ihrer Kunst. Diesen Spruch kannte sie. Aber es waren gewöhnlich ältere Leute, die ihn im Munde führten. Dieser junge Mann schien ein bisschen aus der Zeit gefallen, wenn auch auf durchaus liebenswürdige Weise. Und doch: Irgendwoher kannte sie ihn, und nicht nur aus der Masse ihres Publikums. Oder erinnerte er sie an ihren Ex-Freund Alexandre? Nein, da war keine Ähnlichkeit, außer in Bezug auf die Unsicherheit.

Sie erreichten das Parkhaus. Sophie staunte nicht schlecht, als sie ihr Fahrer zu einem schwarzen Geländewagen führte. Sie hatte mit etwas Skurrilem gerechnet, einem 2CV vielleicht oder einem anderen Oldtimer. Er öffnete ihr die hintere Tür, aber sie bestand darauf, neben ihm zu sitzen, um nicht in den Verdacht von Star-Allüren zu geraten und ihm das Gefühl von Ebenbürtigkeit zu geben.

War das sein eigenes Auto, hatte er sich Papis großen Wagen ausgeliehen? Vertraut schien er mit dem Modell nicht zu sein. Er stellte sich bei der Bedienung ungeschickt an, drückte die Knöpfe und Tasten nach dem Zufallsprinzip, so dass abwechselnd die Scheibenwischer oder das Fernlicht angingen oder ein nervtötendes Dauerpiepsen ertönte.

Dann hypnotisierte er die Kulisse der automatischen Gangschaltung, offenbar um sich auf die richtige Einstellung zu besinnen, und setzte das Fahrzeug zurück. Er brauchte mehrere Anläufe, bis sie die nicht gerade kleine Parklücke verlassen hatten.

Sophie musste schmunzeln: »Jetzt glaube ich Ihnen: Sie sind wirklich kein hauptberuflicher Chauffeur.«

»Nein«, lachte der junge Mann verlegen. »Autofahren gehört auch nicht zu meinen Talenten.«

Sie gab ihm Zeit, bis er sich im Gewirr der Straßen rund um den Flughafen zurechtgefunden hatte (an der Bedienung des Navigationsgeräts war er gescheitert). Nachdem sie die Autobahn erreicht hatten, fragte sie ihn: »Wie viele Mitglieder hat die Brahmsgesellschaft?«

»Nicht sehr viele. Wir sind noch im Aufbau.«

»Ich mag diese kleinen Konzerte von Vereinen und Liebhabern. Sie haben so etwas Familiäres, Privates.«

Er nickte.

»Aber so klein ist der Kurhaussaal gar nicht«, schickte Sophie hinterher. »Bekommen Sie ihn voll, wenn Sie nur so wenige Mitglieder haben?«

»Es sind keine Karten mehr erhältlich.«

»Das ist gut. Ich habe vor einigen Jahren schon einmal dort gespielt, damals noch vor halbleeren Reihen. Dann ist die Akustik miserabel.«

»Ach ja?«

»Zu … wie sagt man?«

»Hallig?«

»Genau.«

Sophie schaute aus dem Fenster. Irgendetwas an diesem jungen Mann verleitete sie, ihr Herz zu öffnen. Wahrscheinlich lag es daran, dass er so harmlos und vertrauenswürdig wirkte. »Wissen Sie«, sagte sie, »manchmal sehne ich mich in die Zeit zurück, als alles kleiner war. Das Leben im internationalen Konzertbetrieb ist anstrengend. Man trifft geniale Kollegen, aber man steckt auch in einer Mühle: immer unterwegs, immer neue Orte, Hotels und Menschen, Menschen, Menschen. Ich wollte immer nur Klavier spielen.«

»Ich begrüße es jedenfalls sehr, dass Sie sich nicht für Rugby entschieden haben«, gab er lachend zurück.

»Oh, nein, Sie haben die Talkshow gesehen.« Sophie stöhnte auf. »Es war schrecklich, ich habe mich so deplatziert gefühlt. Ich glaube, mit diesem Auftritt war nur mein Freund zufrieden.«

Sophie biss sich auf die Lippen. Sie hatte Sebastian geschworen, niemals und niemandem von ihrer Beziehung zu erzählen.

»Ihr ... Freund?«

»Er arbeitet in der Kosmetikbranche. Sie wissen schon: das Parfüm.«

»Ist es das, was hier in der Luft liegt?«

»Gefällt es Ihnen?«

»Nun, es ist ... intensiv.«

»Kein weiteres Wort bitte.« Sophie lachte gequält. Der junge Mann versuchte, höflich zu sein, aber in seiner Antwort klang an, was sie längst wusste, sich aber nicht hatte eingestehen wollen: Dieses Parfüm war ein Fehlschlag. Es duftete nicht, es stank, und zwar billig, und die Werbekampagne würde sie zum Gespött der Welt machen.

Sophie bemerkte, dass ihr Fahrer den Blick von der Straße abgewandt und sich zu ihr umgedreht hatte. Ihre Blicke trafen sich, und er sagte: »Ich will es anders ausdrücken: Sie hätten dieses Parfüm nicht nötig.« Sie lächelte halb zerknirscht, halb dankbar zurück.

Sie fuhren eine Weile schweigend weiter, dann kamen sie auf Brahms zu sprechen. Der junge Mann bekannte, sich diesem Komponisten seelenverwandt zu fühlen, und er sage dies nicht, weil er wisse, dass sie ähnlich empfinde. Es bedeute immer, der Musik etwas von ihrer Kraft zu nehmen, wenn man ihre Wirkung mit Worten zu beschreiben versuche. Aber die Sehnsucht nach der Sehnsucht, diese Sehnsucht in zweiter Potenz gewissermaßen, die im Werk dieses Komponisten zum Ausdruck komme, sei etwas, was er von sich selbst kenne. Ob er sich verständlich ausgedrückt habe?

Sophie nickte, und sie nickte noch oft, während der junge Mann mit seinen Erklärungen fortfuhr und sich dabei in Begeisterung hineinsteigerte, indem er eine Hand vom Steuer nahm und damit gestikulierte, dass sie um ihre Verkehrssicherheit fürchtete. Aber es war wohltuend, dass sich einmal ein anderer über sein Verhältnis zur Musik ausließ und nicht immer nur sie, wenn es ihr in Interviews abverlangt wurde.

Sophie fiel auf, dass sie sich selbst mit Kollegen kaum je auf persönliche Weise über Musik austauschte. Auf ihrem Niveau der Professionalität standen Aspekte der Interpretation und Technik im Vordergrund, die Frage, wie Werke aufzufassen und bestimmte Passagen zu spielen seien. Dirigenten neigten dazu, zu dozieren und ihre Sichtweise zu verabsolutieren. Worum es aber fast nie ging, waren Gefühle, der seelische Gehalt der Musik, und ging es nicht eigentlich genau darum und nur darum?

»Es ist schön, wie Sie über Musik sprechen. Man merkt, dass sie Ihnen viel bedeutet«, beschied sie ihm.

Er wurde rot und zerdrückte ein »Danke« zwischen den Lippen.

»Ich habe Sie noch gar nicht gefragt, was Sie studieren. Musik kann es nicht sein, dafür müssten Sie ein Instrument beherrschen. Musikwissenschaft oder Germanistik?«

»Ganz falsch, Jura.«

»Das passt gar nicht zu Ihnen«, entfuhr es ihr.

»Ich weiß.«

Sie hatten unterdessen die Stadt erreicht. Sophie sah aus dem Fenster und versuchte, etwas wiederzuerkennen, was sich ihr von ihrem letzten Aufenthalt eingeprägt hatte. Aber da war nichts: eine mittlere deutsche Großstadt, vielleicht grüner und weniger kriegszerstört als die anderen. Sie kamen auf einen Boulevard mit Fahnenschmuck und repräsentativen Häusern. Hinter Platanen wurde die Silhouette eines ausladenden Gebäudes sichtbar, dessen Mittelpunkt ein Portikus mit sechs mächtigen Säulen bildete.

»Volià«, sagte der junge Mann. »Der Ort des Geschehens, eine Perle des Historismus.«

Sophie erkannte das Kurhaus wieder, auch wenn sie ein anderes Bild im Kopf gehabt hatte. Wie viele Jahre und Auftritte mochte ihr Konzert zurückliegen? Sie war erst dreiundzwanzig Jahre alt und drohte schon den Überblick über ihr Leben zu verlieren.

»Ich habe mit der Verwaltung gesprochen«, erläuterte ihr Betreuer. »Am Vormittag steht Ihnen der Saal zum Üben zur Verfügung.«

Sie bogen links ab und standen vor dem Hotel, dessen Erbauungszeit ungefähr jener des Kurhauses entsprach. Ein Portier näherte sich, aber der junge Mann sprang schnell aus dem Wagen, öffnete Sophie die Tür, holte den Koffer und geleitete sie zur Rezeption.

»Vielen Dank, auch für das nette Gespräch«, sagte sie ihm zur Verabschiedung. »Wir sehen uns morgen.«

»Gern gesehen, auf Wiederschön«, sagte er. Es bedurfte mehrerer Anläufe, bis er seinen Fehler korrigiert und die Silben in die richtige Reihenfolge gebracht hatte.

Merkwürdig: Er war nun wieder so unsicher wie am Anfang, und etwas schien ihm auf der Seele zu liegen. Sie sah ihm nach, als er das Hotel verließ, und beobachtete, wie er sich im Auto zu schaffen machte. *Du musst den hinteren Hebel ziehen und dann auf R*, rief sie ihm innerlich zu, und endlich hatte er es herausgefunden und rollte davon.

Sophie schmunzelte. Ein merkwürdiger … ja, was eigentlich? Mann? Das nicht. Junge? Dafür war er zu wenig jugendlich. Was auch immer er darstellte (sie hatte gar nicht nach seinem Namen gefragt) – er war nett und intelligent, aber auf rührende Weise lebensuntauglich.

Und was war sie?

27

Otto Falter befahl seinem Fahrer mit einem harschen Kommando anzuhalten. War der da an der Tür des schwarzen Geländewagens nicht Sebastian? Und, weit gravierender: War die junge Frau, die gerade ausstieg, nicht … SIE? Falter löste den Gurt und zog sich nach vorne zwischen die Vordersitze, als könnten diese Zentimeter der Annäherung seiner Sicht den entscheidenden Fortschritt bringen.

»Sehen Sie, was ich sehe?«, fragte er Mehmet, der wahrscheinlich ohnehin alles wusste.

»Ich glaube schon, Chef«, antwortete dieser. »Das ist Ihr junger Freund zusammen mit Mademoiselle Bonn…«

»Ich weiß selbst, wie sie heißt«, zischte ihn Falter an. Sein Blick folgte Sebastian, der den Koffer geholt hatte und nun mit Sophie Bonnard über einen roten Teppich dem Hoteleingang entgegenstrebte.

»Ist das ungünstig für Ihre Dispositionen, Chef?«, fragte Mehmet.

»Ich weiß es noch nicht«, sagte Falter tonlos. »Bleiben Sie erst einmal hier stehen. Ich möchte nicht, dass wir entdeckt werden.«

Falter hatte am Vortag pausenlos versucht, Sebastian für eine letzte Lagebesprechung zu erreichen, aber der hatte sich totgestellt oder sein Handy ausgeschaltet, und das war ein Zeichen gewesen, das zur Beunruhigung Anlass bot. Was war los? Hatte es sein Schützling mit der Angst zu tun bekommen und sich aus ihrem Projekt ausgeklinkt? Das war seine erste Sorge gewesen. Aber nun stellte sich heraus, dass es umgekehrt war, dass hier ein heimliches Tête-à-Tête im Vorfeld stattgefunden hatte, und das war nicht weniger besorgniserregend.

Wichtig wäre, dass er nicht nur ins Hotel hineinging, sondern möglichst schnell wieder herauskam. Und tatsächlich: Die Drehtür, die Falter seit endlosen Minuten fixierte, geriet in Bewegung, und der, den sie auswarf, war unzweifelhaft Sebastian. Irrte er sich, oder gelang ihm die Rückkehr zum Fahrzeug nur in Schlangenlinien? Falter atmete erst einmal erleichtert durch.

»Soll ich heranfahren und ihn zur Räson bringen?«, fragte Mehmet.

»Nicht nötig«, sagte Falter. »Wir werden ihn morgen überraschen, wie geplant. Wenn er weg ist, können Sie vorfahren.«

Mehmet hatte einiges auszuladen: neben dem Koffer auch den Kleiderbeutel mit dem Frack und eine Kiste Dom Pérignon. Ein Hoteldiener trat heran, um beim Transport aufs Zimmer zu helfen. Mehmet wollte ihm den Champagner überlassen, aber Otto Falter wies ihn an, diesen nicht aus der Hand zu geben. Von allen Gepäckstücken war der Champagner das wichtigste, abgesehen von der Schachtel Dormidol, die aber sicher und ohnehin bruchfest in der Innentasche seines Sakkos steckte, wie sich Falter vergewisserte.

Wenn alles glatt ging, würde er mit zwei, drei Flaschen auskommen. Aber er hatte sich entschieden, einen Sicherheitsvorrat mitzunehmen, um für Planabweichungen gerüstet zu sein.

Die junge Frau an der Rezeption begrüßte sie mit einer Herzlichkeit, die über das professionelle Maß hinausging.

Falter war daran gewöhnt. Überall, auch in Geschäften, die er nie zuvor aufgesucht hatte, kam er umstandslos in den Genuss einer Vorzugsbehandlung, erhielt Waren zur Ansicht oder auf Rechnung. Verkäufer nannten ihn Herr Doktor, als handele es sich um einen Adelstitel, machten Bücklinge, wenn er sich verabschiedete.

In den letzten Jahren war ihm aufgefallen, dass sich eine süßliche Note in die Ehrerbietung mischte, die ihm seit jeher entgegengebracht wurde. Die Leute freuten sich ehrlich, wenn sie ihn sahen, waren bestrebt, ihm jeden Wunsch zu erfüllen. Wahrscheinlich hielten sie ihn für das Relikt und Maskottchen einer untergegangenen Epoche, einen würdigen Trottel, der ohnehin bald das Zeitliche segnen würde und der jeden neuen Tag und jede freundliche Geste mit greisenhafter Dankbarkeit zu begrüßen hätte.

Ha!, dachte Falter. Sie würden sich noch wundern, wozu dieser Greis so alles imstande war.

»Sie kennen unser Haus?«, fragte die Rezeptionistin.

Falter war früher oft im Fürstenhof abgestiegen. Es gab nicht weit vom Kurhaus eine große Klinik, mit deren Chefarzt sein Unternehmen kooperiert hatte. Wie lang mochte das her sein? Er hatte neuerdings manchmal Schwierigkeiten, sich zu orientieren, weniger räumlich als zeitlich. Es kam vor, wenn er an seinen Gedichten saß, dass er in das Jahr 1959 abtauchte und ihm schien, er schreibe wirklich für Monika, seinen Schatz, und nicht für Sophie Bonnard. Neulich hatte ihn im Anschluss an ein Gedicht Panik übermannt, er könne nicht gut auf eine Klausur vorbereitet sein, und er hatte verzweifelt nach seinen Studienbüchern gesucht. Das war beängstigend gewesen, aber auch anheimelnd.

»Mein liebes Kind«, antwortete er. »Ich war Gast in Ihrem Hause, da waren Sie noch nicht einmal geboren. Sie brauchen nicht in Ihrem Computer zu suchen, es ist zu lange her.«

Die junge Frau hatte ihre Hände nach Gastgeberart übereinander auf den Tresen gelegt, und Falter nahm seine weiße, schrumpelige Altmännerhand und streichelte darüber. Sie ließ es sich gefallen und strahlte ihn an wie eine Enkelin ihren Opa.

»Na, nun sind Sie ja wieder hier. Herzlich willkommen! Es ist uns eine Ehre, Sie als Gast bei uns zu haben.«

Ja, ja, Ehre. Falter lächelte gütig. An Ehre mangelte es ihm nicht, aber er hätte dieses hübsche junge Ding jetzt gern ganz woanders gestreichelt.

In seiner Präsidentensuite machte Falter eine Entdeckung: eine verschlossene Tür an der Schmalseite des Wohnzimmers. Gerade noch rechtzeitig rief er den Hoteldiener, der den Koffer gebracht hatte und eben das Zimmer verlassen wollte, zu sich, um ihn nach dem Sinn dieser Einrichtung zu fragen.

»Das ist eine Verbindungstür zur Kaisersuite«, gab dieser an. »Raffiniert gemacht: Man kann die ganze Wand zusammenfalten, dann wachsen beide Suiten zu einem Apartment von fast zweihundert Quadratmetern Größe zusammen. Wir haben häufig Scheichs zu Gast, die hier in einer der Kliniken ihre Gesundheit checken lassen. Die kommen oft mit der ganzen Familie, dann brauchen wir den Platz.«

»Und wer hat den Schlüssel?«, erkundigte sich Falter. »Nicht, dass heute Nacht ein Scheich unter meine Decke kriecht.«

Der Hoteldiener lachte aus vollem Hals. Das war doch mal ein Gast: vornehm und zugleich mit Humor gesegnet. »Machen Sie sich mal keine Sorgen, Herr Doktor. Scheichs sind keine im Haus, und Zugang zu der Tür haben nur wir.«

Er zog an einem Band, das an einer Gürtelschlaufe hing, und brachte aus der Hosentasche einen großen Schlüsselbund zum Vorschein. »Der hier ist es, der kleine Goldene.« Falter brachte seine Beruhigung zum Ausdruck und verabschiedete den Mann, indem er ihm einen Zehn-Euro-Schein in die Hand drückte.

»Aber Herr Doktor, Sie haben mir doch gerade schon …«

28

Nachdem er Sophie im Hotel abgesetzt hatte, konnte Sebastian nicht gleich nach Hause fahren. Schon beim Abbiegen aus dem ringförmigen Sträßchen, das den Fürstenhof mit dem Prachtboulevard verband, hätte er beinahe einen Unfall gebaut. Er rettete sich auf den nächsten Parkplatz und ging mit weichen Knien zum Kurpark, wo er nachdenken wollte. Das tat er häufiger, wenn auch selten mit Erfolg.

Über die Parkanlage war bereits die Dämmerung hereingebrochen. Bäume und Beete, Wiesen und Weiher verschmolzen im Zwielicht des sich neigenden Tages. Nur gedämpft waren die Geräusche des außen anbrandenden Straßenverkehrs zu hören. Die Szenerie beherrschte das vorwitzige Schnattern der Enten und das gelegentliche Flügelschlagen eines Schwans. Ansonsten war Frieden, tiefer, trügerischer Frieden. Es waren nur wenige Spaziergänger unterwegs. Sebastian fand seine Lieblingsbank unbesetzt und ließ sich nieder. Nachdenken nahm seit seiner Pubertät den immer gleichen Verlauf: Aus Denken wurde Grübeln, aus Grübeln Weltschmerz, und am Ende siegte die Sehnsucht nach einem weiblichen Wesen, das ihn aus seiner Malaise erlöste.

Wie war es gelaufen, wie hatte er sich geschlagen? Er stellte sich die Frage wie nach einer Klausur an der Uni, und so hatte er sich während der Fahrt mit Sophie auch gefühlt: wie ein Prüfling, der strampelt und sich abrackert, um eine gute Note zu ergattern. Aber es war nicht gut gelaufen. Erst hatte er aus Unsicherheit gar nichts, dann viel zu viel geredet.

Sebastian versuchte, den Sermon zu rekapitulieren, den er über Brahms abgelassen hatte: unreifes, überdrehtes Zeugs! Was hatte ihn geritten, einer der führenden Brahms-Interpretinnen der Gegenwart seine amateurhaften Gedanken unter die Nase zu reiben? Die Erinnerung verursachte ihm solche Peinlichkeit, dass er sich schütteln musste.

Sie hatte ihm zugehört, ihn für seine Liebe zur Musik gelobt. Aber genau in diesem Lob war die Kluft zwischen ihnen deutlich geworden: hier die *Dame von Welt*, dort das Hündchen, das an ihr hochspringt und um Aufmerksamkeit buhlt. Wie vermessen war die Hoffnung gewesen, das Herz dieser Frau zu gewinnen. Und das Schlimmste: Aller Peinlichkeit zum Trotz hatte ihn während des Gesprächs die Ahnung gestreift, dass es vor Jahren, zu Beginn ihrer Karriere, möglich gewesen wäre.

Da erst erinnerte sich Sebastian an einen Satz, den er bis dahin verdrängt hatte. *Mein Freund arbeitet in der Kosmetikbranche.* Er hatte diese Auskunft nicht erbeten, und es war rücksichtslos, dass Sophie sie ihm ungefragt erteilt hatte. So etwas sagte man Menschen, die selbst für diese Rolle nicht in Betracht kamen: Chauffeuren, Eunuchen. Dass dieser Freund in der Kosmetikbranche arbeitete, setzte dem Fass die Krone auf. Ein Eunuch war *der* bestimmt nicht, sondern ein Mann mit allem Drum und Dran, ein smarter Typ und damit das genaue Gegenteil von ihm, Sebastian.

Weiter vorn am schmiedeeisernen Geländer, das die Abtrennung zum Weiher bildete, sah Sebastian einen Mann. Er starrte aufs Wasser und schien ebenfalls dunklen Gedanken nachzuhängen. Zwischendurch nahm er einen Zug aus einer Zigarette und blies den Rauch in den Lichtkegel einer Laterne.

Auf einmal überkam Sebastian ein ungekanntes Bedürfnis. Er trat auf den Mann zu und bat ihn um eine Zigarette. Der blickte ihn mit trüben Augen an und sagte: »Sie können die ganze Packung haben. Ich habe gerade beschlossen, mit Rauchen aufzuhören.«

Sebastian kehrte mit seiner Beute zur Bank zurück, zündete sich eine Zigarette an und versuchte, die Atemtechnik zu reproduzieren, die ihm jemand vor Jahren gezeigt hatte. Das Inhalieren gelang überraschend gut, und der Schwindel, der sich seiner Sinne bemächtigte, wirkte wohltuend.

Er rauchte eine zweite, eine dritte und vierte Zigarette und kam zu einem Entschluss: Es war am Ende doch gut so. Er mochte sich blamiert haben, aber er hatte Sophie Bonnard kennengelernt und wäre nun imstande, dieses Kapitel abzuschließen. Er würde alle Marotten hinter sich lassen und ein Mann werden. Echte Männer verplemperten keine Zeit mit Träumen oder Zweifeln. Sie folgten ihrem Weg oder korrigierten ihn. Er würde sich darüber Rechenschaft ablegen, ob das Jurastudium wirklich das Richtige für ihn war, und er würde sich endlich ernsthaft um Laura bemühen.

Laura! Der Gedanke an sie ließ wohlige Wärme durch seine Glieder strömen. Aber war es denn recht, sie als Lückenbüßerin zu missbrauchen? Sebastian fegte den Gedanken mit einem Kopfschütteln beiseite. Das waren Skrupel aus seinem alten Leben. Morgen würde er als ein Neugeborener das Bett verlassen – Sebastian 2.0.

Morgen? Er wollte aufstehen und im Vollgefühl neuer Entschlossenheit zum Auto marschieren, als ihn etwas innehalten ließ. Da war doch noch was? Und dann fiel ihm ein, dass die Begegnung mit Sophie nur die Ouvertüre gewesen war. Morgen würde die eigentliche Aufführung stattfinden.

Er hatte während der Autofahrt die bevorstehende Katastrophe abwenden wollen und unter dem Eindruck von Sophies Gegenwart jeden Versuch dazu unterlassen. Nun, da er in persönliche Beziehung zu ihr getreten war, wäre alles noch viel schlimmer. Was anderes als verdoppelte Verachtung hätte er bei dem Konzert zu erwarten?

Einen Moment überlegte er, wieder zum Hotel zu gehen und ihr alles zu gestehen. Aber dann hatte er eine andere Idee. Er sah auf sein Handy: neun Uhr. Wenn er sich beeilte, könnte es noch klappen.

Er sprang auf, spurtete erst zum Kurhaus, dann zum benachbarten Staatstheater, um sicherzustellen, dass dort für den Abend Veranstaltungen angesetzt waren. Dann schwang er sich ins Auto, fuhr nach Hause, zog hastig seinen Anzug an, schnappte sich den Satz Tickets, den ihm die Kurhausverwaltung ausgehändigt hatte, und raste ins Kurviertel zurück. Immerhin beherrschte er den Mercedes nun besser.

Im Staatstheater wurde eine Wagner-Oper aufgeführt. Das konnte dauern, also startete Sebastian mit dem Kurhaus. Vor dem Eingang fand er eine Anzahl Raucher, die der im Großen Saal stattfindende *Ball des Weines* ausgespuckt hatte. Hier wurde er seine ersten Freikarten los, auch wenn zu bezweifeln war, dass sich die Beschenkten am nächsten Tag an ihre Zusage zu dem Konzert erinnern würden.

Im Foyer zeigte sich, dass die Einlasskontrollen zu vorgerückter Stunde gelockert worden waren. Sebastian gelang es, sich im Gefolge einer Gruppe in den Saal zu schmuggeln. Ihn empfingen Tanzmusik und feuchtfröhliches Stimmengewirr. Er sprach jeden an, der ihm in den Weg kam, arbeitete sich von Tisch zu Tisch, und er hatte Glück: Zwar waren Klassikkenner hier mit der Lupe zu suchen, aber etliche der Ballbesucher schienen die Talkshow gesehen zu haben. »Freikarten, bei einem Weltstar?«, lallte einer ungläubig. »Ja, leider«, brüllte Sebastian zurück. »Es hat eine Panne mit dem Buchungscomputer gegeben. Nun müssen wir verhindern, dass die Künstlerin vor leeren Reihen spielt. Das würde kein gutes Licht auf unsere Heimatstadt werfen.«

Der Appell an den Lokalpatriotismus verfing. Unter der Zusicherung, auch Oma und Opa sowie Freunde und Nachbarn zu mobilisieren, ließen sich einige ein Dutzend Karten geben. Sebastian besah den Bestand in seinem Pappkarton: Er hatte sich zwar gelichtet, aber gut die Hälfte der Tickets war noch übrig. Der Saal fasste mehr als tausend Plätze.

Er rannte hinüber zum Staatstheater und sah schon von ferne, dass bereits Zuschauer aus dem Gebäude strömten. Er fing ein paar der Flüchtenden ein, aber während er sich in Erklärungen erging, entglitten ihm die anderen. Also griff er zum Äußersten, baute sich hinter dem Ausgang auf und rief mit der Kraft eines Fischverkäufers: »Freikarten für Sophie Bonnard, Karten für Sophie Bonnard zu verschenken.« Am Ende war noch eine Handvoll Karten übrig. Die verteilte er an Nachtschwärmer im Kneipenviertel und Obdachlose.

Es war nach Mitternacht, als er erschlagen nach Hause kam. Auch wenn die Zahl der No-Shows sicher jedes übliche Maß überschreiten würde – das Ganze würde nach einem öffentlichen Konzert aussehen. Die Lücken könnte er mit einer lokalen Grippewelle erklären.

Und Falter? Der hatte mit Sicherheit tausendmal versucht, ihn anzurufen. Aber morgen während des Konzerts säße er viele Kilometer entfernt in seinem Anwesen und würde von der Planabweichung gar nichts mitbekommen. Sebastian würde behaupten, nach dem Konzert mit Sophie noch bei einem Wein gesessen zu haben. Dazu würde er Versatzstücke aus dem Gespräch im Auto zitieren.

Eine Liebesbeziehung habe sich spontan leider nicht ergeben. Aber vielen Dank, lieber Herr Falter, dass Sie zwanzigtausend Euro investiert haben, damit ich meine Psychose überwinde. Und das wäre auch alles nur ungefähr zur Hälfte gelogen.

Vor dem Schlafengehen schaltete Sebastian sein Handy wieder ein, und fast wunderte er sich, dass nicht postwendend ein Anruf von Otto Falter einging.

29

Otto Falter versuchte den goldenen Schlüssel von dem Ring zu befreien, aber das erwies sich als unerwartet schwierig. Seine rheumatischen Finger ließen solche Aktionen nicht mehr zu. Er fluchte wenig vornehm vor sich hin und war geneigt, den Hoteldiener zu tadeln, dass er ihm die Arbeit so schwer machte. Aber der hing wie ein nasser Sack zwischen Sessel und Fußboden und war außerstande, die Verfehlung gutzumachen.

Falter bog den Draht ein paar Millimeter auseinander, brach sich einen Fingernagel ab dabei, aber es war aussichtslos. Der Schlüssel blieb unverrückbar an seinem Platz. Dann hatte er den rettenden Einfall: Er verfolgte das Band, an dem der Schlüsselbund hing, bis zu seiner Verankerung an der Gürtelschlaufe des Mannes, und, richtig, dort war nur ein Karabiner zu lösen.

Nun hielt er den Dietrich zu sämtlichen verschlossenen Gelassen des Hotels in Händen, aber ihn interessierte nur die eine Tür, der er sich nun auf Zehenspitzen näherte. Vorsichtig steckte er den Schlüssel ins Loch, drehte ihn in sachten Etappen um, immer lauschend, ob sich drüben etwas tat, drückte die Klinke, schob sich durch die schmalstmögliche Öffnung ins Innere und stand also in der Kaisersuite.

Hier hielt er inne und schnaufte durch. Bisher war alles ohne Knarren oder sonstige Geräusche abgegangen. Dunkelheit umfing ihn. Nur durch den Türspalt zu seiner eigenen Suite drangen ein paar schwache Lichtstrahlen. Wie erwartet war er im Wohnzimmer gelandet.

Er erkannte einen Schreibtisch, eine Sitzgruppe, ein Fernsehmöbel – alles so ähnlich wie bei ihm, nur noch weitläufiger. Er tastete sich vorwärts. Ein paar Meter ging es gut, dann stieß er mit seinem Hausschuh an einen Papierkorb. Es gab einen fürchterlichen Krach, angetan, Tote aufzuwecken.

Er verharrte minutenlang in völliger Regungslosigkeit, aber es tat sich nichts, und so pirschte er zurück zur Wand und suchte nach einem Lichtschalter. Was sollte schon passieren? Wer Licht anschaltete, hatte nichts zu verbergen. Wenn sie ihn hier fand, würde er den Tattergreis geben, der sich in der Tür geirrt hatte und durch Fehlverhalten der Hotelleitung in der Nachbarsuite herausgekommen war. Das würde ihm jeder glauben, zumindest wenn man den bewusstlosen Mann nebenan außer Acht ließ.

Falter überblickte den Raum. Wenn alles wie in seiner Suite eingerichtet war, musste das da drüben die Tür zum Schlafzimmer sein. Er trat heran, wartete wieder eine Weile, dann drückte er die Klinke nieder und quetschte sich hinein.

Das erste, was ihm auffiel: Es roch nach Parfüm, genauer gesagt: nach dem Leib einer wehrlosen jungen Frau, der Parfüm ausdünstete. Ein erregender Gedanke! Falter hielt den Atem an und lauschte. Doch er hörte nur sein eigenes Herz, das ihm, mit leichten Stichen versetzt, bis zum Hals schlug. Oh ja, es war noch Leben in ihm.

Nun konnte er ein Geräusch ausmachen. Es war regelmäßig, ein schwaches Schnarchen fast. Sie schlief also. Seine Augen hatten sich etwas an die Dunkelheit gewöhnt, und so wagte er sich zum Bett vor. Er konnte ihren Oberkörper erkennen, der von dem weißen Bettzeug abstach. Sie lag leicht auf der Seite und hatte den linken Arm angewinkelt unter den Kopf gelegt. Im fahlen Schein des vom Nachbarzimmer eindringenden Lichts schimmerten ihre Haut und das Nachthemd aus Satin.

Falter war ein bisschen enttäuscht. Er hatte gehofft, dass sie nackt schlafen würde. Er streckte den rechten Arm aus und fuhr mit der flachen Hand die Umrisse ihrer sich unter dem Laken abzeichnenden Gestalt ab. Er meinte, den Magnetismus ihres Körpers zu spüren, es kribbelte in seinen Fingerspitzen.

Aber auch sie schien etwas bemerkt zu haben. Sie bäumte sich auf, so dass es fast zu einer Berührung gekommen wäre. Falter starb tausend Tode. Doch es handelte sich nur um eine Bewegung im Schlaf, die mit einem Seitenwechsel endete. Kurz darauf trat wieder Ruhe ein.

Dennoch beschloss Falter, den Rückzug anzutreten. Da fiel ihm das Gedicht ein, das gefaltet in der Tasche seines Hausmantels steckte. Er hatte überlegt, es direkt auf dem Bett zu deponieren, aber das erschien ihm nun im Angesicht der Adressatin riskant. Wenn sie es morgen finden würde, wäre der nächtliche Besuch eines Fremden eine unabweisbare Tatsache, was zu Kurzschlussreaktionen führen konnte. Also flüsterte er einen Abschiedsgruß, der das Wiedersehen am nächsten Tag einbezog, und räumte schleichend das Feld. Er drapierte das Gedicht auf den Schreibtisch, wo es immerhin schon vorher gelegen haben oder von einem Hotelpagen platziert worden sein konnte. Nur schade, dass er keine Gladiolen dabei hatte.

Zurück in seiner Suite sah sich Falter mit einem Problem konfrontiert. Was tun mit dem Hoteldiener, der in unveränderter Position sein Delirium ausschlief? Sollte er Mehmet aus dessen Standardzimmer holen, damit er das Corpus

Delicti herauswuchtete und es irgendwo auf einem Flur des Hotels ablegte? Mehmet ahnte zwar vieles, aber alles wissen musste er nun auch wieder nicht. Außerdem war der Transport mit Gefahren verbunden.

Das Problem würde sich von selbst lösen. Nach seinen Erfahrungen hielt die Wirkung des Dormidol-Cocktails je nach Konstitution des Probanden ungefähr acht Stunden an. Der Hoteldiener würde irgendwann im Morgengrauen erwachen, sich verdutzt umsehen und aus dem Staub machen. Angesichts der Amnesie, mit der die Wirkung des Präparats einherging, würde er sich kaum daran erinnern, was seiner Absenz vorausgegangen war. Und selbst wenn, würde er Stillschweigen bewahren. Es gehörte sich nicht für einen Hotelangestellten, mit einem Gast, der ihn wegen eines klemmenden Fensters gerufen hatte, Champagner zu süffeln. Nein, Falter war sich sicher, dass er sich auf die Diskretion seines Opfers verlassen konnte.

30

Es war Samstag, und Laura hatte sich den Wecker gestellt. Sie war früher nie eine Langschläferin gewesen, aber in letzter Zeit war mit allem anderen auch dieser Rhythmus in Unordnung geraten. Erst ließen sie quälende Gedanken und Selbstgespräche in der Nacht keine Ruhe finden, dann trat, kaum noch erwartet, ein nervöser Dämmerzustand ein. Er brachte zwar keine Erholung, ließ sich aber nur gewaltsam wieder beenden.

So war es auch letzte Nacht gewesen. Wieder und wieder war sie das Treffen mit Sophie Bonnard durchgegangen, von dem sie noch nicht einmal wusste, ob sich die Chance dazu bieten würde. Wie ließ sich eine Angelegenheit von so eminenter Peinlichkeit einfädeln? *Liebe Madame Bonnard, es gibt da einen Jungen namens Sebastian, in den ich verliebt bin, aber es geht das Gerücht, dass er mit Ihnen zusammen sei. Stimmt das?* Und wenn die Bonnard bejahte – was sollte sie dann sagen? Dass sie nun todtraurig sei? Entsetzlich, undenkbar.

Also stolzer, offensiver. *Madame Bonnard! Man hört, dass Sie mit einem jungen Mann namens Sebastian liiert sind. Falls das stimmt: Ich weiß, dass er in Wahrheit mich liebt. Geben Sie ihn frei!* Das funktionierte vielleicht in Hollywood-Filmen, aber meist nicht einmal dort.

Da kam ihr eine Idee. Laura knipste die Nachttischlampe an und suchte ihr Smartphone. Irgendwo in einem der Alben musste ein Bild von Sebastian schlummern. Sie hatte sich zwar nie getraut, ihn selbst zu fotografieren. Aber einmal hatte sich Kate das Handy geschnappt und Sebastian und sie zu einem Doppelporträt genötigt. Peinlich (schon wieder dieses Wort!) war das gewesen, zumal Kate ihre Rolle ausgekostet und sie aufgefordert hatte, näher zusammenzurücken, sich anzuschauen und dergleichen mehr.

Laura fand die Fotos, eines so furchtbar wie das andere. Mal schaute sie ihn an, mal er sie, aber nie fanden ihre Blicke zueinander. Es war wie ein Sinnbild ihrer *Beziehung*.

Sie schickte das Bild auf ihren Laptop, versuchte eine Weile vergeblich, ihre Person auf technischem Weg zu entfernen, druckte das Bild schließlich aus und setzte die Schere an.

Abgesehen davon, dass Verstellung Lauras Naturell widersprach, war es nicht schwer gewesen, den Aufenthaltsort von Sophie Bonnard zu ermitteln. Ein fingierter Anruf im Fürstenhof hatte genügt – ein anderes Hotel kam ohnehin kaum in Frage. Vielleicht wäre es nicht einmal nötig gewesen, sich als Angestellte von Fleurop auszugeben, um die Bestätigung zu erhalten.

Nun saß sie im Foyer und versuchte, sich ein gelassenes Aussehen zu geben, während sie gleichzeitig darauf lauerte, dass Sophie Bonnard einem der Fahrstühle entstieg. Ein Mann von der Rezeption hatte sie gefragt, ob man ihr helfen könne. Sie warte auf einen Gast, hatte sie geantwortet, aber zur Sicherheit einen überteuerten Milchkaffee bestellt. Das würde ihr eine Weile Aufenthaltsrecht sichern.

Im Foyer herrschte stetes Kommen und Gehen. Gäste checkten ein und aus, fragten nach dem Weg zum Frühstücksraum. Laura hatte sich immer vorgestellt, welch elegantes Leben im Inneren des Grandhotels herrschen müsse. Aber die meisten Leute wirkten enttäuschend normal, trugen keine Persianer, sondern Windjacken, keine Pumps oder Budapester, sondern Gesundheitsschuhe.

Das Hotel bezog einen Teil seines Renommees daraus, dass Wilhelm II. bei Aufenthalten in der Kurstadt dort genächtigt hatte. Nun aber hatte es die deutsche Mittelschicht in Besitz genommen. Wahrscheinlich gab es Rabatt am Wochenende oder Discount im Internet, dachte Laura. Sie nahm sich vor, einmal nach den Preisen zu schauen. Vielleicht könnte sie ihren Eltern zum nächsten Festtag einen Gutschein schenken, damit sie bei einem Besuch nicht wieder die olle Pension am Studentenwohnheim beziehen mussten.

Die Fahrzeugtür öffnete sich, und ein weibliches Bein wurde sichtbar. Laura ließ die Zeitung sinken, die sie sich als Alibi gegriffen hatte, und nahm Habachtstellung ein. Aber es war nur so ein Girlie, Typ russische Tochter, die teuer-geschmacklose Kleidung und Accessoires spazierenführte und sich wahrscheinlich ebenso wie sie über die mangelnde Eleganz der anderen Gäste wunderte.

Laura sah auf die Uhr: gleich zehn. Sollte sie doch am Empfang fragen, ob Sophie Bonnard das Hotel verlassen hatte? Indem sie sich umdrehte, erblickte sie eine junge Frau in Jeans, die in schnellen Schritten der Rezeption zueilte. Sie wusste nicht, aus welcher Richtung sie plötzlich aufgetaucht war, hatte sie nicht aus dem Fahrstuhl kommen sehen, aber jetzt, da sie kurz ihr Gesicht fixieren konnte, erkannte sie, dass es sich um das Zielobjekt handelte. Laura sprang auf und der Betreffenden in den Weg.

»Madame Bonnard?«

»Ja?« Sie sah verstört aus und hielt ein Blatt in der Hand, das sie im Gehen weit von sich abgespreizt hatte.

»Verzeihen Sie, wenn ich Sie überfalle«, sagte Laura. »Ich möchte kein Autogramm. Ich müsste Ihnen kurz eine private Frage stellen.«

»Ja?«

Laura zückte das Foto von Sebastian aus ihrer Tasche. »Kennen Sie diesen jungen Mann?« Die Bonnard nahm das Blatt und sah es sich an. »Ja, er ist Beirat in dem Verein, der mein heutiges Konzert veranstaltet. Er hat mich gestern vom Flughafen abgeholt. Warum?«

Laura stutzte. Dass Sebastian nebenher in einem Musikverein mitwirkte, hatte er ihr nie gesagt. Doch die entscheidende Frage war eine andere, und die musste nun heraus, Peinlichkeit hin oder her. »Aber er ist nicht Ihr ... Freund?« Da die Bonnard sie verständnislos anstarrte, setzte sie hinzu: »Sie können es mir ruhig verraten. Ich bin nicht von der Presse.«

»Nein«, rief die andere entgeistert, »ich habe ihn gestern das erste Mal gesehen. Wie kommen Sie darauf?«

»Na ja, es wird behauptet – beziehungsweise, auch er hat es wohl einmal gesagt«, stammelte Laura. »Obwohl ich nicht dabei war.«

»Er hat es gesagt?«, wiederholte die Bonnard nachdenklich und führte sich noch einmal das Bild vor die Augen. Plötzlich schien sie ein Blitz der Erkenntnis zu durchzucken, aber was sie nun murmelte, konnte Laura, die in der Schule Latein als zweite und Altgriechisch als dritte Fremdsprache belegt hatte, nicht verstehen: »Non, je m'ai trompé. Je l'ai vu avant. C'est le STALKER.« Sie tastete mit einem Arm zur Seite, als suche sie festen Halt, da sie aber nichts fand, stützte sie sich an ihrer Gesprächspartnerin ab.

Nach Sekunden des Taumelns fand sie ihre Fassung wieder. »Darf ich das Foto haben?« Laura bestätigte zögernd. »Danke, Sie haben mir einen großen Gefallen getan«, sagte die Bonnard, drückte Laura noch einmal die Schulter, drehte sich um und verschwand eilig in Richtung des Treppenaufgangs.

Was war das jetzt gewesen? Laura konnte sich auf das Geschehnis keinen Reim machen. Irritiert verließ sie das Hotel. Draußen blieb sie stehen und überlegte. Irgendetwas Elementares hatte das Gespräch in der Bonnard ausgelöst. So entschlossen sie vorher der Rezeption entgegengestürmt war, so brüsk hatte sie nun ihren Plan geändert und den Rückweg aufs Zimmer eingeschlagen.

Wollte sie abreisen? Ihr sprunghaftes Verhalten legte den Verdacht nahe. Laura fand Deckung hinter einem Denkmal, das den Vorplatz des Fürstenhofes zierte, und observierte die Drehtür. Tatsächlich: Nach kaum einer Viertelstunde kam die Bonnard mit einem Trolley heraus, der Portier winkte ein Taxi herbei, und weg war sie.

Unverändert mysteriös das alles. Nur eines war Laura augenblicklich klar: Auch wenn es sie große Überwindung kosten und ihr Geständnisse abverlangen würde – sie musste Sebastian über die Entwicklung informieren. Sie wählte seine Nummer. Gott sei Dank, er nahm ab. Sie fragte, ob sie vorbeikommen könne, es sei dringend. Er stimmte verwundert zu. Eine halbe Stunde später klingelte sie an seiner Tür.

»Hallo«, begrüßte er sie.

Oh, dieses *Hallo*. Wie oft hatten sie es einander in den letzten Monaten zugerufen und dabei immer versucht, die Unverbindlichkeit des Grußes durch zärtliche Aussprache zu heilen.

»Hallo«, gab sie zurück.

Er ließ sie herein, ging zur Sitzgruppe, forderte sie auf, neben ihm Platz nehmen. Aber Laura erklärte, das Gespräch im Stehen führen zu wollen.

»Sebastian«, hob sie an. »Können wir uns versprechen, heute zur Abwechslung ganz offen und ehrlich miteinander zu sein?«

Er sah sie überrascht an. »Ja, natürlich.«

»Schwörst du? Es ist wichtig.«

»Ja, ich schwöre: offen und ehrlich, zur Abwechslung.« Er setzte ein schiefes Lächeln auf.

»In welchem Verhältnis stehst du zu der Pianistin Sophie Bonnard? Und erzähle mir jetzt bitte nicht, dass du sie wegen ihrer Brahms-Interpretationen schätzt.«

Laura hatte noch nie verstanden, woher der Begriff *puterrot* kam. Aber es war exakt die Farbe, die Sebastians Gesicht nun annahm. Er sah eine Weile schweigend zu Boden, dann fing er an zu erzählen: wie er vor Jahren auf die noch unbekannte Künstlerin aufmerksam geworden sei, wie sie durch ihr unschuldiges Aussehen und ihre glutvollen Interpretationen sein Herz gerührt habe, wie er sich in eine quasi autistische Schwärmerei für sie hineingesteigert, jedes greifbare Konzert besucht habe und schließlich der wirklichen Welt abhanden gekommen sei.

Er erfüllte seinen Schwur, erzählte alles, schonte sich nicht. »Aber dieses Kapitel ist abgeschlossen«, beendete er nach Minuten seine Beichte.

»Und was ist mit dem Konzert heute im Kurhaus?«, fragte Laura.

»Auch das weißt du?« Ertappt sah Sebastian zu Laura auf. Dann berichtete er, wie er nach einem Konzert Otto Falter kennengelernt, dass er sich gegen besseres Wissen auf dessen Einfall eingelassen habe. Er schilderte die Autofahrt mit Sophie Bonnard, seinen Abstecher in den Kurpark mit dem Entschluss, den eigenen Plan zu sabotieren, die Verteilung der Freikarten vor Kurhaus und Staatstheater.

Laura folgte seinen Erklärungen konzentriert. Was sie hörte, erschien ihr ziemlich abgedreht, aber plausibel und menschlich nachvollziehbar. Änderte es etwas an ihren Gefühlen für Sebastian? Sie horchte in sich hinein, aber alles, was sie dort vernahm, war der dringende Wunsch, sich neben Sebastian auf die Couch zu setzen und ihn in die Arme zu nehmen. Dennoch musste sie in einem Punkt Klarheit haben, bevor sie mit ihrer eigenen Geschichte herauskam: »Und wie definierst du dein Verhältnis zu mir?«

Sebastian, der die bisherige Befragung im Sitzen über sich hatte ergehen lassen, stand auf und sah ihr geradewegs in die Augen. Dann sagte er: »Ich mag dich wahnsinnig gern.«

»Ist das … viel oder wenig«, fragte sie mit belegter Stimme.

»Das ist viel, wahnsinnig viel, mehr, als ich je einem Mädchen gesagt habe.«

Er stand jetzt etwa zwei Meter von ihr entfernt. Das war zu weit, um einfach den Arm auszustrecken und ihn zu sich zu ziehen. Außerdem hatte Laura selbst noch eine Erklärung abzugeben, durch die sich die Stimmung schlagartig ändern konnte.

»Ich habe dich auch wahnsinnig gern, weißt du«, begann sie. »Deshalb bin ich vorhin ins Hotel gegangen und habe Sophie Bonnard ein Foto von dir gezeigt und sie gefragt, ob ihr zusammen seid.«

»Du hast WAAS?«, rief Sebastian.

»Kate hat erzählt, dass du sie im Hörsaal als deine Freundin ausgegeben hast. Ich musste wissen, woran ich bin.«

»Ach, die blöde Zeichnung«, fiel es Sebastian ein. »Das habe ich doch nur behauptet, um meine Ruhe zu haben.«

»Die Bonnard hat dein Foto betrachtet und dann fluchtartig das Hotel verlassen. Kannst du dir das erklären?«

»Ist sie abgereist?«

»Um zur Probe ins Kurhaus zu gelangen, braucht man jedenfalls kein Taxi, und ihren Koffer hat sie auch mitgenommen.«

Die Information verfehlte ihre Wirkung nicht. Sebastian wankte zwei Schritte rückwärts und ließ sich auf die Couch fallen. Laura verharrte kurz in ihrer Position, dann entschied sie, ihm Beistand zu leisten, und setzte sich in einigem Abstand neben ihn.

»Du hast mir auch nichts verschwiegen?«, fragte sie.

Er sah sie mit ratlosem Gesichtsausdruck an. »Nein, wirklich nicht. Ich weiß nicht, was sie umtreibt. Gestern war sie sehr freundlich.«

»Aber es trifft dich schon, dass das Konzert ausfällt«, sagte Laura, nun wieder von Zweifeln erfüllt.

»Weil ich tausend Einwohnern dieser Stadt das Versprechen abgerungen habe, zum Konzert im Kurhaus zu erscheinen. Die werden mich steinigen.«

Sebastians Lage war prekär, das musste Laura zugeben. Sie saßen eine Weile da und brüteten, was zu tun sei. Laura wandte ein, dass es nichts Ungewöhnliches sei, wenn ein Konzert wegen Unpässlichkeit des Künstlers ausfalle. Sie erinnere nur an die fette Katzenliebhaberin aus der Klausur. Sebastian erwiderte, dass der vorliegende Fall anders gelagert sei. Schließlich habe er die Karten erst am Vorabend verteilt und müsse sich eine Mitschuld an den Ereignissen zuschreiben lassen.

»Hast du ihre Telefonnummer oder die ihres Agenten?«, fragte Laura. »Vielleicht lässt sie sich überreden zurückzukommen.« Doch Sebastian schüttelte nur heftig den Kopf.

»Ich könnte für sie einspringen mit der Klarinette«, sagte Laura nach einer Weile, aber es war nur ein Scherz, um ihn aufzumuntern.

Sebastian drehte sich ruckartig zu ihr um und riss die Augen auf: »Roderich Perlinger!«

»Wer?«, fragte Laura.

»Roderich Perlinger perlt immer und überall«, erklärte ihr Sebastian enthusiastisch. »Das ist unser Mann, eine Rampensau, völlig schmerzfrei. Der wird sich die Chance, im Großen Saal spielen zu können, nicht entgehen lassen.«

Perlinger stand mit voller Adresse im Telefonbuch. Sie fuhren zusammen im Mercedes hin. Laura hatte keine Beziehung zu Autos, aber die selbstverständliche Art, wie ihr sonst so tapsiger Sebastian dieses Dickschiff dirigierte, ließ ihn in einem neuen, interessanten Licht erscheinen.

Perlinger wohnte in einer neobarocken Villa etwas außerhalb der Stadt. Schon von außen waren die Klänge eines Klaviers zu vernehmen. Sebastian brauchte nur wenige Takte, um zu entscheiden, dass der Hausherr selbst am Werk war. Er drückte die Klingel. *Prof. Roderich Perlinger – Pianist und Musikpädagoge* stand auf einer überdimensionierten Messingtafel daneben. Die Musik erstarb, Perlinger schien die Tür selbst öffnen zu kommen.

»Mach dich auf etwas gefasst«, flüsterte Sebastian Laura zu. »Er sieht aus wie die Westentaschenausgabe von Brahms.«

Perlinger, der einen Hausmantel im orientalischen Stil trug, beäugte die beiden misstrauisch, aber als sich Sebastian als Mitarbeiter des *Allgemeinen Tagblatts* vorstelle, der die Eloge auf Perlingers letztes Konzert verfasst hatte, wurden sie aufs Höflichste eingelassen.

Nach mitfühlenden Erkundigungen über das Schicksal der Brahmsfreunde kam Sebastian zum Punkt. Perlinger hörte sich seine Ausführungen an. »Soso, hat sie die Bonnard im Stich gelassen«, kommentierte er zwischendurch kernig. »Grippe? Na, wenn's mal stimmt. Sie ist mir immer etwas labil vorgekommen.« Als Sebastian dann aber mit seinem Vorschlag aufwartete, war der Hausherr doch überrascht und legte seine Stirn in Falten. »Nein, das kann ich nicht machen. Ich bin der Vorsitzende der Brahmsfreunde. Ich kann doch nicht plötzlich bei der Konkurrenz auftreten.«

»Sie *waren* der Vorsitzende der Brahmsfreunde«, erwiderte Sebastian ungerührt. »Wenn ich nicht irre, sind die pleite. Machen wir uns nichts vor, lieber Herr Perlinger: Die Insolvenz hat ihrem Ansehen geschadet. Das Konzert heute Abend bietet Ihnen die Chance, sich zu rehabilitieren und ihren Ruf als legitimer Brahmsnachfolger wiederherzustellen. Und wer weiß: Vielleicht können Sie in der neuen Gesellschaft bald in Ihre alte Funktion zurückkehren. Im Vertrauen: Unser Vorsitzender ist ziemlich tattrig – das Herz.«

Sie verließen das Haus mit Perlingers Zusage, sich dem Dienst an Brahms' Andenken nicht verweigern zu wollen. Laura kam aus dem Staunen nicht heraus. Wie Sebastian diese Verhandlung geführt hatte, grenzte ans Diabolische. Wo er das nur plötzlich hernahm? Als sie wieder im Auto saßen, warf er ihr einen übermütigen Blick zu und brach darauf in Lachen aus. Sie stimmte mit ein, und ihr war, als löse sich ein Knoten in ihrem Herzen. Er fuhr sie zu ihrem Wohnheim.

»Kommst du heute Abend zum Konzert?«, fragte er sie beim Abschied. »Empfehlen kann ich es unter künstlerischen Gesichtspunkten allerdings nicht.«

»Hast du denn überhaupt noch eine Karte?«

»Nein, ich fürchte nicht. Aber hey, ich bin der Veranstalter.«

Dann umarmten sie sich sehr lang und innig.

31

Otto Falter wurde allmählich nervös. Es war schon früher Nachmittag, und Sebastian war nicht zu Hause. Sie standen inzwischen eine geschlagene Stunde vor dieser Bausünde von Studentenwohnheim und überwachten die Tür. Dutzende Gestalten waren ein und ausgegangen, Sebastian war nicht darunter. Falter hatte schon überlegt, ihn anzurufen, sich dann aber doch bezwungen. Dieser Besuch musste unbedingt eine Überraschung werden, das würde die Abwehrkräfte seines Schützlings zusätzlich schwächen.

»Wenn wir einen funktionierenden CD-Spieler hätten, könnte ich Ihnen jetzt Ihre Lieblingsmusik einlegen, Chef«, hörte er Mehmet sagen.

»Sie versuchen es immer wieder, nicht wahr?«, gab Falter zur Antwort. »Lassen Sie mal, ich wäre jetzt ohnehin nicht in der Stimmung.«

»Aber wir könnten einen CD-Wechsler im Kofferraum einbauen. Das würde die Optik gar nicht stören.«

»Mehmet!«, rief Falter seinen Chauffeur zur Ordnung. »Wir wollen morgen darüber reden.«

»Morgen, morgen. Das sagen Sie immer«, stöhnte Mehmet resigniert.

Falter musste ihm Recht geben. Seit Wochen lebte er auf diesen Tag hin und hatte alles Unwichtige in die Zukunft verschoben. Wer konnte schon sagen, was morgen war, ob es ein Morgen geben würde. Wünschte er sich nicht sogar insgeheim, dass alles heute mit einem großen Paukenschlag endete? Falter schob den Gedanken wieder beiseite. Ein

Gentleman tat so manches nicht, was Normalmenschen taten. Vor allem psychologisierte er nicht und trieb keine Selbstbespiegelung.

»Chef, ein schwarzer Mercedes«, rief Mehmet plötzlich.

Falter rutschte auf seiner Rückbank nach vorn. Tatsächlich näherte sich von rechts ein Gefährt, das jenem von gestern vor dem Fürstenhof ähnlich sah. Ob es sich um dasselbe handelte, konnte Falter nicht sagen. Früher hatte er sich für Autos begeistert, schöne und schnelle Autos, in denen man den Zwängen des privaten und beruflichen Lebens entfliehen konnte. Aber inzwischen hatte er längst den Überblick verloren. Alle Modelle sahen heutzutage gleich aus: plump, vulgär und schwarz.

Der Mercedes parkte ein. Das gelang so behände, dass unmöglich Sebastian der Pilot sein konnte. Aber doch, wenige Sekunden später öffnete sich die Tür, und er entstieg dem Wagen.

»Sehen Sie, was ich sehe?«, sagte Mehmet. »Er lächelt.«

»Sehr bedenklich«, bestätigte Falter, und mehr für sich fügte er an: »Es wird ihm schon noch vergehen.«

Sie gaben noch eine Viertelstunde zu, dann holte Falter den Champagner samt zweier Gläser aus der Kühlbox, bat Mehmet, die Flasche zu entkorken, und begab sich zum Eingang. Nach einiger Suche fand er Sebastians Namen auf dem riesigen Klingelbord, aber ihn schon hier unten zu alarmieren, hieße, ihm Vorwarnzeit einzuräumen. Also wartete Falter, bis wieder jemand die Tür öffnete, und schlüpfte hinein. Die Überraschung war gelungen, und Falter konnte an Farbe und Ausdruck von Sebastians Gesicht ablesen, dass es keine erfreuliche war. Sein Schützling stand in der Tür und starrte den Besucher entgeistert an.

»Herr Falter. Was machen Sie denn hier?«

»Nun, mein Lieber«, antwortete er mit mokantem Lächeln. »Nachdem Sie sich zwei Tage meiner Fürsorge entzogen haben, musste ich doch nachschauen, ob alles in Ordnung ist, nicht? Aber vor allem will ich Ihnen Glück wünschen für nachher. Hier,« – Falter hielt Flasche und Gläser in die Höhe – »ich habe uns etwas zu trinken mitgebracht. Das entspannt.«

Sebastian schwieg.

»Lassen Sie mich gar nicht herein?«

»Oh, selbstverständlich, Entschuldigung.«

Nachdem ihm Sebastian aus dem Mantel geholfen hatte, sah sich Falter in der Stube um. »So lebt man also im Sozialen Wohnungsbau. Lehrjahre sind keine Herrenjahre, sagte man früher. Ich bin in meiner Studienzeit möbliert bei einer Kriegerwitwe untergekommen. Keine Damenbesuche nach zehn. Na ja, wir haben uns anders beholfen.«

»Wollen Sie sich setzen?«, fragte Sebastian.

»Nein, ich will Sie gar nicht lange stören. Sie haben bestimmt noch Vorbereitungen zu treffen, müssen sich hübsch machen. Ich stoße mit Ihnen auf das Gelingen Ihres großen Abends an und bin dann wieder weg. Vorher sagen Sie mir schnell, ob alles nach Plan verläuft. Ist unsere geschätzte Künstlerin eingetroffen?«

»Eingetroffen ist sie.«

»Haben Sie sie schon sprechen können?«

»Ähm, ja, ganz kurz heute Morgen, vor der Probe.«

»Soso, heute Morgen«, wiederholte Falter. Was war dieser Junge für ein schlechter Lügner. »Und im Saal ist alles in Ordnung?«

»Die Bestuhlung steht. Es ist Platz für über tausend Zuschauer.«

»… den wir aber nicht ausschöpfen werden.«

»Sicher nicht.«

Falter spürte die kalte Champagnerflasche in seiner Hand. Es machte wenig Sinn, sich in weiterem Geplänkel zu ergehen. Sebastian würde den Abend ohnehin nicht im Kurhaussaal verbringen. Nun galt es, die Weichen dafür zu stellen.

»Dann lassen Sie uns Prosit sagen«, schlug er vor. »Dom Pérignon – ich ziehe ihn wegen seines schlanken Körpers dem Roederer vor.« Wie um seine Worte zu beglaubigen, hielt Falter die Flasche gegen das Licht und sah prüfend hindurch. Dabei geriet sein Arm in Schieflage und ein Schwall des edlen Tropfens ergoss sich auf sein Revers. »Oh, ich Tollpatsch«, rief er scheinbar bestürzt. »Wären Sie so freundlich, mir ein Tuch zum Abtrocknen zu holen?«

Während Sebastian zur Diele ging, um in der Küchenzeile nach dem Gewünschten zu suchen, öffnete Falter schnell den Deckel seines Siegelrings, schüttete eine von ihm pulverisierte Dosis Dormidol in das Sektglas und kippte den Champagner darauf. Er hatte diesen Handgriff zu Hause ungezählte Mal geübt, und es lief wie am Schnürchen.

Es war ein Glück, dass er in einem Antiquitätenladen diesen Ring gefunden hatte. Er stammte aus dem Besitz eines hochrangigen Nazis, der darin angeblich eine Zyankalikapsel aufbewahrt hatte. Leider ließ sich nicht mehr verifizieren, ob von der Funktion damals Gebrauch gemacht worden war.

Sebastian kam mit einem Küchenhandtuch zurück, und Falter tupfte damit die feuchten Stellen auf seinem Sakko ab.

Dann überreichte er Sebastian den Champagner, schenkte sich selbst ein und hob sein Glas zu einem Toast: »Mein lieber Sebastian. Unser Projekt geht heute zu Ende. Ich habe Sie unter meine Fittiche genommen, weil mich Ihre Schwärmerei für Mademoiselle Bonnard gerührt und an meine eigene Jugend erinnert hat. Die Monate, in denen ich Ihnen als Mentor dienen konnte, haben mir viel Freude bereitet, und ich hoffe, dass die Freude heute Abend vervielfacht wird, wenn sich nämlich unser kleines Privatkonzert als Erfolg herausgestellt hat. In diesem Sinne: Viel Glück und: auf die Liebe!«

Falter setzte das Glas an seine Lippen und nahm einen kräftigen Schluck. Zugleich schielte er zu Sebastian herüber, um sich zu vergewissern, dass der es ihm gleichtat. Aber er schien nur genippt zu haben. Also forderte ihn Falter auf: »Na los, mein Lieber, runter damit. Lassen Sie mir den guten Dom nicht verkommen.« Und endlich war auch Sebastians Glas leer.

»Brav«, lobte Falter, »so einen guten Tropfen bekommen Sie nicht alle Tage. Aber heute ist auch nicht *alle Tage*, weiß Gott nicht.«

»Nein«, sagte Sebastian zerstreut. »Aber ich muss Ihnen noch ein Geständnis machen, Herr Falter.«

Aha, nun kommt er doch noch mit der Wahrheit heraus, dachte Falter. *In vino veritas*, der alte Spruch bewies einmal mehr seine Gültigkeit. »Sie haben die Bonnard schon gestern Abend kennengelernt, nicht wahr?«

»Woher wissen Sie das?«

»Ich habe so meine Quellen. Sie haben sie vom Flughafen abgeholt.«

»Mackentrott hatte mich darum gebeten.«

Falter setzte eine gutmütige Miene auf. »Eigentlich müsste ich Ihnen böse sein, dass Sie mich nicht informiert haben. Aber heute ist kein Platz für schlechte Gedanken. Ist sie denn nett?«

»Ja, ja.« Sebastian kniff sich mit der Hand an die Nasenwurzel, als habe ihn ein plötzlicher Schwindel erfasst.

»Also nett. Fein«, fuhr Falter fort, sein Gegenüber genau beobachtend. »Aber mehr war nicht, ich meine da so im Auto?« Er vollführte eine vage Geste mit der Hand.

»Nein.« Sebastian machte einen Ausfallschritt zur Seite. »Aber ich wollte Ihnen eigentlich ... etwas anderes ...« Weiter kam er nicht. Nach einer letzten Anstrengung, die Kontrolle wiederzugewinnen, sackte er zu Boden.

Dieses Dormidol war schon ein Teufelszeug, dachte Falter. Die Wirkung schien sich mit den Jahren sogar noch verstärkt zu haben. Laut Packungsaufdruck war das Medikament im Jahr 1975 abgelaufen, und er hatte Sorge gehabt, ob damit noch der alte Effekt zu erzielen sein würde. Aber schon die Tests mit Mehmet und den Tieren hatten gezeigt, dass das Gegenteil der Fall war.

Am schnellsten aber war von allen Sebastian K.o. gegangen. Er war eben doch ein – wie lautete der lustige Begriff, den er neulich gelesen hatte? Weichei. Fast ärgerte sich Falter, dass er aus den Sekundärtugenden seines Produkts nicht schon früher Kapital geschlagen hatte. Vor allem in Osteuropa musste es einen gewaltigen Schwarzmarkt dafür geben.

Falter begutachtete die Position seines Opfers. Es lag ziemlich vorbildlich auf dem Teppich, keine unnatürlichen Verwindungen, nichts, was abgestorbene Gliedmaßen oder andere Folgeschäden befürchten ließ. Falter nahm ein Kissen von der Couch und bettete Sebastians Kopf darauf, dann breitete er noch eine Decke über ihm aus. Er nahm Flasche und Gläser wieder an sich und verließ zufrieden die Wohnung.

»Darf ich fragen, was oben vorgefallen ist?«, fragte ihn Mehmet, nachdem sich Falter wieder auf der Rückbank des Jaguars installiert hatte.

»Sie dürfen, lieber Mehmet«, antwortete Falter vergnügt. »Aber ich gestatte mir, diese Frage unbeantwortet zu lassen. Sie müssen nicht alles wissen, zu Ihrem eigenen Schutz.«

Mehmet legte die Stirn in Falten, wie Falter im Innenspiegel feststellen konnte.

»Und nun ab ins Hotel! Ich muss mich umziehen.«

32

In Sebastian von Stolbergs Wagen herrschte eisiges Schweigen. Der sophistograue Audi Q7 3.0 TDI Quattro raste mit weit über zweihundert Sachen und hart an der Drehzahlbegrenzung über die Autobahn. Sebastian konnte auf dem Navigationsgerät mitverfolgen, wie die berechnete Ankunftszeit um immer weitere Minuten nach unten purzelte. 20.04 Uhr hieß es auf dem Display inzwischen. Er musste nur noch rund zehn Minuten aufholen und beten, dass ihm unterwegs kein Stau in die Quere kam.

Jenseits des bordeigenen Infotainmentsystems war keine Unterhaltung verfügbar. Sophie schmollte, und das war zurückhaltend ausgedrückt. Sebastian konnte nicht ausschließen, dass sie gerade im Begriff war, von ihrer Beziehung Abschied zu nehmen. Am Anfang der Fahrt hatte er ihr noch aufmunternd das Knie getätschelt. »Nun krieg dich mal wieder ein«, hatte er gesagt. »Ist doch alles halb so wild.« Aber sie hatte nur gefaucht, er solle sie in Ruhe lassen, und die Kommunikation eingestellt.

Frauen! Stand jetzt verspürte Sebastian nicht das Verlangen, noch jemals mit Angehörigen dieses Geschlechts zu tun zu haben. Wie impulsiv und stur sie waren, jeder rationalen Argumentation unzugänglich. Überhaupt war *er* es, der allen Grund hatte, auf *Sophie* sauer zu sein. Sie hatte gegen ihre Vereinbarung verstoßen und ihn am Wochenende kontaktiert.

Nun hatte er seiner Frau erklären müssen, dass er den restlichen Samstag und womöglich noch den Sonntagvormittag wegen dringender geschäftlicher Verpflichtungen als Familienvater ausfalle. Wo sich seine Präsenz in dieser Funktion ohnehin schon auf die Wochenenden beschränkte.

Sie würde es ihn büßen lassen, so viel war klar. Frauen waren nicht nur impulsiv und stur, sondern darüber hinaus ungerecht und nachtragend. Er konnte nur hoffen, dass sie das geschäftliche Motiv geschluckt hatte. In dieser Hinsicht hatte er zwar ein annähernd reines Gewissen. Trotzdem war es besser gewesen, den Namen Sophie Bonnard in seiner Erklärung ungenannt zu lassen.

Er spielte gerade mit Florian im Garten Fußball, als ihn Sophies Anruf erreichte. »Ich sitze im Zug und bin in zehn Minuten am Hauptbahnhof«, sagte sie mit erstickter Stimme. »Kannst du mich abholen? Es ist etwas Schreckliches passiert.«

Sie fuhren zu einem Café, das Sebastian als hinreichend verschwiegen einstufte. Dann eröffnete sie ihm, dass sie das Konzert am Abend platzen lassen müsse, weil sie sich durch einen Stalker bedroht fühle. Wie dämlich war das denn! Zwar tat er so, als würde er ihren Schilderungen voller Anteilnahme folgen. In Wirklichkeit war ihm aber von der ersten Sekunde an klar, was er zu tun hatte: ihr diese Schnapsidee wieder auszureden.

Er konnte keinen Skandal gebrauchen, nicht jetzt, wo die Kampagne für *Appassionata by Sophie Bonnard* auf Hochtouren lief und das Überleben seines Unternehmens davon abhing, dass diese Markteinführung ein Erfolg wurde. *Schlechte PR ist gute PR*. Es mochte ja sein, dass dieser Spruch in bestimmten Fällen seine Berechtigung hatte. Aber nicht in diesem. Sophie würde bei einer Absage als überspannte

Diva dastehen, und die ganze Kampagne baute darauf auf, sie als hingebungsvollen Engel erscheinen zu lassen.

»Hör mal, Schatz«, beschwor er sie. »Ich kann verstehen, dass dir diese Gedichte unangenehm sind. Aber du bist inzwischen ein internationaler Star, und bei deinem Aussehen – die Tränen stehen dir übrigens ausgezeichnet – muss es dich nicht wundern, wenn dich die Fans nicht nur wegen deines Könnens lieben. Sieh dir Howard Carpendale an. Der ist über siebzig und wird auf der Bühne immer noch mit Schlüpfern beworfen. Ich wüsste nicht, dass er das jemals als Stalking bezeichnet hätte.«

»Wer ist Howard Carpendale?«, gab sie zurück.

»Die Gedichte sind geschmacklos, ja«, fuhr er fort. »Schlimmer noch: Sie sind einfach schlecht. Aber du erhältst sie ja seit Monaten, wie du sagst. Und? Ist dir seitdem etwas zugestoßen? Na, siehst du.«

»Das Blatt lag heute Morgen auf dem Schreibtisch in meinem Hotelzimmer«, schrie sie, so dass sich Sebastian beunruhigt im Café nach Mithörern umsah. »Ich schwöre dir: Gestern Abend hat es nicht dort gelegen.«

»Du meinst, der Stalker steckt mit dem Hotelpersonal unter einer Decke? Das ist doch absurd. Zeig mir noch einmal das Foto. Mmh, ich habe selten einen Menschen so harmlos aus der Wäsche gucken sehen.«

»Aber er ist es. Schau dir die Zeichnung an, die ich vor Monaten von ihm gemacht habe.«

Sebastian hielt sich den verknickten Zettel vor die Augen, den Sophie aus ihrem Portemonnaie gezogen hatte, und lachte: »Sieht eher aus wie ein Werwolf. Also ich erkenne da keine Ähnlichkeit.«

Sie funkelte ihn böse an.

»Heute Abend kann dir nichts passieren«, fuhr er fort. »Du sitzt auf der Bühne vor über tausend Zeugen. Wie will er dir da auf die Pelle rücken? Wenn ich ihn im Publikum entdecke, knöpfe ich ihn mir vor. Dann ist Ruhe, ein für allemal, das schwöre ich dir.«

»Nein, ich kann nicht«, beharrte sie. »Weißt du, was das Schlimmste ist? Dieser junge Mann war mir sympathisch, und ich hatte mich auf das Konzert gefreut, auch seinetwegen.«

So ging es weiter, hin und her und wieder zurück. Immer wieder stieß Sophie die gleichen Befürchtungen und Wahnvorstellungen aus, auch diejenigen, die Sebastian längst schlüssig nach den Gesetzen der Logik widerlegt hatte.

Schließlich, es war schon nach fünf, sah er sich gezwungen, ein Machtwort zu sprechen: »Okay, Sophie, Klartext. Du steigst jetzt mit mir in dieses Auto, und dann fahren wir zusammen zu diesem verdammten Konzert in diese verdammte Stadt, und dann setzt du dich an dein verficktes Klavier und spielst deinen verfickten Brahms. Deine Launen sind jetzt keine Privatsache mehr. Du hast einen Vertrag unterschrieben, wonach du uns für geeignete Publicity-Maßnahmen zur Verfügung stehst. Was du hier vorhast, ist ungeeignete Publicity, negative Publicity, compris?«

19.59 Uhr. Laut Display waren sie jetzt erstmals in den grünen Bereich ihres virtuellen Wettrennens vorgestoßen. Aber er musste auch noch den Stadtverkehr einkalkulieren, der immer Zeit kostete. Außerdem würde Sophie nicht geradewegs vom Auto auf die Bühne springen können.

»Du willst deinen Auftritt doch wohl nicht in Jeans absolvieren, oder?«, richtete er das erste Mal seit einer Stunde wieder das Wort an sie. »Du musst dich umziehen. Nachher ist dafür keine Zeit mehr.«

»Dann halt an.«

»Unmöglich. Du musst auf die Rückbank krabbeln, das Kleid aus dem Koffer fischen und dich im Auto umziehen.«

Er sah ihr über den Rückspiegel zu, wie sie sich ächzend und unter Verrenkungen ihrer Sachen entledigte und in das weiße Abendkleid zu schlüpfen versuchte. Es war das Modell aus der Werbekampagne, seine Idee. Auf halber Strecke, als sie gerade ihren Pulli ausgezogen hatte, überkam ihn der Drang, nun doch einen Parkplatz anzusteuern und sie auf dem mokkaubraunen Leder der Rückbank, auf der noch die Kekskrümel seines Sohnes Florian lagen, zu nehmen, quick and dirty zu ficken, wie es dem Stand ihrer Beziehung entsprach und die Zeitnot gebot.

Er wollte sie nicht züchtigen oder Vergeltungsphantasien an ihr ausleben, das war unter seinem Niveau. Sie war einfach so scharf, wie sie in ihrem BH dasaß, und so verdammt jung – so jung, wie er sich innerlich fühlte, und wie es seine Frau nie wieder sein würde. Und sie roch so gut zwischen ihren Brüsten, wie er sich wieder erinnerte, jedenfalls wenn sie kein *Appassionata by Sophie Bonnard* aufgelegt hatte.

Der Gedanke an sein Parfüm ließ ihn wieder zur Besinnung kommen. Die Tachonadel war bedrohlich abgesackt, und auch die prognostizierte Ankunftszeit zeigte noch den alten Wert. Er drückte das Gaspedal durch und trieb den Audi bis zum Äußersten. Autos! Das war die einzig verlässliche Beziehung, die einem Mann am Ende blieb.

Es war zehn vor acht, als sie das Kurhaus erreichten. Sebastian stellte den Wagen im erstbesten Halteverbot ab und fragte Sophie, ob sie den Weg zum Künstlereingang kenne. Sie schüttelte den Kopf. Auch das noch. Der Star des Abends konnte sich schlecht durch den Zuschauerraum zu seinem Arbeitsplatz schleichen. Also stieß Sebastian die Tür auf, befahl Sophie, im Auto zu warten, und sprang ins Kurhaus, um sich orientieren.

Hinter der Drehtür fand er einen Wegweiser, aber es waren nur der Große und der Kleine Saal sowie einige Salons mit hochgestochenen Namen ausgeschildert. Hektisch suchte er zwischen den einströmenden Konzertbesuchern nach einem Verantwortlichen, den er fragen konnte, aber es schienen nicht einmal Kartenabreißer oder Programmverkäufer im Einsatz zu sein. Schließlich boxte er sich durch eine Traube von Menschen, die auf die Abgabe ihres Mantels warteten, und fragte eine Garderobiere. Die konnte ihm den Weg halbwegs beschreiben.

Sebastian riss die Tür des Audi auf und zerrte Sophie, die stumpf aus dem Fenster gestarrt hatte, ins Freie. Wie ein störrisches Kind musste er sie hinter sich herziehen, und fast begann er, Hassgefühle für sie zu entwickeln. Er würde sie direkt auf der Bühne abliefern müssen, wollte er nicht Gefahr laufen, dass sie es sich noch einmal anders überlegte.

Sie fanden den kleinen Nebeneingang, den die Frau beschrieben hatte, kamen an Künstlergarderoben und Proberäumen vorbei. Nirgends eine Menschenseele. An die Wand vor einer Treppe waren ein aufwärtsweisender Pfeil und in altertümlichen Lettern die Aufschrift *Zur Bühne* gemalt. Sie stiegen hinauf, und tatsächlich: Vor ihnen breitete sich ein mächtiges, mit Holzdielen beplanktes Plateau aus, in dessen Mitte ein im Scheinwerferlicht glänzender schwarzer Flügel stand.

Für einen Moment war Sebastian ergriffen. Ein erhebender und zugleich erschreckender Anblick war das, noch gesteigert durch das Brummen und Rauschen, das aus dem Zuschauersaal zu ihnen heraufquoll.

Er hatte noch nie auf einer solchen Bühne gestanden und sich auch nur allmählich daran gewöhnen können, Ansprachen vor Arbeitskollegen oder Kunden zu halten. Schrecklich nervös war er da noch immer. Und dieses Mädchen, das eben noch im BH auf seiner Rückbank gesessen hatte, sollte jetzt da raus und sich der Meute zum Fraß anbieten? Erst jetzt bemerkte Sebastian einen Mann, der links von ihnen stand. Er war klein, dick und bärtig und trug einen schwarzen Frack, weshalb er ihn im Halbschatten ihrer Warteposition nicht gleich gesehen hatte. Aber das schien auch umgekehrt zu gelten. Der Mann war offenbar nur mit sich beschäftigt. Sebastian tippte ihm auf die Schulter.

»Sind Sie der Veranstalter?«, fragte er. »Wollen Sie vor dem Konzert noch ein paar Worte zum Publikum sagen?«

Aus seiner Konzentration gerissen, drehte sich der Mann zu ihm um.

»Ich bin Roderich Perlinger. Ich werde dieses Konzert *geben*.«

»Da muss ein Irrtum vorliegen«, sagte Sebastian. »Findet Ihr Konzert vielleicht im Kleinen Saal oder im Kaiser-Friedrich-Salon statt? Die sind auf der anderen Seite. Im Großen Saal spielt heute Sophie Bonnard.«

Er sah sich schnell zu Sophie um, die einen Schritt hinter ihm stand. Dann fragte er sie:

»Startklar?«

Da sie nur maskenhaft geradeaus stierte und keine Antwort gab, griff er sie bei den Schultern, führte sie an die äußerste Kante der Wand, die sie vor den Blicken des Publikums schützte, und gab ihr einen Schub.

Beifall brandete auf, schwoll wieder ab, erste Takte ertönten. Puh, das war geschafft.

33

Laura stand wie verabredet um Viertel vor sieben am großen Brunnen vor dem Kurhaus. Sebastian war noch nicht da. Als er auch zwanzig Minuten später nicht erschienen war, wurde sie unruhig. Sie versuchte es auf dem Handy, aber es sprang nur seine Mailbox an. Hatte sie sich mit dem Treffpunkt geirrt? Sie lief alle anderen Wasserstellen und sonstigen Wegmarken der Umgebung ab, traf ihn aber nirgends an.

Vielleicht hatten ihn organisatorische Pflichten ins Innere gerufen. Oder hatte er sich am Ende entschieden, dem Konzert fernzubleiben? War er eben doch nicht über Sophie Bonnard hinweg und würde es nicht ertragen können, der öffentlichen Abwicklung seines Traums beizuwohnen?

Laura beschloss, die Suche im Gebäude fortzusetzen. Da fiel ihr ein, dass sie noch nicht einmal ein Ticket besaß. Zum Glück standen vor dem Eingang Leute, die Zettel mit der Aufschrift *Karten abzugeben* hochhielten.

»Aber Sie haben sie doch kostenlos bekommen, wenn ich richtig informiert bin«, sagte Laura entrüstet, nachdem sie einen der Anbieter angesprochen hatte. »Und nun möchten Sie fünfzig Euro dafür?«

»Und wenn ich richtig informiert bin, möchten Sie in das Konzert«, gab der andere zurück. »Nehmen Sie doch gleich mehrere Karten. Ab der fünften gibt's Mengenrabatt.«

Im Foyer setzte Laura die Suche fort. Das Publikum unterschied sich ein wenig von anderen Konzerten. Ergraute Bildungsbürger waren vertreten, aber auch Typen, die eher in den Musikantenstadl gepasst hätten. Laura stieß an einen Mann mit Aldi-Tüte, der ungut roch. Eines indessen war wie üblich: Junge Leute fanden sich nur wenige, Sebastian war definitiv nicht darunter.

Sie rief erneut bei ihm an. Immer noch die Mailbox. Da beschloss sie, zu ihrem Platz zu gehen. Niemand wollte ihre Karte sehen. Offenbar hatten Sebastian und sein Kompagnon an dieser Stelle Personal gespart. Auch ein Programm war nirgends zu haben. Laura vernahm um sich herum irritiertes Getuschel. Immerhin hatte ihr der Hehler einen guten Platz verschafft: erster Rang rechts, Reihe eins, Sitz zwei.

Von hier oben hatte sie den perfekten Überblick. Der Saal war inzwischen, eine Viertelstunde vor Konzertbeginn, etwa zur Hälfte gefüllt. Das lag im üblichen Toleranzbereich. Laura ging noch einmal konzentriert alle Reihen durch. In der Mitte des Parketts meinte sie, einen Dozenten ihres Fachbereichs zu erkennen. Was Sebastian anging: Fehlanzeige.

Plötzlich schoss ihr ein Gedanke durch den Kopf: Sollte Sebastian wirklich zu Hause geblieben sein – wer würde das Publikum über den Wechsel in der Besetzung informieren? Man konnte Roderich Perlinger doch nicht unkommentiert auf die Bühne marschieren lassen. Dass er nicht Sophie Bonnard war, würde sich selbst den Zuschauern, die Sebastian auf dem Ball des Weines angeworben hatte, erschließen.

Sophie bekam feuchte Hände. Sollte sie selbst ... Nein, das war ausgeschlossen. Sie wurde ja schon rot, wenn sie in der Universität das Wort ergriff. Sie versuchte, sich zu beruhigen. Sicher stand Sebastian längst mit Perlinger hinter der Bühne und wartete auf seinen Einsatz.

Sie sah auf ihre Uhr: Es war jetzt Punkt acht. Die Reihen hatten sich weiter gefüllt. Hier und da tröpfelten noch Nachzügler in den Saal, aber im Großen und Ganzen schien das Auditorium komplett, und über die Szene senkte sich die gespannte Erwartung, dass es nun gleich losgehen müsse. Tatsächlich wurde die Deckenbeleuchtung heruntergedimmt, Scheinwerferstrahlen nahmen den Konzertflügel auf der Bühne ins Visier. Fast wunderte sich Laura, dass jemand dafür Sorge getragen hatte.

Aber halt, die Türen standen noch offen! Auch im Parkett hatte man es bemerkt. »Türen zu«, ertönte eine Männerstimme. Da keine Reaktion von außen erfolgte, standen einige tatkräftige Konzertbesucher auf und legten selbst Hand an.

»Ein merkwürdiges Konzert ist das«, hörte Laura jemanden hinter sich sagen. »Freier Zutritt, keine Programme, keine Saalordner. Ich bin gespannt, ob wirklich Sophie Bonnard auf der Bühne erscheint.« Laura kannte die Antwort. Trotzdem nahm ihre eigene Spannung schier unerträgliche Ausmaße an. Das einzige, was sie für den Verlauf der kommenden Minuten zuversichtlich stimmte, war der Umstand, dass weder Spieß- noch Bildungsbürger zu Saalschlachten neigten.

Da erklang erstes Klatschen, in das schnell weitere Hände einfielen. Laura rückte nach vorne an die Brüstung, konnte aus ihrer Position schräg rechts über der Bühne aber noch nichts erkennen. Merkwürdig war, dass überhaupt jemand klatschte und dass sie vorher das spitze Klacken von Damenschuhen gehört zu haben meinte.

Es war weder Sebastian noch Roderich Perlinger, der da die Bühne betrat, es war Sophie Bonnard. Laura war so fassungslos, dass das ungewöhnliche Gebaren der Künstlerin nur ihr Mitbewusstsein streifte. Wie ein Roboter schritt die Bonnard auf ihren Arbeitsplatz zu, markierte ohne den Anflug eines Lächelns eine Verbeugung und fing sofort zu spielen an.

Laura sah sich um, als könne diese Überraschung nicht ohne Resonanz auf den Gesichtern der anderen Zuschauer geblieben sein. Aber die guckten nur, wie Menschen gukken, denen ein erwartetes Ereignis widerfährt. Nur einige Sitznachbarn steckten die Köpfe zusammen, wahrscheinlich um sich mangels Programm über die Identität des aufgeführten Stückes auszutauschen.

Laura war keine Brahms-Expertin. Sie tippte, dass es sich um eine der Klaviersonaten handelte, die der Komponist in jungen Jahren geschrieben hatte. Ganz allmählich gelang es ihr auch, sich auf die Art und Weise zu konzentrieren, wie die Bonnard spielte, und das kontrastierte deutlich zu der Versteinerung, die sie bei ihrem Erscheinen an den Tag gelegt hatte.

Musik erklang hier so radikal und subjektiv, wie es Laura noch nie gehört hatte. Die Bonnard warf den Kopf hin und her, bäumte sich auf, sank dann wieder in sich zusammen und kroch in die Tasten, steigerte den Ausdruck des ohnehin aufgewühlten, jugendbewegten Werkes in einem Maße, dass einem als Zuhörer angst und bange werden musste.

Laura dachte an Sebastian, der sich doch so gut mit Musik auskannte. Sicher hätte er die richtigen Worte parat gehabt, um diesen Auftritt einzuordnen. Laura selbst fiel nur eine Formulierung ein: Diese Interpretation war der Ausdruck einer gequälten Seele.

Der erste Satz war vorbei, und die Künstlerin schien sich davon erst einmal erholen zu müssen. Sie hatte die Arme nach unten fallen lassen, den Kopf in den Nacken geworfen und war ihrer Gegenwart im Saal offensichtlich für eine Weile entrückt. Nach etlichen Sekunden ging eine Bewegung durch ihren Körper, sie war gerade im Begriff, ihre Hände wieder über die Tastatur zu führen, als ein lautes Geräusch vom anderen Ende des Saales erschall. Laura und mit ihr der ganze Kurhaussaal drehte sich nach der Quelle um.

Jemand hatte die zentrale Eingangstür aufgestoßen. Sophie konnte nicht erkennen, wer es war. Sie saß zu weit entfernt, außerdem war dieser Bereich des Saales durch den überhängenden Rang in Dunkel getaucht. Aber die Gestalt schlug den Weg zum Mittelgang ein, der die beiden Parketthälften teilte, und nun erkannte Laura, dass es sich um einen Mann im Frack handelte. Er hielt etwas in den Händen, das wie ein Tablett aussah. Laura dachte erst an einen Kellner, aber das war absurd, und dafür war der Mann auch zu alt.

Obwohl sie ihn nur aus Sebastians Beschreibungen kannte, ging Laura schlagartig auf, wer diese Person war: Otto Falter. Er wirkte konzentriert, war offensichtlich bemüht, das Tablett, auf dem nun eine Anzahl Sektgläser sichtbar wurde, heil durch seinen Parcours zu balancieren. Dennoch wurde gerade in der Ernsthaftigkeit, mit der er dies unternahm, deutlich, dass er von Sinnen war. Etwa in der Mitte des Parketts blieb er stehen, griff sich ein Glas, hielt es in die Höhe, nahm einen Schluck und rief mit der ganzen Kraft, zu der seine fistelige Altmännerstimme fähig war: »Champagner für alle!« Dann begann er, Gläser ans Publikum zu verteilen. Einem Mann, der ihn bei dieser Gelegenheit packen und aufhalten wollte, schmetterte er das Silbertablett ins Gesicht. Dann setzte er seinen Weg in Richtung Bühne fort. Dort angekommen, versuchte er, sich auf die Rampe zu rollen, was aber schon im Ansatz scheiterte und einen einzelnen Lacher im Publikum provozierte. Schließlich entdeckte er, dass links eine Treppe zur Bühne hinaufführte, und kletterte, schon sichtbar erschöpft, hinauf.

Laura hatte, während sich das Drama vollzog, immer wieder zu Sophie Bonnard hinübergeschaut. Die saß regungslos, wie von einer plötzlichen Lähmung erfasst, da und starrte auf die Tasten.

Falter hatte sich ihr inzwischen auf ein paar Meter genähert. Er wankte erkennbar. Dann setzte er noch einmal zitternd das Glas an die Lippen und trank es aus, rief mit einer großen Geste »Auf die Liebe!« und noch etwas Unverständliches, etwas wie »Heureka« oder »Monika«, und brach zusammen.

Das Ganze hatte sich wie in Zeitlupe vollzogen und dennoch nur eine gute Minute gedauert. Der Saal hatte das Schauspiel gebannt verfolgt, halb schockiert, halb fasziniert. Nun aber, da Falter am Boden lag, brach Hektik aus. Ein großgewachsener Mann mit dunklen Haaren stürzte von hinter der Bühne auf die Bonnard zu, nahm sie nach Art eines Bodyguards in Gewahrsam und zerrte sie hinter die Kulissen. Andere Männer stürmten unter der Angabe, Arzt zu sein, auf die Bühne und kümmerten sich um Falter.

Im Publikum herrschte Uneinigkeit, ob man panisch den Saal verlassen oder den weiteren Fortgang der Ereignisse abwarten solle. Laura aber entschied, sofort zu Sebastians Wohnheim zu fahren.

34

In tiefen Gründen seines Unterbewusstseins hörte es Sebastian klopfen, nein: hämmern. Ob das Geräusch von außerhalb kam oder in seinem Kopf produziert wurde, konnte er nicht sagen. Er konnte gar nichts sagen oder denken. Er lag auf dem Fußboden und war in bleierner Ohnmacht gefangen, die ihren Scheitelpunkt noch nicht erreicht hatte. Doch das Hämmern war so hartnäckig, dass es den Gips, den jemand in sein Hirn gefüllt haben musste, Stück für Stück zerbröselte.

Noch ein Schlag, dann öffneten sich seine Augen auf Halbmast. Er erkannte die Umrisse von Tischbeinen und Schuhen. Es schienen *seine* Schuhe und die Beine *seines* Tisches zu sein. Also war doch wohl alles in Ordnung. Er wollte die Augen wieder schließen, als eine neuerliche Kanonade an Schlägen losbrach, diesmal begleitet vom Rufen seines Namens. Die Geräusche kamen von der Tür. Es war anscheinend doch nicht alles in Ordnung.

Sebastian versuchte, sich aufzurappeln, fiel aber, von Schwindel erfasst, sofort in seine Ausgangsposition zurück. Er musste wohl kriechen. Er versuchte etwas Hinhaltendes von sich zu geben, damit der Klopfer – es war offenbar eine Frau – wusste, dass er unterwegs war. Aber es entwich nur ein Grunzen seiner Kehle. Endlich, es mochten Minuten vergangen sein, hatte er die Tür erreicht. Er hangelte nach der Klinke, bekam sie zu fassen, hängte sich mit dem ganzen Gewicht seines Körpers daran. Die Tür sprang auf. Sebastian ließ sich erschöpft fallen.

»Mein Gott, Sebastian!«, hörte er die Stimme schreien. Es schien nicht gut um ihn zu stehen. Er dreht den Kopf in Richtung der Stimme und sah die unnatürlich langen Beine eines Wesens in dunklen Strumpfhosen. Er folgte der Verlängerung nach oben. Ganz am Ende der Gestalt erblickte er das angstverzerrte Gesicht von Laura.

»Laourrra!«, grunze er.

»Sebastian! Was ist passiert? Soll ich den Notarzt rufen?«

»Nicht nötig«, wollte er aus voller Überzeugung sagen, aber wieder brachte er nur gutturale Laute zustande, die dem Inhalt seiner Worte Hohn sprachen.

»Komm, ich bring dich erstmal zum Sofa«, sagte Laura. Sie beugte sich zu ihm herunter und versuchte, ihn nach oben zu stemmen, was erst nach wiederholtem Anlauf gelang. Er schlang die Arme um ihren Hals, presste den Kopf an ihre Schulter und ließ sich von ihr auf puddinghaften Beinen voran ziehen. Die Position war andererseits nicht unangenehm, und Laura roch sehr gut, nach Pfirsich. Es ging aufwärts. Sie brachte ihm ein Glas Wasser und holte einen nassen Waschlappen aus dem Badezimmer, mit dem sie seine Stirn betupfte. Sie fragte ihn, ob er sich einen Kaffee zutraue. Er könne es versuchen, antwortete Sebastian.

Der Kaffee schmeckte schlecht und bitter, was auch am Alter der Packung liegen konnte. Es war Sebastian peinlich, dass Laura Einblick in die Misswirtschaft seines Junggesellenhaushalts bekam. Aber das war sicher zweitrangig und ihre Fürsorge wohltuend. Allmählich kam Leben zurück in seine Adern und erste Ordnung in seine Gedanken.

»Wieviel Uhr ist es?«, fragte er Laura, die nun neben ihm auf dem Sofa saß, den Waschlappen weggelegt hatte und nur noch seinen Kopf streichelte.

»Gleich halb zehn.«

»Oh Gott, das Konzert!« Sebastian wollte aufspringen, stellte aber fest, dass er dafür noch nicht kräftig genug war.

»Ist schon beendet«, sagte Laura. »Soll ich dir nicht gleich bei einem Spaziergang davon berichten? Ein bisschen frische Luft täte dir gut. Aber sag mir erst einmal, was hier passiert ist.«

Sebastian versuchte, sich zu erinnern, aber da war nichts.

»Hast du das öfter, solche Anfälle?«, fragte Laura. Sebastian schüttelte den Kopf. »Hast du vielleicht etwas Schlechtes gegessen – oder Alkohol, hast du dir mit Alkohol Mut angetrunken für das Konzert? Das wäre nur zu verständlich.«

»Nein, nein«, sagte Sebastian abwehrend. Dennoch spürte er, dass Lauras Fragen einen entscheidenden Hinweis enthielten, und den musste er dingfest machen. Er kniff die Augen zusammen und versuchte, sich zu konzentrieren. *Dom Pérignon.* Irgendwie geisterte dieser Name durch seinen Kopf, doch er wusste nicht einmal, was er bedeutete: eine Kirche, eine Landschaft? Er fragte Laura.

»Soviel ich weiß, ist das ein Champagner«, gab sie zur Antwort.

Es dauerte noch ein paar Sekunden, bis sich die Synapsen in seinem Hirn kurzgeschlossen hatten, dann rief er: »Du, ich glaube, Otto Falter war bei mir und wollte auf das Gelingen des Abends anstoßen.«

»Ja, das passt«, sagte Laura nachdenklich. »Komm, lass uns gehen. Dann erzähle ich dir, was im Kurhaus passiert ist.«

Er hakte sich bei ihr unter, und in bedächtigen Schritten durchmaßen sie das Viertel rund um den Wohnblock. Laura begann mit ihrem Bericht, der seitens Sebastians immer wieder durch ungläubige Ausrufe und Kommentare unterbrochen wurde. Als sie fertig war, fragte er: »Ist Falter tot?«

»Ich weiß es nicht, aber die Ärzte machten einen sehr betroffenen Eindruck, so viel konnte ich noch erkennen.«

»Oh, Gott!«

Sie rätselten eine Weile, was den doppelten Zusammenbruch bewirkt haben konnte. Der schiere Alkohol konnte es kaum gewesen sein. Sebastian merkte an, dass Falter Pharmaproduzent gewesen und in einen Skandal verwickelt gewesen sei. An Details könne er sich nicht erinnern. Dafür fiel ihm eine Bemerkung Falters ein, die er für Spaß gehalten hatte: dass er ihn, Sebastian, vor dem Konzert außer Gefecht setzen und dann seinen Platz einnehmen wolle.

»Vielleicht hat er die Wahrheit gesagt.«

»Es sieht fast so aus«, stimmte Laura zu.

Sie gingen eine Weile wortlos und grübelnd weiter. Irgendwann löste Sebastian seinen Arm aus ihrem und legte ihn um ihre Hüfte. Sie tat es ihm nach.

»Es ist nicht auszuschließen, dass sich die Polizei der Sache annimmt und mich für Falters Hintermann hält«, hob er wieder an. »Das bin ich ja auch in gewisser Weise. Meinst du, ich habe mich strafbar gemacht?«

»Ich glaube nicht«, sagte Laura. »Es ist doch kein Verbrechen, einen Künstler für ein Konzert zu buchen und dann die Karten nicht zu verkaufen.«

»Jetzt hast du aber nicht wie eine Juristin gesprochen«, sagte Sebastian schmunzelnd.

»Das wollte ich auch nie werden. Du etwa?«

»Gott bewahre!« Sie lachten. Trotz der Gedanken, die durch seinen Kopf rasten, fühlte sich Sebastian an der Seite Lauras sicher wie nie zuvor in seinem Leben.

»Auf jeden Fall werde ich Sophie Bonnard einen Brief schreiben und mich ihr erklären«, sagte er nach einer Weile.

»Ja, das solltest du tun. Ich glaube, sie ist ziemlich mit den Nerven runter.«

Unversehens waren sie vor Lauras Wohnheim angelangt. Sebastian fragte sich, wie es nun weitergehen würde. Da machte sie auch schon den Vorschlag, ob er nicht noch mit nach oben kommen wolle. »Einen Kaffee kannst du noch vertragen, und meiner schmeckt bestimmt besser als deiner. Du hast vielleicht vorhin den Mund verzogen.« Sebastian lachte, und obschon er sich annähernd wiederhergestellt fühlte, stimmte er natürlich zu.

Lauras Kaffee schmeckte wirklich besser, und überhaupt hätte er sich in ihrer Wohnung rundum wohl gefühlt, wäre da nicht dieses Lampenfieber gewesen. Nach der Umarmung am Nachmittag und dem Spaziergang schien es ein Leichtes, nun zum Körperlichen überzugehen, und doch baute sich diese Schwelle turmhoch vor ihm auf. Er saß auf der Couch, Laura auf einem Sessel. Er würde diese Distanz irgendwie überwinden müssen, und selbst wenn es nur ein Meter war, konnte auf dieser Strecke unendlich viel schiefgehen.

Sie schwiegen. Plötzlich schien Laura einen Einfall zu haben. Sie befahl Sebastian, sich die Augen zuzuhalten. Er hörte, wie sie im Raum umherging und etwas holte, dann den Verschluss eines Koffers, ein Klicken und Quietschen. Sie baute anscheinend etwas zusammen.

Schließlich erlaubte sie Sebastian, die Augen zu öffnen. Sie stand in der Mitte des Raumes, vor ihr ein Notenständer, hielt ihre Klarinette in den Händen und lächelte. Dann setzte sie eine feierliche Miene auf und verkündete: »Klarinettensonate f-moll, Opus 120, von Johannes Brahms. Moment – ich muss noch den CD-Spieler für den Klavierpart einschalten.«

Sie spielte wunderbar, vielleicht nicht perfekt, aber sehr klangschön und gefühlvoll. Es war das beste Konzert, dem Sebastian in seinem Leben je beigewohnt hatte, denn es galt ihm, nur ihm und diesmal wirklich. Als Laura geendet hatte, wollte er applaudieren, hielt aber im letzten Moment inne. »Entschuldigung, ich kann nicht klatschen. Das ist so laut und unpersönlich, als hätte ich für das Konzert bezahlt.«

»Nun«, antwortete Laura, »ich würde auch andere Formen der Huldigung entgegennehmen, zum Beispiel einen Kuss.«

Sebastian stand auf, ging zu ihr herüber und streichelte ihr über die Wange. Dann küssten sie sich lang und leidenschaftlich. Sebastian ließ auch ihre Stirn nicht aus, das Ohr, den Hals, den Nacken. Weiter kam er nicht, denn Lauras Wollkleid war hochgeschlossen.

»Würde es dir etwas ausmachen, wenn ich dein Kleid aufmache?«, fragte er sie.

»Ich bitte sogar darum.«

Er öffnete den rückwärtigen Reißverschluss und streifte ihr das Kleid ab. Nun stand sie in BH und Strumpfhosen vor ihm.

»Und könntest du dir unter Umständen vorstellen, deine Einwilligung auf den BH zu erweitern und perspektivisch auch auf die Strumpfhosen?«

»Das könnte ich mir unter allen Umständen vorstellen«, flüsterte sie lächelnd. »Aber willst du das nicht im Bett machen? Ich würde dich ohnehin gern zur Beobachtung hierbehalten. Aus rein medizinischen Gründen, versteht sich.«

Eine Stunde später lagen sie im Bett, ihr Kopf auf seiner Brust, und ruhten sich aus.

»Findest du, das war pietätlos?«, fragte Sebastian.

»Das war nicht pietätlos, das war wunderschön.«

»Ich meine wegen Falter.«

»Quatsch, du schuldest ihm nichts. Er hat *dich* hereingelegt.«

»Aber sein Schicksal rührt mich doch. Er wollte doch auch nur …«

Sie hatte sich aufgerichtet, so dass ihre rosaroten Brustwarzen direkt vor seinen Augen zu stehen kamen, und kniff ihm in die Backe. »Könntest du bitte deinen Kopf wieder ausschalten. Das ist dir doch vorhin auch ganz gut gelungen.«

»So? Hat man das gemerkt«, antwortete er. »Wie peinlich.«

»Das hat man allerdings gemerkt.« Sie rollte sich auf ihn und begann, an seinem Ohrläppchen zu knabbern. »Und weißt du was? Ich hätte Lust, noch einmal pietätlos zu sein.«

»Schon gleich wieder? Findest du denn, mein Zustand ist dafür stabil genug?«

Laura fuhr mit ihrer Hand prüfend in die Tiefe. »Oh ja, der ist stabil, aber so was von stabil.«

35

Zwei Tage nach dem Konzert kurvte Mehmet ziellos durch die Straßen seiner Stadt. Wo sollte er hin? Zurück in sein altes Kinderzimmer? Ausgeschlossen. Er hatte sich seiner Familie in letzter Zeit entfremdet, war seinem Vater gegenüber auch hie und da ein wenig großkotzig aufgetreten, wie er zugeben musste. Den Gesichtsverlust, nun als reuiger Sohn ohne Arbeit und feste Bleibe zurückzukehren, würde er sich auf keinen Fall antun. In sein eigenes Zuhause in der Villa Falter konnte er nicht, so viel stand fest. Der Zugang sei ihm verboten, bis die Räume erkennungsdienstlich behandelt worden seien, hatten ihm die Polizisten in dieser Kurstadt beschieden. Immerhin hatte es einen Toten und vier Verletzte gegeben, davon drei durch Vergiftung. Ein entsprechendes Amtshilfeersuchen an die örtlichen Kollegen sei gestellt, der Vollzug könne aber eine Weile dauern.

Na, großartig! War das nicht auch eine Form der Freiheitsberaubung? Wenigstens hatten sie ihn nach dem Verhör wieder ziehen lassen. Er hatte sich dumm gestellt und den Migranten mit begrenzter Sprachkompetenz gemimt. Nein, er habe nichts von den Plänen seines Chefs gewusst. Ja, er habe versucht, ihn aufzuhalten, als Falter im Kurhausfoyer seine Vorbereitungen getroffen habe.

»Aber isch nur Fahrer, versteh'n Sie?«, hatte er den Polizisten erklärt. »Hab isch gedacht, Chef will Zuschauern Gutes tun. Außerdem Chef großer Mann, nix hör'n auf Fahrer.«

Er hatte beim Radebrechen vielleicht ein bisschen übertrieben, ihm fehlte da inzwischen die Übung. Aber die Polizisten hatten offenbar nichts anderes erwartet und ihm geglaubt. Hatte er sich auch selbst geglaubt? Hatte er wirklich versucht, Falter aufzuhalten?

Eines stimmte: Nachdem sein Chef bemerkt hatte, dass Massen von Zuschauern in das Konzert strömten, war er komplett durchgedreht. Erst war er wie Rumpelstilzchen im Quadrat gesprungen, aber dann hatte er sich schlagartig beruhigt und ihn, Mehmet, mit irrem Blick angesehen. »Dann eben anders!«, hatte er geraunt, und da war im Grunde klar gewesen, dass alles auf eine Katastrophe zulief.

Bevor Falter die Tür zum Saal aufstieß, hatte ihn Mehmet zwar noch gefragt, ob er sich das gut überlegt habe. Aber diese Frage war rein rhetorischen Charakters gewesen, und so hatte sie Falter auch beantwortet: »Danke, Mehmet, Sie waren mir ein treuer Diener. Und nun: Gott befohlen.«

Keine Frage: Sein Chef hatte den eigenen Untergang gewollt, und vielleicht waren all seine Planungen der letzten Monate auf dieses eine Ziel hinausgelaufen. Es gab keinen Grund, ein schlechtes Gewissen zu haben, beschwor sich Mehmet. Aber er war traurig – traurig, weil er seinen Chef wirklich gemocht und ihm viel zu verdanken hatte, traurig aber vor allem, weil sein Leben in der Villa Falter nun zu Ende war, unwiderruflich.

Er war ein ungelernter Türke ohne Stellung. Jeder Flüchtling hatte eine bessere Zukunftsperspektive. Dass er Goethe-Gedichte auswendig konnte, würde ihm bei der Arbeitssuche nicht helfen, und dass er je einen zweiten Mentor wie Otto Falter finden würde, war ausgeschlossen.

Unwillkürlich hatte Mehmet den Jaguar in Richtung der Falterschen Villa gelenkt. Was wäre schon dabei, sie noch einmal zu betrachten und innerlich Abschied zu nehmen?

Mehmet stellte den Jaguar – wann und wem würde er den eigentlich übergeben müssen? – auf dem Bürgersteig ab und ging zum Törchen. Der Briefkasten quoll über mit Zeitungen. Mehmet zog sie heraus. Nicht, dass ein böser Bube Abwesenheit witterte und in ihr Reich eindrang.

Auf dem Schloss des Törchens klebte ein Polizeisiegel. Waren sie vielleicht doch schon dagewesen? Nein, das hätten sie ihm bei der Polizei sicher gesagt. Es handelte sich wahrscheinlich um eine vorläufige Sicherungsmaßnahme. Mehmet ging ein paar Schritte weiter zum Tor vor der Garageneinfahrt. Hier klebte kein Siegel, wo auch? Es gab keine Schlösser oder Fugen, die man hätte abdichten können. Das Tor glitt elektrisch zur Seite, wenn man die Fernbedienung drückte, eine Prozedur, die Mehmet fast so geliebt hatte wie das Fahren selbst.

Eine Mischung aus Nostalgie und Neugier trieb ihn, es noch einmal zu versuchen. Er ging zum Wagen und holte die Fernbedienung. Tatsächlich: Das Sesam öffnete sich sacht und elegant wie immer. Er lief weiter zur Garage. Auch hier kein Siegel, ungehemmte Funktionalität. Dahinter trennte ihn nur noch ein Durchgang vom Haupthaus, und da er auch diesen unverklebt fand, konnte er nicht widerstehen. Da war es: *ihr* Haus, *sein* Haus. Es war niemand dagewesen, alles verkörperte den alten, vertrauten Zustand. Die Tage ohne Lüftung hatten den muffigen Geruch, den die Polstermöbel, ausgestopften Tiere und eingestaubten Bücher ausdünsteten, noch verstärkt. Mehmet registrierte es mit Behagen und atmete tief ein.

Er betrat das Wohnzimmer, den Raum, der wegen Falters Aversion fast ihm allein gehört hatte, streichelte alles, was ihm in den Weg kam. Wer würde all das erben? Jedenfalls niemand, dem es etwas bedeutete. Mehmet wusste von keinen Angehörigen Falters, aber es fand sich immer irgendwo ein Großneffe, der sich den Jackpot unverdient unter den Nagel reißen würde. Wahrscheinlich würde alles auf dem Müll landen, allem voran der Fuchs und der Goldfasan. Mehmet blickte seinen alten Freunden ein letztes Mal in die Glasaugen. Oder sollte er sie einfach mitnehmen, hier und jetzt, als unschuldige kleine Andenken? Mehmet dachte kurz nach, dann schüttelte er den Kopf. Nein, er wollte sauber bleiben. Klarer Schnitt, *tempi passati*.

Er war schon im Begriff, den Rückzug durch die Garage anzutreten, als ihm eine Stimme einflüsterte, doch noch einen Blick in Otto Falters Arbeitszimmer zu werfen. Dieser Raum war für ihn abseits von Hausmeisterarbeiten tabu gewesen, jedenfalls in letzter Zeit, als sich sein Chef immer häufiger zu geheimen Experimenten dorthin zurückgezogen hatte. Noch jetzt öffnete Mehmet die Tür vorsichtig, als könne der Chef plötzlich hinter einer Ecke hervorkommen und ihn beim Übertritt erwischen.

Der Raum roch noch nach Falter, nach dieser typischen Mischung aus Rheumacrème und teurem Eau de Cologne. Auch sonst atmete alles die Präsenz des Hausherrn: der Ohrensessel mit der aufgeworfenen Wolldecke, das aufgeschlagene Buch auf dem Tischchen daneben, die leere CD-Hülle mit den Brahmssonaten, eingespielt von Sophie Bonnard, wem sonst. Die dazugehörige CD musste noch im Player stecken, makaber. Mehmet ging zum Schreibtisch. Vielleicht fand sich dort eines der Gedichte, die Falter der Bonnard immer geschrieben hatte. Sie waren nicht für fremde Augen bestimmt gewesen, aber er hatte sie auch früher schon gelesen, und zu Diskretion bestand nach Falters öffentlichem Finale im Kurhaus nun wirklich kein Anlass mehr. Tatsächlich, da lag eines und darunter ein weiteres. Nein, halt, das zweite Blatt war nicht in Versform, sondern in Prosa verfasst. Vielleicht ein Brief, ein Abschiedsbrief? Mehmet setzte sich auf den Drehstuhl und las:

Mein letzter Wille

Für den wahrscheinlichen Fall meines Todes im Zusammenhang mit einem Konzert der Pianistin Sophie Bonnard erkläre ich hiermit, dass ich vollständig in eigener Verantwortung gehandelt habe. Ich hatte keine Mitwisser oder Helfer, jedenfalls nur ahnungslose. In Bezug auf mein Erbe bestimme ich unter Widerrufung sämtlicher bisheriger Testamente folgendes:
– Den Jaguar erhält mein treuer Diener Mehmet Özgürk. Er soll ihn hegen und pflegen und im Originalzustand erhalten. Der Einbau eines CD-Wechslers ist gestattet, sofern er unsichtbar im Kofferraum erfolgt.
– Auch die Villa mit sämtlichem Inventar vermache ich Herrn Özgürk. Er kann damit verfahren, wie es ihm beliebt.

Wahnsinn! Mehmet las die Passagen wieder und wieder, aber er hatte sich nicht vertan. Da stand in eleganter Schreibschrift sein vollständiger Name – ein merkwürdiger Anblick. Guter Chef! Er hatte ihn nicht vergessen und ihm sein Teuerstes hinterlassen, den Jaguar. Aber den eigentlichen Wert stellte natürlich das Haus da, so verwohnt und renovierungsbedürftig es auch im Einzelnen sein mochte.

Er würde sich des Erbes würdig erweisen und es nicht verkaufen, entschied Mehmet spontan. Fragte sich nur, wie er die Unterhaltskosten bestreiten sollte. Er führte das Blatt wieder vor die Augen und las weiter:

Mein finanzielles Vermögen, das sich inklusive aller Konten und Depots und eines Schließfachs in der Schweiz aktuell auf ca. 4,5 Millionen Euro beläuft, wird wie folgt aufgeteilt:
– Ein Betrag von 100.000 Euro geht als Schmerzensgeld an die Pianistin Sophie Bonnard.
– Ein Betrag von 200.000 Euro soll der Brahmsgesellschaft in Gründung als Startkapital zufließen. Vereinszweck ist die Veranstaltung klassischer Musikkonzerte. Zum Vorsitzenden bestimme ich in meiner Nachfolge den Studenten der Rechtswissenschaft Sebastian Liebich.
– Jener Sebastian Liebich erhält ferner für die Dauer seines Studiums eine monatliche Beihilfe in Höhe von 1000 Euro. Dies aber nur in dem Fall, dass er sein derzeitiges Studium abbricht und ein Fach wählt, das seinen Neigungen entspricht. Ausdrücklich ausgeschlossen sind die Fächer Volks- oder Betriebswirtschaft und alle weiteren, die vornehmlich der Geldvermehrung dienen, ferner: Pharmazie.
– Diese monatliche Beihilfe wird verdoppelt, sofern der Begünstigte eine Gefährtin findet, die seine Neigungen und den Lebensweg mit ihm teilt. Geeignete Nachweise sind: a) Beherrschen eines Musikinstruments (gehobenes Amateurniveau genügt), b) das Beziehen einer gemeinsamen Wohnung, die aber nicht in einem Studentenwohnheim liegen darf.

Aha, Falter hatte auch die Leidtragenden seines Amoklaufs bedacht. Das war nur fair, musste Mehmet anerkennen, auch wenn ihm dieser Sebastian unsympathisch war – ein Weichei und Muttersöhnchen, das alle Chancen im Leben hatte und nichts daraus machte. Na ja, vielleicht ja künftig.

Mehmet war am Ende der Seite angelangt. Er überschlug die aufgeführten Zahlen, kam aber selbst bei einem äußerst langsamen Studientempo des Sebastian nur auf eine Summe von gut 400.000 Euro. Das Vermögen betrug aber mehr als das Zehnfache. Mehmet drehte das Blatt um, und tatsächlich, da stand oberhalb von Falters datierter Unterschrift noch ein einzelner Satz. Er war schwer zu lesen, offenbar war Falter gegen Ende der Niederschrift die Hand zittrig geworden. Mehmet entzifferte angestrengt Wort für Wort und setzte schließlich zusammen:

Wenn er verspricht, davon verantwortungsvollen Gebrauch zu machen, bekommt den ganzen Rest: Mehmet Özgürk.

Hammer! HamMER! Für das, was Mehmet nun empfand, gab es keinen distinguierten Ausdruck. Er sprang auf und wetzte aufgeregt durch den Raum, unterbrochen durch ein paar Ohrfeigen, die er sich zur Vergewisserung, dass er nicht träumte, versetzte.

Niemand anderes als er hatte den Jackpot geknackt. Er war reich, würde vielleicht nie wieder arbeiten müssen, könnte hauptberuflich Gedichte schreiben, sich einen Frack kaufen, könnte Halil endlich die Schulden zurückzahlen, sich einen eigenen Burschen halten (warum eigentlich nicht Halil, wenn er wieder aus dem Knast kam?). HAMMER!

Nach einer halben Stunde hatte er sich ein bisschen beruhigt und stieg im Ohrensessel in die ersten konkreten Planungen ein. Die beste Schonung für den Jaguar würde es zweifellos bedeuten, wenn er nicht mehr täglich strapaziert würde, sondern nur noch als Zweitwagen zum Einsatz käme. Die Anschaffung eines neuen BMW müsste doch eigentlich drin sein: ganz zurückhaltend, ohne Spoiler, allenfalls mit einer dezenten Tieferlegung. Mehmet wusste nicht, was daran unverantwortlich wäre, ganz im Gegenteil. Und es blieben ja immer noch vier Millionen übrig.

Hammer!

36

Sophie überflog noch einmal den letzten Absatz, den sie geschrieben hatte, und klappte zufrieden ihren Laptop zu. Es war Mittag, sie war in dieser Sitzung ein gutes Stück vorangekommen und hatte sich eine Pause verdient. Sie ging zur Anrichte, machte sich einen Salat, zerrieb ein wenig Schafskäse darüber, goss sich einen Kiwisaft ein und nahm alles mit auf die Terrasse der steinernen Scheune, die seit einigen Monaten ihr Zuhause war. Früher hatte sie beim Essen immer durch eine Zeitung oder Zeitschrift geblättert, um sich von der schnöden Nahrungsaufnahme abzulenken. Hier genügte ihr das natürliche Panorama, das sich ihren Augen darbot: der See mit der kleinen, von Kormoranen bevölkerten Insel in der Mitte, der gegenüberliegende, mit weißen Punkten gesprenkelte Hügel: Schafe.

Etwas Geeignetes zum Lesen wäre auch gar nicht greifbar gewesen. Internet hatte die Scheune nicht, und aus Paris kam nur dann und wann ein Brief. Alles andere hatte sie abbestellt, und wundersamerweise schien die Welt ihren Wunsch nach Ruhe zu respektieren.

Nach ihrem Mahl zog sie das T-Shirt aus, cremte sich gut ein und nahm ein Sonnenbad. Ihr war bewusst, dass sie das wegen des Ozonlochs besser nicht tun sollte. Aber sie mochte den Geruch der Sonne auf ihrer Haut und hatte sich vorgenommen, alle zivilisatorischen Bedenken mit ihrem alten Leben hinter sich zu lassen.

Nach einer halben Stunde war sie angenehm verschwitzt, kletterte den kleinen Pfad zum See herunter, zog auch noch das Unterteil ihres Bikinis aus und warf sich kopfüber ins Wasser. Die Kühle kitzelte an den empfindlichen Stellen, und sie genoss ein Gefühl der Freiheit wie früher manchmal in Kindertagen.

Nur in der Ferne am anderen Ufer waren ein paar andere Häuser zu erahnen, ganz selten verirrte sich einmal ein Segelboot in ihre Bucht. Ansonsten gehörte der Lake Hayes ihr, war so gut wie ihr Privatsee. Sie hätte ihn in diesen Tagen um nichts in der Welt gegen einen mondäneren Ort eingetauscht. Wieder an Land fühlte sie sich so erfrischt und in anhaltend guter Schreiblaune, dass sie beschloss, endlich den Brief aufzusetzen, dessen Text ihr seit Tagen im Kopf herumging. Sie begab sich ins Haus, holte Blatt und Füller und fing an:

Lieber Sebastian,
vielen Dank für Ihren Brief, der auf Umwegen zu mir gelangt ist. Ich glaube, es ist der längste, den ich je bekommen habe. Dass Sie nicht der Stalker waren, hatte mir die Polizei schon mitgeteilt. Nun verstehe ich, welche Rolle sie in der Affaire gespielt haben.
Sie fragen, ob ich Ihnen verzeihen kann. Ja, das kann ich, habe es längst. Sie waren nur das Instrument in den Händen eines anderen. Dass Sie in mich verliebt waren, kann ich Ihnen nicht vorwerfen. Vielleicht schmeichelt es mir sogar. Aber ich denke, Sie waren gar nicht in mich verliebt, sondern in ein romantisches Bild, das Sie sich von mir gemacht haben. Anders ausgedrückt: Sie waren in die Liebe selbst verliebt, nicht in eine reale Person. Das kann Menschen passieren, die zu sehr um sich selbst kreisen. Davon kann ich ein Liedchen singen (sagt man so?). Ich habe damals in der Pressekonfe-

renz behauptet, ich müsse dem Stalker dankbar sein, weil er mir die Augen über viele Dinge geöffnet habe. Da sprach ein bisschen der Trotz aus mir (ich kann sehr trotzig sein). Aber es hat sich bewahrheitet. Ich erhole mich allmählich und finde hier am anderen Ende der Welt wieder zu mir selbst. Ach so: Ich lebe im Augenblick in Neuseeland (typisch Sophie, haben meine Freunde gesagt: immer übertreiben).
Zu der Scheune, die ich gemietet habe, gehört auch ein Klavier. Es ist verstimmt und klingt sehr lustig, wie ein altes Bar-Klavier. Die ersten Wochen habe ich es nicht angerührt, aber nun spiele ich wieder regelmäßig, nicht weil es jemand von mir erwartet, sondern weil es mich selbst danach verlangt. Ich kann eben doch nicht ohne Musik leben, das ist mir inzwischen klar geworden.
Und, stellen Sie sich vor: Ich schreibe an meinem ersten Buch. Es soll ›L'emotion dans la musique‹ heißen. Ich bin gerade am Kapitel über Brahms und muss gestehen, dass einige Passagen von unserem Gespräch im Auto inspiriert sind, besser gesagt: von Ihrem Monolog. Ich hoffe, Sie können mir diesen Diebstahl geistigen Eigentums verzeihen. Fein, dann sind wir also quitt ;-)
Wie Sie sehen, brauchen Sie sich um mich keine Sorgen zu machen. Ich hoffe, das gilt auch umgekehrt. Haben Sie inzwischen einen Anker ins Leben geworfen? Ihr Brief klang danach. Das würde mich von Herzen freuen.

Sophie hielt inne. Welche Abschiedsfloskel sollte sie wählen? *Mit freundlichen Grüßen*? Das klang zu unverbindlich. *Leben Sie wohl?* Das klang verbindlich, aber schrecklich endgültig. Also schrieb sie kurz entschlossen *Je vous embrasse* und setzte ihren Namen darunter.

Dann prüfte sie den Brief noch einmal kritisch, und obwohl sie nicht ganz zufrieden war, steckte sie ihn in ein Kuvert und trug ihn sofort zum Briefkasten, der einen halbstündigen Fußmarsch entfernt vor der kleinen Tankstelle an der Landstraße stand.

Am Abend machte sie beim Schreiben noch einmal gute Fortschritte und konnte das Kapitel abschließen.

Von Claudius Morgen bereits erschienen:

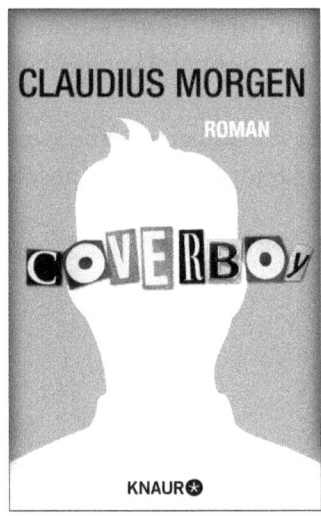

Ein Roman um einen sympathischen Anti-Helden,
der wider Willen zum Sex-Blogger wird und einen
chaotischen Rollentausch macht.

Als Ebook bei Amazon erhältlich.

www.ingramcontent.com/pod-product-compliance
Lightning Source LLC
Chambersburg PA
CBHW070547050426
42450CB00011B/2752